MIT JESUS
DURCH DAS
LAND DER BIBEL

MIT JESUS DURCH DAS LAND DER BIBEL

Ein allgemein verständliches Handbuch über das Leben in Palästina im 1. Jahrhundert nach Christus

J. ROBERT TERINGO

VLM

Verlag der
Liebenzeller Mission
Bad Liebenzell

Die amerikanische Originalausgabe erschien unter dem Titel »The Land And People Jesus Knew« bei Bethany House Publishers, Minneapolis/USA

ISBN 3 88002 301 8

Umschlaggestaltung: Koechel/Peterson/ Design Mpls.
Satz: Typo Schröder, Dernbach/Dierdorf
Herstellung: Druckhaus Gummersbach, Gummersbach/Derschlag
Printed in West Germany

Für Dorothy

Weil Deine Bemühungen, Deine Ermutigung und Deine engagierte Mithilfe dieses Buch möglich gemacht haben.

Inhalt

Einleitung

Kapitel 1:
Das Land der Bibel 10

Kapitel 2:
Das Leben in der Stadt und auf dem Land 24

Kapitel 3:
Zwischen Lehm und Stein 38

Kapitel 4:
Die Kleidung jener Zeit 56

Kapitel 5:
Die „Früchte des Feldes“ 70

Kapitel 6:
Ein Land der Hirten 94

Kapitel 7:
Holz, Lehm und Wasser 108

Kapitel 8:
Der tägliche Lebensunterhalt 124

Kapitel 9:
Jerusalem: Die Heilige Stadt 148

Kapitel 10:
Das Volk des Gesetzes 168

Kapitel 11:
Die Bräuche jener Zeit 196

Kapitel 12:
Kaufleute, Händler und Hausierer 218

Kapitel 13:
Die Besetzten und die Besetzer 238

Bibliographie 256

Verzeichnis der Bibelstellen 257

Einleitung

Die Historizität des Jesus von Nazareth ist ebensosehr eine Tatsache, wie die jeder anderen Person in der biblischen Geschichte. Wir kennen Jesus weder durch seine eigenen Schriften, da es keine gibt, noch durch Denkmäler der damaligen Zeit, weil man ihm keine baute. Auch kennen wir ihn nicht aus Steininschriften, denn es wurden keine gemeißelt. Vielmehr kennen wir ihn durch die schriftlichen Dokumente und Briefe seiner Zeitgenossen. Sie berichten, daß Jesus ein Jude war, der zu einer bestimmten Zeit an einem bestimmten Ort lebte, in einer Gegend, die man auf der Landkarte von heute finden kann.

Beim Lesen ihrer Schriften merken wir, daß es sich um orientalische Bücher handelt, die zu einer ganz anderen Zeit von Orientalen für Orientalen, über Menschen und Ereignisse des Orients geschrieben wurden. Beim Weiterlesen erkennen die Leser mit einem westlichen Kulturhintergrund, wie wichtig es ist, die Aussagen aus der richtigen Sicht heraus zu interpretieren, nämlich aus einer Sicht, die auf der Kenntnis jener Zeit, ihrer Menschen und ihrer Sitten und Gebräuche beruht. Diese Art der Interpretation liefert das beste Verständnis der Lektionen, Geschichten und Gleichnisse jener großartigen Schriften.

Der Hauptzweck von *Mit Jesus durch das Land der Bibel* besteht deshalb darin, möglichst viele Aspekte des täglichen Lebens lebendig werden zu lassen und sie in exakten, erläuternden Darstellungen vor Augen zu führen. Ich habe daher versucht, eine Vielzahl von Einzelheiten zusammenzutragen, zu ordnen und bildlich darzustellen, um so jeden Lebensbereich aus dem ersten Jahrhundert abzudecken.

Zur Erreichung dieser Ziele beschloß ich, die Ungenauigkeiten und Widersprüche der meisten Bücher und der Kunstdarstellungen über das biblische Alltagsleben zu vermeiden. Ich wollte biblisches Anschauungsmaterial herstellen, das ein tiefes Gefühl und Interesse für die Thematik zeigt, zugleich aber auf gründlicher Forschung beruht und in einer anregenden, interessanten Art und Weise dargestellt ist.

Dieses Buch soll daher weder das Leben bzw. das Werk Jesu dokumentieren oder erläutern noch ein Glaubensbekenntnis oder eine Lehre darlegen, sondern einfach die Welt Jesu und seiner Zeitgenossen – also die Welt, die sie sahen, als sie durch das Palästina des ersten Jahrhunderts zogen – so genau, wie es unsere Kenntnisse erlauben, darbieten.

Die Idee zu *Mit Jesus durch das Land der Bibel* erwuchs aus einfachen Fragen von Menschen, die mehr über das Leben in Palästina wissen wollten und die bis dahin oft nur Teilantworten oder ungenaue Informationen erhalten hatten. Mein Wunsch nach Information mündete in ein Projekt, das acht Jahre intensiven Studiums und Zeichnens sowie drei ausgedehnte Forschungsreisen in das biblische Land erforderten.

Mit Jesus durch das Land der Bibel war eine Arbeit der Liebe. Obwohl das Buch eine kurze Periode umfaßt (von etwa 5-6 v.Chr. bis 70 n.Chr.), wurde es zu einem vielfältigen und umfangreichen Forschungs- und Kunstprojekt. Der Großteil der erforderlichen Informationen stammt aus Originalquellen: dem Neuen Testament und den Werken des großen jüdischen Historikers Flavius Josephus. Die Hauptquelle, die Evangelien, beschäftigen sich vornehmlich mit Jesus und dem Leben seiner unmittelbaren Umwelt, während Josephus (zusätzlich zur Berichterstattung über die Geschichte der Juden vor und nach der Zeit Jesu) detaillierte Informationen über das Leben im ersten Jahrhundert n.Chr. gibt. Der Talmud, eine weitere wichtige Quelle, bietet eine Sammlung vieler jüdischer Gesetze und Traditionen, die das tägliche Leben betreffen. Andere Autoren der Antike sowie moderne Bücher, Studien und Artikel (beachten Sie die Bibliographie zu den ausgewählten Quellen) bieten Einsichten und jüngste Informationen zu dieser Zeit. Außerdem liefert die biblische Archäologie in zunehmendem Maße wichtige Erkenntnisse aus neuen Ausgrabungsstätten. Zu den Funden gehören u.a. Werkzeuge, Münzen usw..

Um die Genauigkeit zu gewährleisten, überprüfte ein Bibelwissenschaftler die Daten und Interpretationen und studierte sorgfältig den Text und die Einzelheiten der Darstellungen. Andere Experten halfen bei der Lösung besonderer Probleme, die sich aus den Angaben oder ihrem Fehlen ergaben, und begleiteten die Entwicklung der Rekonstruktionen. Aufgrund ihrer Sachkenntnis war es möglich, einige Aspekte des täglichen Lebens graphisch darzustellen. Außerdem kam mir meine intensive Zusammenarbeit mit Gelehrten bei der Entwicklung historischer Kunstrekonstruktionen für die Zeitschrift *National Geographic Magazine* sowie das Vorhandensein von einzigartigem Forschungsmaterial meinem Wunsch nach Genauigkeit und Detail entgegen.

Als Beispiel dafür, welch eine Arbeit manche der Darstellungen erforderte, möge das folgende genügen: Ich mußte wissen, welche Form, Größe und Bauart die Boote besaßen, die von Fischern wie Simon Petrus und seinem Bruder Andreas auf dem Galiläischen Meer benutzt wurden. Ich hatte mich bereits einige Zeit mit diesem Problem befaßt, aber meine Forschungen hatten nur wenige verwertbare Erkenntnisse erbracht. Als ich schließlich die Rekonstruktionszeichnungen anfertigen sollte, besprach ich mein Problem mit einer führenden Autorität für alte Schiffe und ihre Bauart. Viele Zeichnungen orientierten sich an seiner ausgedehnten Forschung, bevor realistische Rekonstruktionen entwickelt wurden, die auf Angaben aus alten Texten, Mosaiken und Bootreliefs aus jener Zeit beruhten.

Um ein umfassendes Bild vom Leben in *Mit Jesus durch das Land der Bibel* zu bieten, beginnen wir mit seinem Hintergrund, mit Palästina. Viele wichtige Ereignisse der Bibel fanden in diesem kleinen Landstreifen statt. Palästina bestand aus großen, von den Griechen beherrschten Stadtstaaten und hunderten weit verstreut liegenden, kleinen Städten und Dörfern. In den Dörfern wohnten zumeist einfache Leute, vor allem Bauern. Wir werden uns ihre Häuser aus einfachen Stein- und Lehmziegeln sowie ihre Kleidung und ihren Schmuck genauer ansehen.

Die Art und Weise, wie die Menschen ihr tägliches Brot verdienten, also ihre Arbeit, beanspruchte einen großen Teil des täglichen Lebens, wie das auch heute der Fall ist. Wir werden uns damit befassen, wo man arbeitete, welche Werkzeuge man benutzte und wie man die unterschiedlichen Tätigkeiten einschätzte. Wir werden das legendäre Leben der Schäfer beobachten wie auch die anderen geachteten Berufe, die das Leben von praktisch jedem Menschen berührten, wie den Zimmermann, den Töpfer und den Fischer. Zusammen mit dem Beruf des Bauern spielten sie eine wichtige Rolle, und sie werden immer wieder in den biblischen Geschichten und Gleichnissen erwähnt.

Dann wenden wir unsere Aufmerksamkeit dem auserwählten Volk zu und der Frage, wie die Juden auf ihren besonderen Bund reagierten. Wir müssen wissen, was in ihrem Herzen und Kopf vorging, als sie inmitten ihres Netzwerkes von Bräuchen und Traditionen, die jeden Aspekt ihres täglichen Lebens regelten, lebten. Außerdem besuchen wir Jerusalem mit all seiner Pracht und Herrlichkeit, die heilige Hochburg des jüdischen Glaubens, die Stadt, die Jesus gut kannte.

Da Palästina an der Kreuzung der großen alten Handelsstraßen lag, waren Handel und Verkehr immer ein wichtiger Bestandteil des täglichen Lebens. Palästina war jedoch ein besetztes Land, und seine jüdische Bevölkerung spürte die Unterdrückung durch Rom und die starken Einflüsse der griechisch-römischen Kultur.

Das Buch eignet sich zu vielerlei Zwecken. Gerade weil „*Mit Jesus durch das Land der Bibel*" aus dem Bedürfnis nach sachkundiger Hintergrundinformation über die Zeit, in der Jesus lebte, entstand, kann es vor allem als Informationsquelle bei Bibelarbeiten in der Familie sowie in der Jugend- und Gemeindearbeit dienen.

J. Robert Teringo

Kapitel 1

Das Land der Bibel

In der äußersten Südwestecke Asiens, am Rande des Mittelmeeres, findet man ein Land von großer landschaftlicher Vielfalt und Schönheit. Geographisch gesehen ist Palästina klein. Aufgrund außerordentlicher Ereignisse in seiner Geschichte ist es aber einem Riesen vergleichbar. Der Ordnung halber beginnen wir unsere Reise in das erste Jahrhundert mit einem Überblick über das Land, das Jesus kannte und liebte.

Palästina war nur ein kleiner Teil der Grenzprovinz Syrien, der östlichsten Provinz Roms, die von Kleinasien im Norden bis zur großen Arabischen Wüste im Süden reichte. Palästina lag an der Westgrenze Syriens, genau an der Kreuzung zwischen Asien und Afrika. Aufgrund seiner Lage zwischen dem Meer im Westen und der Wüste im Osten bildete es eine Brücke zwischen den großen Zivilisationszentren Asiens und Ägyptens. Reisende und Karawanen konnten das Land auf fünf verschiedenen Routen durchziehen. Palästina unterstand der direkten Kontrolle und Autorität des syrischen Gouverneurs, der wiederum unter der Herrschaft Roms stand.

Der schmale Küstenstreifen wird von zwei großen, von Nord nach Süd verlaufenden Bergketten jäh unterbrochen. Diese Bergketten liegen zu beiden Seiten der großen Jordansenke und werden von nur wenigen offenen Ebenen unterbrochen. Zusammen mit der Küstenebene wurden diese immer intensiv bewirtschaftet; es gab ja nur wenige größere, fruchtbare Gebiete, auf denen man Getreide ziehen konnte, um die wachsende Bevölkerung zu ernähren. Ein Großteil des südlichen Palästina war leider unfruchtbare Wüste, in der es kaum Anbaugebiete gab.

Im ganzen ersten Jahrhundert spielten Pflanzen und Tiere eine wesentliche Rolle im Alltagsleben der Menschen. Die Pflanzen lieferten Brennstoff für das Feuer und Nahrung für den Tisch, während die Bäume sowohl frisches Obst wie den dringend benötigten Schatten in der Sommerhitze boten. Die Felder mit wildwachsenden Pflanzen zeigten eine Schönheit, die in ganz Südwestasien unübertroffen war. Die Haustiere lieferten nicht nur Fleisch, Wolle, Milch und Leder, sondern auch Arbeitskraft. Sie zogen den Pflug über die Felder Palästinas und halfen, die Lasten der schwer beladenen Bauern zu tragen. Es gab zahlreiche Vögel, und im Meer und in den Flüssen wimmelte es von Fischen aller Art, während die üblichen Insekten auch in jener alten Zeit bereits dazu beitrugen, das Leben unangenehm zu machen.

Palästina war in drei Gebiete aufgeteilt: Judäa, Samaria und Galiläa. Zuerst wollen wir uns mit Judäa befassen. Obwohl es nur ein kleines Gebiet war (etwa achtzig Kilometer lang und nur etwa fünfunddreißig Kilometer breit), war es doch der größte Distrikt im Palästina des ersten Jahrhunderts. Judäa lag an der südlichen Grenze von Palästina und reichte bis nach Idumäa und an die Wüste Arabiens. Im Norden grenzte es an Samaria. Im Osten bildeten der sich windende Jordan und fast die ganze Länge des Toten Meeres die Grenze. Im Westen grenzte es an das Küstenland Philistäa und weiter nördlich an das Mittelmeer. Judäa, das auch der bekannteste Distrikt Palästinas war, wurde 6 n.Chr. eine eigenständige römische Provinz. Sein Statthalter, der Prokurator, war Rom unmittelbar unterstellt.

Ein Großteil der mannigfaltigen Landschaft Judäas besaß eine schroffe Schönheit, da vielerorts der grauweiße Kalkstein aus dem kahlen Boden herausragte. Im ganzen Bezirk traf dürres und unbebautes Gelände abrupt auf von Menschen angelegte Steinterrassen, die sich an die steilen Felsen klammerten. Die auf diesen Terrassen wachsenden Bäume und Reben sahen auf den eintönigen rotbraunen Hängen wie grüne Bänder aus.

Jedoch nicht ganz Judäa war farblos und unfruchtbar. Im ersten Jahrhundert konnte man dort auch Äcker mit goldenem Weizen sowie zahllose Haine mit silbergrünen Ölbäumen und Felder voll heller, farbenprächtiger Winterflora sehen. Der winterfeste Wein, dessen tiefrote Trauben sich unter dem blauen Himmel in der Sonne wärmten, bildete einen bunten Farbenteppich in der judäischen Landschaft.

Mitten durch das trockene Land verlief ein Gebirgskamm, der zur Uferebene des Mittelmeers hin steil abfiel. Nach Osten hin bot das trockene, öde Plateau Ausblick auf das Jordantal. Erreichte man die unwirtliche Wüste im Osten, gingen die kleinen kultivierten Gebiete rasch in gleitende, felsige Hügel über, die nur spärlich mit trockenem, braunem Gras bedeckt waren. Hunderte tiefer Schluchten oder Wadis durchschnitten den bröckelnden Sandstein und die unfruchtbare Erde. In dieser Wüste predigte Johannes der Täufer und bereitete sich Jesus auf seinen Dienst vor.

Judäa war nicht nur die Heimat eines stolzen und leidenschaftlichen Volkes mit tiefen religiösen Empfindungen, sondern auch der Schauplatz vieler großer historischer und religiöser Ereignisse. Der jüdische Staat Judäa, in dem Jerusalem sowohl die politische Hauptstadt wie der Sitz der jüdischen religiösen Autoritäten war, besaß auch das nationale Kultzentrum - den großen zweiten Tempel. In Judäa liegen der Geburtsort Jesu, viele Orte seines Wirkens und Jerusalem, sein Sterbeort. Von außen bot das Jerusalem des ersten Jahrhunderts den Eindruck einer starken, uneinnehmbaren Stadt mit einer dicken Außenmauer und riesigen Gebäuden. Innerhalb folgte Mauer auf Mauer. Die Augen Palästinas wie die der ganzen jüdischen Welt waren auf Judäa und besonders auf Jerusalem und seinen Tempel gerichtet.

In der geographischen Mitte Palästinas lag der kleine Bezirk Samaria. Eingeschlossen zwischen Judäa im Süden, Galiläa im Norden und Peräa im Osten, war Samaria der kleinste der drei Distrikte, aus denen Palästina bestand. Anfang des ersten Jahrhunderts wurde Samaria Judäa angeschlossen und von dem römischen Prokurator verwaltet, aber es gab seine Identität niemals wirklich auf. Da es im Hügelland lag, verlief ein Bergkamm mitten durch das ganze Land. Viele der alten Straßen in das Herz Palästinas durchzogen diese Berge kreuz und quer.

In Samaria fand man den größten von Menschen geschaffenen Hafen in der römischen Welt. Er wurde bei der griechischen Stadt Cäsarea angelegt und war das neue Handels- und Verkehrszentrum für Palästina. Als der römische Prokurator dort seinen Wohnsitz nahm, wurde Cäsarea die politische Hauptstadt Judäas und Samarias.

Obwohl die römischen Autoritäten die Bezirke Judäa und Samaria politisch vereinten, anerkannten die Judäer und Samariter diese Einheit nie. Der Haß zwischen beiden Volksgruppen reichte zurück bis zur Rückkehr der Judäer aus dem Exil im Jahre 538 v.Chr. Gegen Anfang des ersten Jahrhunderts n.Chr. war dieser Haß so groß geworden, daß ein jüdischer Pilger, der von oder nach Jerusalem durch Samaria reiste, sich in große Gefahr brachte.

Als Herodes der Große 4 v.Chr. starb, erbte sein Sohn Archelaus Judäa, Samaria und Idumäa. Archelaus wurde jedoch nach nur kurzer Regierungszeit abgesetzt. 6 n.Chr. wurde sein Gebiet der Herrschaft eines römischen Prokurators unterstellt. In dem beginnenden Ansturm der Römer vereitelte der Haß zwischen Juden und Samaritern jegliche Hoffnung auf Einheit.

Der nördliche Bezirk Palästinas, Galiläa, ein kleines, aber wichtiges Gebiet von großer Fruchtbarkeit und angenehmem Klima, war ein schönes Land. Zwischen dem Mittelmeer und der Westgrenze Galiläas lag das Land der Phönizier, während der Jordan und das Galiläische Meer die Ostgrenze des Distrikts bildeten. Schroffe Felsen trennten es im Norden von Syrien, während die große Ebene von Esdraelon im Süden es von Samaria schied. Galiläa, das sich etwa achtzig Kilometer von Norden nach Süden und nur etwa achtundvierzig Kilometer von Osten nach Westen ausdehnte, war in zwei geographische Hauptgebiete aufgeteilt, das nördliche Galiläa oder Obergaliläa und das südliche „Galiläa der Nationen". Überall in Galiläa sah man die überschwengliche Schönheit der waldbedeckten Berge, der breiten fruchtbaren Täler und der großen Gebiete mit bestellten Feldern. Auf den steilen Hängen waren zahlreiche Terrassen angelegt, während die üppige Vegetation und unzählige bunte Wildpflanzen ihnen als Abschluß einen strahlenden Anstrich verliehen.

Zur Zeit des Wirkens Jesu lebte in Untergaliläa eine gemischte Bevölkerung, einschließlich einer großen Zahl Juden. Dörfer und Städte drängten sich in den Tälern und reihten sich am Ufer des ganzen Galiläischen Meeres aneinander. Ausgedehnter Handel und Industrie in diesen Städten, besonders die Getreide- und Fischindustrie, waren die Lebensquelle der Region. Die Männer Galiläas führten ein arbeitsames Leben. Aufgrund ihrer Arbeit verbrachten sie viel Zeit außer Haus. Sowohl der milde Jünger wie der wilde, fanatische Zelot stammten aus diesem abgehärteten Volk.

Die meisten Galiläer waren ihrer Religion sehr ergeben und standen besonders patriotisch zu ihrer Heimat. Dennoch wurden sie von den orthodoxeren Juden Judäas, besonders von den Jerusalemer Juden, verachtet. Fromme Juden erwarteten zum Teil aus dieser Haltung heraus nicht oder konnten sich nicht einmal vorstellen, daß überhaupt eine bedeutende Persönlichkeit aus einer so weit von Jerusalem entfernten, völlig unbedeutenden Gruppe kommen konnte. Aber gerade bei den Galiläern fanden die neuen Vorstellungen und Lehren Jesu großen Anklang und wurden bereitwillig aufgenommen.

In der Welt Palästinas spielten im ersten Jahrhundert die vielen benachbarten Völker mit ihren unterschiedlichen Kulturen eine wichtige Rolle im Alltagsleben der Menschen von Judäa, Samaria und Galiläa. Der größte und wichtigste Nachbar, Syrien, von dem aus die Römer Palästina verwalteten, erstreckte sich vom Euphrat im Norden bis zur großen Arabischen Wüste gerade unterhalb der Grenze Judäas. Als Grenzprovinz diente es als wichtige Pufferzone an der Ostflanke des Reiches. Die Bedeutung Syriens lag nicht nur in seiner Beziehung zu Rom, sondern auch in seinen herrlichen Zedernwäldern. Die riesigen „Zedern des Libanon“ ergaben ein so schönes Holz, daß es ausschließlich zur Ausschmückung wichtiger Gebäude verwendet wurde.

Nördlich von Galiläa und benachbart zu Syrien lag Phönizien, eine der größten Seefahrernationen der antiken Welt. Jenseits der Landzunge des Karmelgebirges bildete Phönizien einen schmalen Streifen zwischen Syrien und dem Mittelmeer.

Geht man von Phönizien im Uhrzeigersinn weiter, gelangt man in das Land der Dekapolis. Dieses Gebiet gehörte einem Bund von zehn griechischen Städten, die sich aus kommerziellen und kulturellen Gründen zusammengeschlossen hatten. Dem Volk von Palästina waren sie ein einflußreicher Nachbar mit einer mächtigen heidnischen Kultur.

Peräa war eine unfruchtbare Wüste und verlief entlang dem Jordan bis zum Toten Meer. Obwohl es östlich des Jordans lag, wurde es als jüdisches Land betrachtet. Seine wenigen Bewohner waren Juden, die in kleinen Siedlungen lebten, sowie herumziehende arabische Schafhirten. Pilger reisten durch Peräa, um Samaria auf ihrem Weg von oder nach Jerusalem zu umgehen.

An der Südgrenze Judäas lagen Philistäa an der Küste und Idumäa landeinwärts. Idumäa, die westliche Verlängerung des alten Edom, reichte im Süden bis an die große Wüste Arabiens. Kurz vor dem ersten Jahrhundert traten die Idumäer zum Judentum über und vereinigten sich mit Judäa, wodurch sie Teil von Palästina wurden.

Die politische Landschaft Palästinas veränderte sich häufig. Im ersten Jahrhundert überschwemmte der hellenistische Geist ganz Südwestasien. Griechische Kultur und Architektur schmückten das Land überall, da die römischen Herrscher diese heidnische Kultur und Religion aktiv förderten.

Die Umwelt mit ihren Menschen und Tieren und den komplexen politischen und kulturellen Faktoren, alles spielte eine Rolle bei der Vorbereitung einer neuen Reihe von Ereignissen in der langen Geschichte Palästinas. Von den Menschen dieses Landes und dieser Zeit unbemerkt, nahmen Dinge ihren Lauf, die in den Herzen und Köpfen von Männern, Frauen und Kindern der folgenden zweitausend Jahre weiterleben sollten.

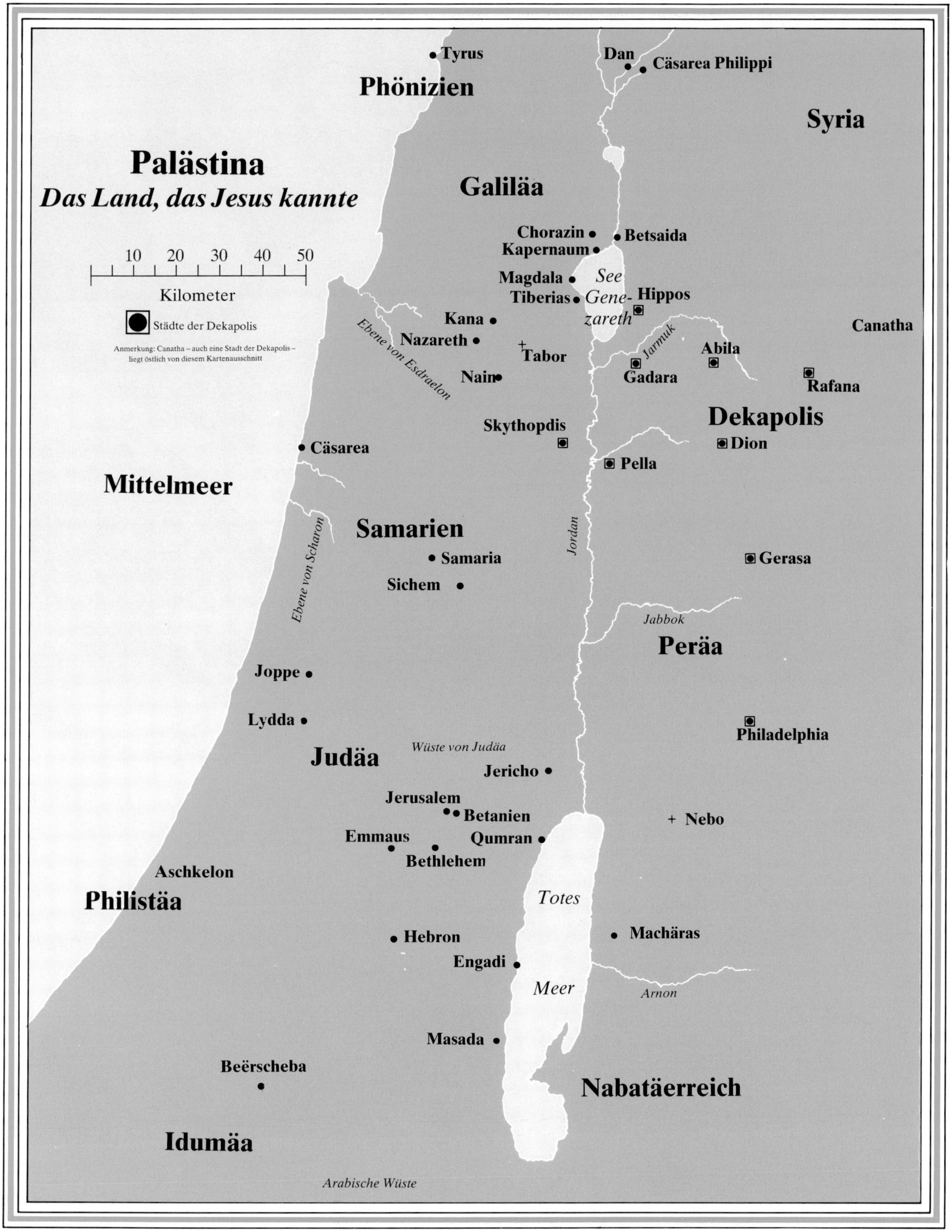
Palästina
Das Land, das Jesus kannte
10 20 30 40 50
Kilometer
Städte der Dekapolis
Anmerkung: Canatha – auch eine Stadt der Dekapolis – liegt östlich von diesem Kartenausschnitt
Tyrus
Phönizien
Dan
Cäsarea Philippi
Syria
Galiläa
Chorazin
Betsaida
Kapernaum
Magdala
See Gene- zareth
Tiberias
Hippos
Kana
Nazareth
Tabor
Ebene von Esdraelon
Jarmuk
Abila
Canatha
Gadara
Rafana
Nain
Dekapolis
Skythopdis
Dion
Cäsarea
Pella
Mittelmeer
Samarien
Ebene von Scharon
Jordan
Samaria
Gerasa
Sichem
Jabbok
Peräa
Joppe
Lydda
Philadelphia
Wüste von Judäa
Judäa
Jericho
Jerusalem
Betanien
Nebo
Emmaus
Qumran
Bethlehem
Aschkelon
Philistäa
Totes
Hebron
Machäras
Engadi
Meer
Arnon
Masada
Beërscheba
Nabatäerreich
Idumäa
Arabische Wüste

Im Land der Bibel gibt es eine Vielzahl von Pflanzen und Tieren. *Gezeigt wird eine begrenzte Auswahl aus Flora und Fauna: (1) Schaf, (2) Ochse, (3) Kamel, (4) Ziege, (5) Leopard, (6) Esel, (7) Biene, (8) Moskito, (9) Kamelfliege, (10) Turteltaube, (11) Taube, (12) Skorpion, (13) Flachs, (14) Fuchs, (15) Wolf, (16) Lilien des Feldes, (17) Senf, (18) Distel, (19) Adler, (20) Hahn, (21) Eule, (22) Feigenbaum, (23) Ölbaum, (24) Natter.*

18
19
20
17
16
15
21
14
22
23
13
24
2

***Das kleine Dorf Betanien** liegt am Osthang des Ölberges an der Straße von Jerusalem nach Jericho. Es war von grünen Terrassen und Olivenhainen umgeben.*
Diejenigen, die das überlaufene Jerusalem besuchten, übernachteten oft in diesem Dorf. Betanien war auch die Heimatstadt von Lazarus, Maria und Marta, engen Freunden von Jesus.

***Das Tote Meer** füllt den tiefsten Teil des Jordantaleinbruches und besitzt keinen Abfluß. Seine Oberfläche liegt etwa 392 Meter unter dem Meeresspiegel. Aus der Ferne besitzt das Wasser ein intensives Blau und hebt sich leuchtend von der öden Landschaft ab. Aus der Nähe erkennt man, daß das Wasser im heißen Sonnenlicht verdampft und dabei einen strengen Geruch abgibt. Durch die Verdampfung entsteht eine so hohe Salzkonzentration, daß kein Leben im Wasser existieren kann.*

***Die judäische Wüste** liegt zwischen Jerusalem und dem Toten Meer. Es ist eine felsige und öde Gegend mit einer endlosen Folge farbloser Hügel ohne Gras und Bäume. Es gibt nur wenige Orte dort, nämlich Jericho, Masada, Qumran und Engedi. Die dürren, felsigen Hügel wurden hauptsächlich von Nomaden bewohnt, die dort ihre Schafe und Ziegen hüteten. Diese Wüste war auch der Schauplatz der Versuchung Jesu sowie ein Schlupfwinkel für Diebe, die reisende Pilger und Kaufleute ausraubten.*

Der Felsen von Masada *erhebt sich majestätisch über dem Toten Meer. Aufgrund seiner Entlegenheit, seiner unwegsamen Höhe und seiner steil abfallenden Hänge war er eine uneinnehmbare, natürliche Festung. Herodes errichtete auf mehreren Ebenen des Plateaus einen vielstöckigen Palast, Lagerhäuser, Baracken, Wasserzisternen und Befestigungen. In Masada fand im ersten Jahrhundert der dramatische Kampf zwischen den jüdischen Zeloten und der zehnten römischen Legion statt.*

Bethlehem *liegt in einem fruchtbaren Gebiet im zentralen Bergland Judäas, etwa acht Kilometer von Jerusalem entfernt. Unterhalb der geschäftigen Bergstadt gab das reifende Korn den Feldern seine goldene Farbe, und auf den felsigen Hängen befanden sich Weingärten. In der Umgebung gab es natürliche Kalksteinhöhlen, die von Menschen und Tieren oftmals vorübergehend als Unterkunft benutzt wurden.*

Der üppige Ölberg *liegt östlich vom Kidrontal, gegenüber von Jerusalem. Der Berg mit seinen schönen Gärten und Olivenhainen ist der letzte große Bergkamm vor dem langen Abstieg in das Jordantal. Zur Zeit Jesu war der südöstliche Teil dieses Berges die traditionelle jüdische Begräbnisstätte.*

Das Mittelmeer *war das Handelstor zur römischen Welt. Obwohl der Außenhandel für die jüdischen Kaufleute von beträchtlicher Bedeutung war, zogen sie es vor, für ihre Seehandelsunternehmungen Seeleute und Schiffe anderer Völker zu mieten. Das „große Meer" wurde von Rom kontrolliert und trug römisches Korn und römische Soldaten von und zu den Ostprovinzen.*

Die blühende Stadt Sebaste *war die alte Stadt Samaria, die kurz vor dem ersten Jahrhundert wieder aufgebaut worden war und einen neuen Namen erhalten hatte. Sie rühmte sich eines großen Säulengangs und prächtiger Gebäude in griechischem und römischem Stil. Die hauptsächlich von Heiden bewohnte Stadt wurde bald ein Zentrum griechischer Kultur und griechischen Einflusses und die politische Hauptstadt des Bezirks Samaria.*

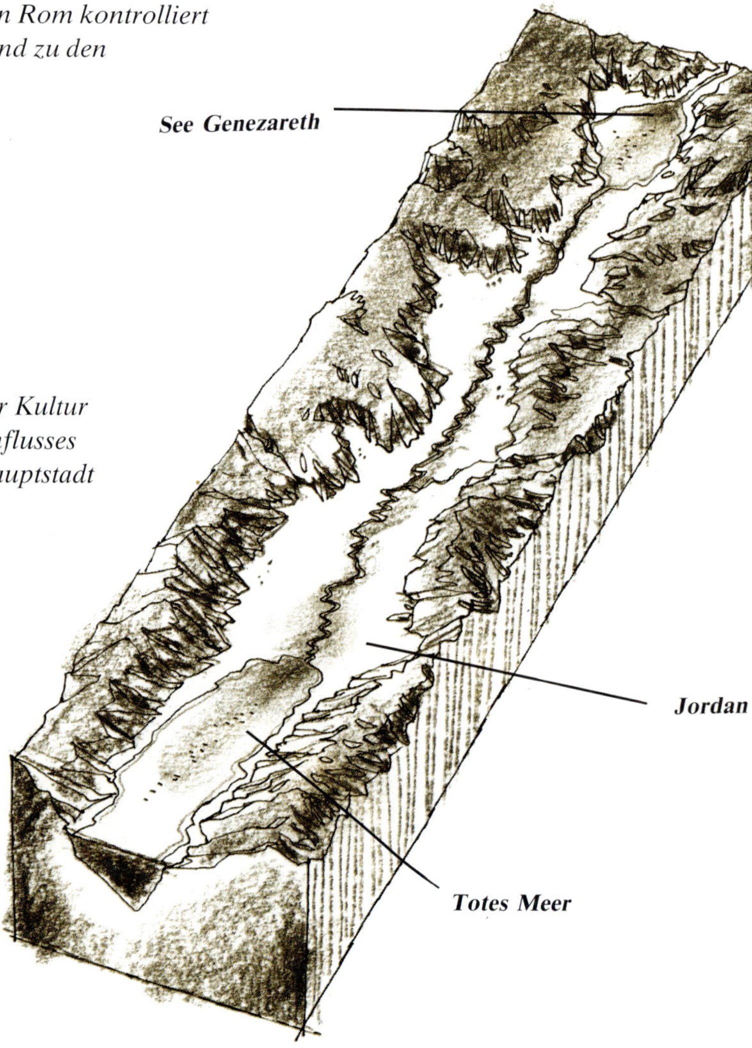

In der großen Jordansenke *findet man den einzigen Fluß Palästinas. Der Jordan entspringt als frisches, klares Wasser im Libanongebirge, folgt seinem gewundenen Lauf in das Galiläische Meer, fließt von dort weiter und mündet dann in das Tote Meer. Eingeschlossen von steilen Klippen windet sich der Fluß stark und erreicht daher in dem Tal, das zwischen den Seen nur 104 Kilometer lang ist, eine Länge von 320 Kilometern. Das Wasser fällt durch Dutzende von Wasserfällen und Stromschnellen 305 Meter ab bis zu seiner tiefsten Stelle – dem Toten Meer. Hier hört das Leben des Jordan abrupt auf.*

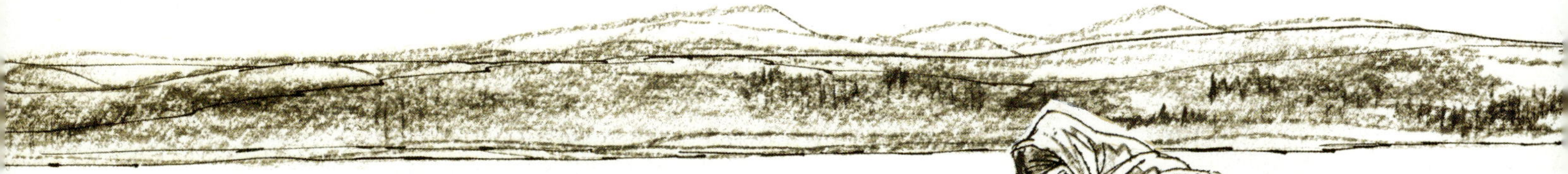

***Der Jakobsbrunnen** war ein Rastplatz an der großen Straße durch den Distrikt Samaria. Der Brunnen, der traditionell nahe dem biblischen Sichem lag, befand sich an einer wichtigen Abzweigung, deren einer Arm in die neue Hauptstadt Sebaste führte, der andere zu nahegelegenen Städten.*

***In der Einfahrt zum Hafen von Cäsarea** standen massive Türme und ein Leuchtturm grüßte die einfahrenden Segler bei ihrem ersten Blick auf Palästina. Herodes baute die große Hafenstadt ausschließlich aus Marmor und weiß verputzten Steinen und schmückte sie mit Tempeln, einem Palast und öffentlichen Gebäuden von großer Pracht. Sein größtes Werk jedoch war der Hafen selber, mit in das offene Meer hinausreichenden Wellenbrechermauern, die so groß waren, daß auf ihnen Türme, Gebäude und Docks angelegt werden konnten. Da Cäsarea der Sitz des römischen Prokurators war, wurde es die politische Hauptstadt von Judäa und Samaria und das Tor nach Rom.*

Nazareth *liegt in einem Talkessel, der es heute von der Umgebung abzuschließen scheint. Im ersten Jahrhundert verliefen in der Nähe des Dorfes jedoch belebte alte Straßen, auf denen sich die Pilger von und nach Jerusalem drängten und fast täglich Handelskaravanen von Ägypten oder Damaskus entlangzogen. Die Bewohner Nazareths beobachteten und spürten die Einflüsse der Außenwelt.*

Die neue Stadt Tiberias *lag am Westufer des Galiläischen Meers. Herodes Antipas baute diese ummauerte Stadt als seine Hauptstadt und benannte sie nach dem Kaiser Tiberias. Kein frommer Jude setzte seinen Fuß in diese Stadt, die über einem ehemaligen Friedhof erbaut war. Sie wurde daher von Heiden und dem Abschaum des herodianischen Königreiches bewohnt.*

Das Galiläische Meer *mit seinem schönen grau-blauen Wasser war der Kernpunkt des nördlichen Palästina. Auf seinen Wassern sah man unzählige Fischerboote, und in seinen Tiefen wimmelte es von Fischen. Zur Zeit des Wirkens Jesu waren die Ufer des Galiläischen Meeres das am dichtesten bevölkerte ländliche Gebiet in ganz Palästina. In der Umgebung des Galiläischen Meeres verbrachte Jesus einen Großteil seines öffentlichen Lebens.*

Die großen Straßen *waren charakteristisch für Galiläa. Durch diese nördliche Region verliefen die alten Handelsstraßen, die vom Meer in die Wüste und von Ägypten nach Syrien führten. Die Menschen stichelten, daß „Judäa an der Straße nach nirgendwo liege, Galiläa aber durchzogen sei mit Straßen nach überall“.*

Die sichelförmige Ebene von Genezareth *erstreckt sich am Westufer des Sees. Wegen ihrer Schönheit und ihrer fruchtbaren Erde war sie ein wahrer Garten Eden, in dem viele verschiedene Früchte angebaut wurden.*

Kapernaum war das Zentrum des Wirkens Jesu. *Hier hatte ein römischer Hauptmann eine Synagoge erbaut. Die wichtige Fischerstadt am Nordufer des Galiläischen Meeres lag an der „breiten Straße“, einer Handelsroute zwischen Ägypten und Syrien. Als wichtiger Zollplatz beherbergte Kapernaum eine römische Garnison, um die Einsammlung der Steuern durchzusetzen.*

Peräa, die „dahinterliegende Gegend", *war ein großes Wüstengebiet, das sich östlich vom Jordan bis zur Syrischen Wüste erstreckte. Es lebten dort hauptsächlich Juden, während kleine Gruppen von Arabern die Wüstengebiete durchwanderten. Die Juden betrachteten Peräa, zusammen mit Galiläa und Judäa, als eine der drei jüdischen Provinzen. Wenn Pilger auf ihrem Weg nach Jerusalem durch Peräa zogen, um Samaria zu umgehen, dann reisten sie ununterbrochen durch jüdisches Gebiet.*

Die Dekapolis *war im ersten Jahrhundert ein bekannter Zusammenschluß von zehn griechischen Städten unweit des Herzens Palästinas. Die Städte, die in griechischem und römischem Stil erbaut waren, hatten Straßen mit Säulengängen, breite Wege und Brücken, Amphitheater, Bäder, Tempel, Tore und andere prächtige private und öffentliche Gebäude.*

Die Dekapolis umfaßte zehn Städte. Die Gelehrten können sich auf acht einigen: Hippos, Gadara, Raphana, Pella, Dion, Gerasa, Philadelphia und Scythopolis (die einzige Mitgliedsstadt westlich des Jordan). Uneinig ist man sich über die anderen beiden Städte. In Frage kommen Damaskus, Canatha und Abila. Der Zusammenschluß war aus kommerziellen und kulturellen Gründen erfolgt, aber auch, um den hellenistischen Geist in einem vorherrschend jüdischen Gebiet zu bewahren und zu fördern.

Idumäa *liegt im Süden Palästinas zwischen Judäa und der großen Arabischen Wüste. Dieses südliche Grenzland verwandelte sich fast unbemerkt vom Weideland zwischen trockenen Hügeln in die öde Sinaiwüste. Idumäa war ein Land voller Höhlen, in denen Einsiedler lebten und Flüchtlinge aus den griechischen Städten Unterschlupf fanden.*

Phönizien, die große Seefahrernation *der antiken Welt, lag nördlich von Palästina in einem schmalen Landstreifen zwischen den Bergen und dem Meer. Die phönizischen Seeleute benutzten eiserne Anker der abgebildeten Art. Man fand die Phönizier, die mehr Kaufleute und Seefahrer als Bauern waren, in allen Häfen am Mittelmeer.*

Kapitel 2

Das Leben in der Stadt und auf dem Land

Jahr um Jahr wurden auf dem grasbedeckten Hang in der Nähe einer klaren, kalten Quelle Zelte errichtet. Im Laufe der Zeit entwickelten sich ständige Siedlungen, und es wuchsen, wie so oft in der Geschichte, die wenigen primitiven Hütten zu einem Dorf zusammen. Bald fanden die Einwohner es notwendig, sich mit einem gemeinsamen Namen zu bezeichnen – „das Dorf XZ".

Wenn eine Stadt wuchs und blühte, wurde das umliegende Land als Ackerland oder als Weidefläche für das Vieh verwendet. Je größer der Reichtum der Stadt wurde, desto ungeschützter fühlten sich ihre Bewohner, und so begannen sie schon sehr bald mit der Befestigung der Stadt.

Frühe Zivilisationen sind dafür ein Beispiel. Sie umgaben ihre Siedlungen mit breiten Gräben und pflanzten an der Innenseite kräftige Hecken. Oft wurden innerhalb dieser Einfriedungen einfache Wachttürme oder Gerüste errichtet, die als Aussichtsposten dienten oder, wenn notwendig, als Plattform, von der aus man Eindringlinge abwehren konnte. So entwickelte sich die Kunst der Stadtbefestigung.

Das Palästina des ersten Jahrhunderts zog aus dieser sich entwickelnden Technik seinen Nutzen. Viele der Städte und Städtchen bauten moderne Befestigungen; manche entwickelten ihre Verteidigungsanlagen so weit, daß sie als uneinnehmbar galten. Nur die wichtigen Stadtzentren waren von Mauern umgeben, da Befestigungsanlagen äußerst kostspielig und schwierig zu errichten waren; es dauerte Jahre, bis man sie fertiggestellt hatte. In Krisenzeiten waren die kleineren Nachbarstädte und -dörfer völlig auf den Schutz der ummauerten Städte angewiesen. Die abhängigen Städte und Dörfer stellten als Preis für den Schutz Männer und Waffen, die die Stadt bei einem Angriff verteidigen halfen.

Die Größe einer Stadt war jedoch nicht der einzige Faktor bei der Entscheidung, ob sie befestigt werden sollte oder nicht. Ihre Höhenlage, ihre natürlichen Befestigungen und eine angemessene Wasserversorgung waren ebenfalls wichtige Gesichtspunkte. Bedeutende Handelsstädte oder Städte, die als Puffer gegen den eindringenden Feind dienten, hielt man ebenfalls für befestigungswert.

Nicht lange nach Sonnenaufgang begannen die Bewohner der meisten Städte und Dörfer ihren arbeitsreichen Tag. Manche gingen direkt auf die Felder und kamen erst bei Sonnenuntergang zurück. Andere, Geschäftsleute und Handwerker, arbeiteten auf dem Marktplatz, wo sie ihre Läden für den Alltagsbetieb öffneten. Die Geschäfte und Läden boten die Güter und Dienstleistungen, die die vielen Bedürfnisse der Gemeinschaft befriedigten, und stellten die zum täglichen Leben notwendigen Gegenständte her. Ging man die engen Straßen entlang, sah man Kinder, die dort Ball spielten oder sich mit anderen Spielen vergnügten, während die Eltern und Nachbarn sich auf wichtigere Dinge konzentrierten.

Obwohl der Marktplatz gewöhnlich schmutzig war, war er doch das Zentrum aller Aktivität – voller Gerüche, Sehenswürdigkeiten und Geräusche, die alle mit Sicherheit einen starken Eindruck hinterließen. Hier kam man mit den Bewohnern des Ortes und manchmal mit Menschen aus anderen Ländern in Kontakt.

Viele der entlegenen „griechischen" Städte hatten wöchentliche „Märkte" und besondere Jahrmärkte. Hier hatte man die Möglichkeit, ausländische Waren aus dem ganzen römischen Reich zu kaufen. Dazu gehörten auch Sklaven und unerhört teure Luxusgüter jeglicher Art.

Der tägliche Markt zog Menschen aus vielen sozialen Schichten an. Die Einwohner im Palästina des ersten Jahrhunderts konnten freilich leicht in drei deutliche Gruppen aufgeteilt werden. Erstens gab es die arabischen Nomaden. Diese wandernden Wüstenhirten besaßen eine Freiheit, die es ihnen erlaubte, da zu leben, wo sie wollten, und so lange, wie sie wollten, ohne die starren Strukturen und Verantwortlichkeiten eines Lebens in den Städten und Dörfern. Dann gab es die einfachen Leute der Siedlung, von denen die meisten Bauern, Hirten und Handwerker waren; sie sind die Menschen dieses Buches. Zuletzt gab es solche, die in den großen Stadtzentren ein verfeinertes und weltoffeneres Leben führten. Zu ihnen gehörten Kaufleute, Landbesitzer, Regierungsbeamte, religiöse Führer und natürlich reiche Ausländer; Leute dieser Art waren jedoch die Ausnahme. Die meisten Menschen in der Stadt waren einfache Leute, deren Wohnviertel in vielem den Dörfern, aus denen sie stammten, ähnlich waren. Diese Viertel behielten die Eigenarten des Dorfes bei: engstehende Häuser, der örtliche Markt und Wasserbrunnen, die Bekanntschaft von jedem mit jedem und den Dorfklatsch. All das trug dazu bei, das Stadtleben vertraut und erträglich zu machen.

Die fehlende Stadtplanung erlaubte eine wahllose Entwicklung, die ein Labyrinth enger, gewundener Straßen und Gassen hervorbrachte. Die meisten Straßen blieben ungepflastert und holprig, besonders in den kleineren Städten und Dörfern. Im heißen, trockenen Sommer waren der Schmutz und der Staub unerträglich, und im nassen Winterwetter war der Schlamm unausweichlich. Die Straßen waren so eng, daß sie schnell mit Menschen und Tieren verstopft waren. Die kleinen Wohnhäuser der Armen standen so enggedrängt an schmalen Straßen auf steilen Hängen, daß das Dach des einen Hauses den Vorhof des nächsten bildete.

Die Reichen lebten am Rande dieser übervölkerten Gebiete, und zwar in Vorstädten mit großen festen Häusern mit ausgedehnten Gärten. Auch manche Angehörigen der Mittelklasse lebten dort, während andere in den überfüllteren Teilen der Stadt wohnten, oft in Häusern innerhalb steinerner Einfriedungen. Diese Häuser waren zweigeschossig, was einen völlig anderen Lebensstil erlaubte.

Für eine angemessene Wasserversorgung der Bevölkerung waren oft Aquädukte erforderlich, die das Wasser von außerhalb gelegenen Quellen herbeiführten. Zudem besaßen viele Privathäuser Zisternen, die das Wasser sammelten und das tägliche Schöpfen an den öffentlichen Brunnen überflüssig machten.

Die meisten Dörfer und Städte in Palästina waren wegen ihrer Gastfreundschaft und Freundlichkeit bekannt, da diese Eigenschaften von den Juden des ersten Jahrhunderts sehr geschätzt wurden. Weil es nur wenige Gasthöfe gab, besaßen die meisten Dörfer Vorkehrungen für Reisende oder Gäste, gewöhnlich in Form eines „Obergemachs“. Konnten solche Unterkünfte nicht zur Verfügung gestellt werden, hatte der Reisende keine Schwierigkeiten, eine freundliche Familie zu finden, bei der er die Nacht über bleiben konnte.

Die Städtchen und Städte besaßen eine beträchtliche Selbständigkeit. Die römischen Autoritäten erlaubten diese freie Selbstverwaltung, solange der geforderte Tribut gezahlt, die Ordnung aufrecht erhalten und das römische Recht beachtet wurden.

***Das dörfliche Gastzimmer** war ein Raum, der von den Menschen im Dorf eigens für die Bedürfnisse eines Besuchers oder Reisenden reserviert war. Eine wesentliche Eigenschaft der Menschen des biblischen Landes war ihre aufrichtige Freundschaft und Gastlichkeit. Die Erfüllung der Bedürfnisse eines Gastes war nicht nur eine Pflicht, sondern eine Freude.*

Das Gastzimmer, oft ein „Obergemach", wurde auch als eine Art Kommunikationszentrum verwendet, wo die Männer des Dorfes den Tag oder Abend mit Muße und Gesprächen verbrachten. Oft diente während eines langen, heißen Sommertages ein großer, schattiger Baum als willkommener Ersatz für den heißen Raum.

Ein gemieteter Diener hielt das Gastzimmer instand, während die Dorffamilien für die Bedürfnisse der Gäste sorgten. Die Verpflegung und Betten wurden ebenfalls von der Gemeinschaft bereitgestellt.

Die Tiere eines Gastes wurden in dem kleinen Stallbereich unter der Veranda von den Dörflern versorgt. In Dörfern, in denen es kein Gasthaus gab, übernachteten die Reisenden in der Regel bei einem der Einwohner. Gasthöfe oder Herbergen gab es kaum.

Träger beförderten schwere Lasten *auf dem Rücken durch belebte Straßen oder Gassen, die zu steil oder zu eng für umfangreich beladene Lasttiere waren.*

Abfall und Müll *lag verstreut in den Straßen und engen Gassen der meisten Dörfer und Städte. In den Städten des ersten Jahrhunderts trug der Mangel an sanitären Einrichtungen dazu bei, daß Unrat und Kehricht in die öffentlichen Straßen vor der eigenen Wohnung geworfen wurden. Der Abfall, der nicht auf die Straße oder in Abfallgruben kam, wurde vor die Stadttore geworfen. Der Gestank, die Fliegen und Maden waren in der Sommerhitze besonders schlimm. Die Stadtbewohner akzeptierten diesen Schmutz freilich als Teil des Lebens.*

***Jeden Morgen und Abend** versammelten sich die Frauen am örtlichen Brunnen, um frisches Wasser für die täglichen Bedürfnisse der Familie zu holen. Die Welt der Frau des ersten Jahrhunderts konzentrierte sich auf ihr Heim. Die täglichen Gänge zum Brunnen gehörten zu den seltenen Gelegenheiten, bei denen sie das Haus verließ. Der Brunnen war das soziale Zentrum des Dorfes und ein täglicher Treffpunkt der Frauen.*

Die Frauen benutzten ein kleines, unzerbrechliches Ledergefäß, um das Wasser aus dem tiefen Brunnen heraufzuziehen. Das Wasser gossen sie dann in einen tönernen Wasserkrug. Anschließend trugen sie den schweren Krug auf dem Kopf heim und gossen seinen Inhalt in einen größeren Wasserbehälter aus Ton. Um die Versorgung der täglichen Bedürfnisse der Familie sicherzustellen, waren gewöhnlich viele Gänge notwendig.

Die Straßen waren mit zahllosen Bettlern bevölkert.
Das Geben von Almosen an die Armen wurde als besonderes Kennzeichen eines Gerechten bewertet.

Die Läden der Handwerker
befanden sich in ihrem eigenen Viertel. Sie lagen zum gegenseitigen Nutzen nahe beieinander. Die Werkstätten waren gewöhnlich kleine, dunkle Räume, die zur Straße oder Gasse hin geöffnet waren. Ein großer, offener Eingang ermutigte die Vorübergehenden, stehenzubleiben und dem geschickten Handwerker bei der Arbeit zuzusehen, aber auch, seine ausgelegten Waren zu prüfen.

Eine Straßenbeleuchtung *gab es, wenn überhaupt, bei den Stadttoren und an den Kreuzungen der Hauptstraßen. Fackeln oder Öllampen in hängenden Laternen lieferten in bestimmten Vierteln für wenige Stunden ein schwaches und begrenztes Licht.*

Die Jungen spielten *auf den Straßen oder auf einem freien Bereich des Marktplatzes mit dem Ball. Kleinere Kinder vergnügten sich mit anderen Spielen, bei denen sie häufig freudige Familienanlässe wie Hochzeiten und Feste oder traurige Gelegenheiten wie Beerdigungsprozessionen nachahmten.*

Die lärmenden Hunderudel, *die in den Straßen umherstreiften, wurden nur deshalb geduldet, weil sie den Abfall und Müll auf den Straßen fraßen. Die Menschen verachteten die Hunde und behandelten sie daher schlecht, oft grausam.*

Auf dem örtlichen Markt *kaufte man die Waren und Nahrungsmittel für den täglichen Bedarf. Die Menschen erwarben alles Nötige jeden Tag in der unmittelbaren Nachbarschaft, nur in einer Menge, die sofort aufgebraucht werden konnte, da es kaum Möglichkeiten gab, verderbliche Güter zu lagern.*

***Der Brennstoff,** den man für den Küchenherd oder Backofen verwendete, bestand in der Regel aus flachen Kuchen aus getrocknetem Tierkot. Man sammelte einen Korb mit frischem Dung aus den Ställen und von den Feldern, mischte Stroh darunter und trug ihn heim. Dort trocknete man den Dung und verwahrte ihn auf dem Dach zum späteren Gebrauch.*

***Die Städte und Dörfer** wurden so dicht wie möglich auf natürlichen Erhöhungen oder an Hängen gebaut. Die Häuser standen dabei so eng zusammen, daß ein Dorf oder eine Stadt oft wie ein herausgebrochener Teil aus einer großen Stadt erschien. Diese Gedrängtheit trug zur Sicherheit der kleineren Siedlungen bei. Durch die Enge entstanden jedoch auch Armut, kleinliche Streitereien und Prozesse.*

***Auf dem Marktplatz** fand das öffentliche Leben im Palästina des ersten Jahrhunderts statt. Der Markt, der sich in einer Straße oder auf einem offenen Platz befand, war eine nicht endende Reihe von Ständen und Warenauslagen. Dort wurden Nahrungsmittel wie Weizen oder Gerste abgemessen. Man fand hier Fische, Brot oder Oliven im Überfluß. Auch verkauften arabische Gewürzhändler eine Vielzahl von Gewürzen, abgefüllt in kleinen Beuteln.*

Alle Märkte hatten unabhängig von ihrer Größe und Lage viel gemeinsam – sie waren reich an Sehenswertem, Gerüchen und Geräuschen. Die Rufe der Verkäufer, die versuchten, die Aufmerksamkeit der Käufer zu erlangen, die endlosen Verhandlungen, der Lärm aus den nahegelegenen Werkstätten und das Blöken und Schreien der Tiere, die verkauft oder beladen wurden, trugen alle zu dem Stimmengewirr bei. Auch die Warenauslagen und Gerüche waren sehr unterschiedlich und wechselten bei fast jedem Schritt. All diese starken Eindrücke vergaß man nicht so schnell.

Der Freitag, der Tag vor dem Sabbat, war für die Juden ein großer Markttag. An diesem Tag kaufte man die besonderen Dinge, die man zur Feier des wöchentlichen Ruhetages, der bei Sonnenuntergang begann, benötigte.

Das Nadelöhr *war eine kleine Holztür, die in das massive Tor eingebaut war. Nachdem das Haupttor bei Sonnenuntergang verschlossen und verriegelt worden war, erlaubte das kleine „Nadelöhr" begrenzten Zugang, ohne die Sicherheit der schlafenden Stadt zu gefährden.*

Die Stadttore *boten die einzige Möglichkeit, eine von Mauern umgebene Stadt zu betreten. Die Machthaber der Stadt verwandten daher große Aufmerksamkeit auf die Lage der Tore und auf ihre Konstruktion. Die dicken hölzernen Türen wurden durch einen großen Balken oder eine Eisenstange gesichert. Um zu verhindern, daß der Feind die hölzernen Tore in Brand setzte, wurde die Außenseite häufig mit Erz- oder Eisenplatten verkleidet.*

Um das Tor in seine Gewalt zu bringen, mußte der Feind eine scharfe Rechtswendung vornehmen, wenn er sich einmal innerhalb der äußeren Tore befand. Das zwang die angreifenden Truppen, ihre ungeschützte rechte Seite darzubieten.

Das geöffnete Tor war auch Zentrum des öffentlichen Lebens; es war ein Begegnungsort, da jeder Zugang hatte zu dem im Tor befindlichen hochgewölbten Raum.

Der Torhüter *schloß die Stadttore jeden Tag bei Sonnenuntergang und öffnete sie bei Sonnenaufgang. Die Sicherheit der Stadt hing oft von diesem Schutz ab. Daher war das Amt des Torhüters eine sehr verantwortliche Position. Manchmal oblag auch der örtlichen Militärgarnison das Öffnen und Schließen der Tore.*

Die Stadtmauer *war eine massive Steinkonstruktion: Auf einem breiten, tiefen Fundament erhob sich eine hohe, mit Zinnen versehene Brückenmauer. Diese Einschnitte und ein Laufgang boten den Verteidigern Schutz. Rechteckige Türme standen an kritischen Stellen entlang der Mauer. Innen hatte man über Treppen Zugang zu den Lagerräumen und Baracken in diesen Türmen. Bollwerke unterschieden sich von den Türmen darin, daß sie einfach aus der Mauer hervorragten und es erlaubten, den Gegner bei seinem Angriff oder bei dem Versuch, die Mauer zu erklimmen, von der Seite anzugreifen. Die Entfernung zwischen zwei Bollwerken betrug niemals mehr als die Länge von zwei Bogenschüssen. Die Tore, oft die schwächsten Punkte in der Mauer, hatten zusätzliche Verteidigungstürme und außerdem Unterkünfte für die Wachen.*

Die Zitadelle *war eine Festung innerhalb einer Festung. Sie wurde immer an der höchsten Stelle innerhalb der Stadtmauern erbaut und bestand gewöhnlich aus einem Palast, Baracken, Lagerhäusern und einem Turm. Das alles befand sich innerhalb der eigenen Mauern. Wenn eine Stadt angegriffen wurde, war die Zitadelle häufig der letzte Verteidigungs- und Widerstandsort.*

Kapitel 3

Zwischen Lehm und Stein

In den Dörfern, Städtchen und Städten im Palästina des ersten Jahrhunderts begann der Tag mit der hellen Morgensonne, die die Häuser auf den obersten Hügelspitzen beschien, während die Häuser im Tal noch im Dunkeln lagen. Wenn die Sonne am östlichen Himmel emporstieg und mehr und mehr Häuser erleuchtete, wurden die unterschiedlichen Formen und Größen der Gebäude sichtbar.

An den höchsten Stellen der Städte und Städtchen, die tagsüber am längsten von der warmen Sonne beschienen wurden, standen die Häuser der reichen Kaufleute und ausländischen Beamten – luxuriöse Villen aus Stein mit eingezäunten Gärten. In ihrer Nähe standen zweistöckige Häuser, die ebenfalls aus Stein waren. Sie gehörten dem Mittelstand der Stadtbevölkerung – Geschäftsleuten, Handwerkern und kleinen Landbesitzern. Weiter unten beherbergten Gruppen von kleinen schachtelförmigen Bauten die ärmeren Bauern, Hirten und Arbeiter.

Im Gegensatz zu den Häusern der Reichen dienten die meisten dieser kleinen, düsteren Behausungen nur zur Hausarbeit, Handwerkertätigkeit, Unterkunft und zum Essen, nicht aber als Ort, an dem man sich wohlfühlen konnte und wo sich das tägliche Leben abspielte.

Je heller das Morgenlicht wurde, desto mehr erfüllte der Lärm der Morgenaktivitäten die engen, schmutzigen Straßen. Die Geräusche der Menschen, Tiere und Werkzeuge vereinigten sich zu einem Mißklang von Tönen, wo noch wenige Minuten zuvor alles dunkel, leer und still gewesen war.

Seit dem ersten Jahrhundert hat die Forschung dem häuslichen Leben und den bescheidenen Häusern derjenigen, die den größten Teil ihres Lebens in Armut verbrachten, wenig Aufmerksamkeit geschenkt. Zwar hat man die Überreste vieler Häuser in Palästina ausgegraben, jedoch handelt es sich dabei um die größeren, standfesteren Häuser der Reichen. In den alten Schriften findet man wenig über das Alltagsleben der Armen oder des Mittelstands, aber viele detaillierte Beschreibungen der großen Städte und ihrer riesigen Paläste und Tempel. Der Lebensstil der reichen Elite wird hier hinreichend dargestellt.

Ein Grund, warum man so wenig über das Leben der ärmeren Bevölkerungsschichten jener Zeit weiß, ist, daß nur wenige ihrer Häuser erhalten geblieben sind. Es gibt nur eine kleine Zahl gut erhaltener Beispiele, aber von diesen bekommen wir doch einige Hinweise auf die Behausungen und das Leben der jüdischen Durchschnittsfamilien, die in ihnen wohnten. Dieser Mangel an erhaltenen Bauwerken ist verständlich, wenn man bedenkt, welch vergängliches Material – wie zum Beispiel Lehmziegel – zum Bau der meist kleinen Wohnhäuser verwendet wurde. An solchen Häusern wurde im Laufe der Jahrhunderte ständig gebaut und wieder umgebaut. Wind und Regen leisteten ihre Arbeit, und außerdem wurde das Baumaterial der einen Periode benutzt, um in der nächsten Periode neue Häuser zu bauen.

Glücklicherweise geben die wenigen erhalten gebliebenen Beispiele von Wohnungen aus dem ersten Jahrhundert und die Tatsache, daß manche Häuser im Mittleren Osten noch heute in der gleichen Weise wie vor 2000 Jahren gebaut werden, einen gewissen Eindruck von dem, was man gesehen hätte, wäre man die Straßen jener alten Dörfer und Städte entlang gegangen. Man erkennt bald, daß die großen Höfe, Säulengänge und Gärten, die man in seiner Phantasie mit der neutestamentlichen Zeit in Verbindung bringt, nur den Reichen und Mächtigen gehörten und praktisch nur in den wichtigen Städten zu sehen waren.

Das Leben der Reichen war voller Luxus und Komfort. Ihre Häuser waren gut eingerichtet und hatten – gemessen am Standard des ersten Jahrhunderts – die meisten modernen Bequemlichkeiten wie fließend warmes Wasser, Bäder und manchmal sogar Zentralheizung. Sklaven und Diener machten den Besitzern dieser luxuriösen Häuser das Leben leicht.

Im Gegensatz dazu konzentrierte sich das Leben der Familienmitglieder in den Häusern der Armen und des Mittelstandes zumeist auf die Zubereitung und das Essen der täglichen Speisen. Die Mahlzeit, das „Brechen des Brotes", war weit mehr als eine reine Nahrungsaufnahme. Diese vergnügliche Zeit zusammen mit der Familie und den Freunden war ein Band, das die Familie zusammenhielt.

Die ständige Nahrungszubereitung, die nur einen Teil der Aufgaben der Frau darstellte, erforderte unzählige Arbeitsstunden. Das Einkaufen der erhältlichen Nahrungsmittel, die Bestellung des Gartens, das Mahlen des Mehls, das Schlachten – all das ging der tatsächlichen Zubereitung der Mahlzeit voraus. Die Hausfrau brauchte einen kräftigen Rücken und einen starken Willen, um der Familie ständig die benötigte Fürsorge zu geben. Die Erziehung der Kinder und die endlosen Hausarbeiten – das Reinigen des Hauses und des Geschirrs, das Weben, Nähen, Flicken und Waschen der Kleidung – nahmen auch damals mehr Zeit in Anspruch als überhaupt zur Verfügung stand.

Die Menschen im Palästina des ersten Jahrhunderts lebten von den wenigen einheimischen Produkten, die nur abhängig von der Jahreszeit erhältlich waren, von denen es aber gewöhnlich ein reichliches Angebot gab. Eines der wenigen importierten Erzeugnisse, das man auf dem örtlichen Markt zu finden hoffte, war getrockneter oder frischer Fisch (je nach der Entfernung zum nächsten größeren Gewässer – dem Galiläischen Meer, dem Jordan oder dem Mittelmeer).

Brot war vielleicht das wichtigste Nahrungsmittel. Man backte fast täglich Fladen und Brote. Diese wurden hergestellt aus dem besonders feinen Getreide Palästinas, einer der besten Weizenarten der antiken Welt. Viele der ärmeren Familien konnten sich dies nicht leisten und waren dazu gezwungen, mit billigerem, gröberem Gerstenmehl zu backen. Einige Brote, eine Handvoll Oliven, Gemüse und etwas einheimischer Wein waren die tägliche Grundnahrung der Bauern.

Die Frau war zur Zeit Jesu ein allgemein respektiertes Familienmitglied. Ihre ständige Arbeit und Sorge für ihren Mann und ihre Kinder trug dazu bei, die überaus wichtige Einheit der Familie zu erhalten – eine Einheit, die sich selbst in schweren, ja sogar grausamen Zeiten bewährte, weil sie die Hoffnung auf die Zukunft in sich barg. Die einzigen Unternehmungen einer Frau außerhalb des Hauses waren ihre täglichen Wege zum Brunnen oder zur Quelle zum Wasserholen, die häufigen Gänge zum örtlichen Markt, um Nahrungsmittel und andere notwendige Erzeugnisse zu kaufen, oder das wöchentliche Aufsuchen des Baches (wenn es einen solchen gab) zum Waschen der Kleidung. Bei diesen Gängen traf sie sich mit ihren Freundinnen und Nachbarinnen zu einem freundlichen Klatsch und zum Austausch örtlicher Neuigkeiten. Als guter Organisator und Lehrer sorgte die Frau auch dafür, daß alle Familienmitglieder den ihnen zugewiesenen Haushaltspflichten und -aufgaben nachkamen.

Die meisten Tage waren für jedes Familienmitglied lang und schwer. Am Abend versammelten sie sich zur Hauptmahlzeit, und bei Sonnenuntergang verschlossen sie die Türen vor der rauhen Außenwelt. Das einladende Licht und die Wärme der Tonlampe und der Kochstelle, die Befriedigung über das erledigte Tagespensum und das „Brechen des Brotes" mit den Familienangehörigen endeten nur allzu früh, wenn die Schlafmatten aus gewobenen Binsen auf dem harten Erdboden ausgerollt wurden. Jeder legte sich, eingewickelt in einem warmen Wollmantel, nieder, während die kleine Öllampe undeutliche Schatten auf die rohe Mörtelwand warf. Die Lampe brannte bis in die Nacht hinein und brachte der ganzen Familie mit ihrem tanzenden Licht ein Gefühl des Trostes und der Sicherheit.

Wenn am nächsten Morgen die warmen Sonnenstrahlen wieder auf die an den Hängen zusammengedrängten Häuser fielen, begann ein neuer Tag für diejenigen, die im Palästina des ersten Jahrhunderts – dem Land, in dem Jesus lebte – zu Hause waren.

Das „Haus aus Lehm" *war ein flacher Bau aus Lehmziegeln mit einem zweistufigen Fußboden aus festgetretener Erde. Die Familie lebte auf der größeren, oberen Stufe, während die untere als Lagerraum sowie für die Unterbringung und Fütterung der Haustiere verwendet wurde.*

Die Mauern, die man gewöhnlich auf einer Grundmauer aus Stein errichtete, bestanden aus selbstgemachten, an der Sonne getrockneten Lehmziegeln, die bis zur Höhe eines Stockwerkes aufeinandergestapelt wurden. Hatten die Mauern die gewünschte Höhe erreicht, legte man hölzerne Balken und Zweige quer darüber, die dann die Decke aus geschlagenem Ton trugen. Die Innenwände wurden mit einer dicken Schicht aus wasserfestem Kalkmörtel überzogen, während man die Außenwände nur tünchte. Damit der Fußboden möglichst hart und staubfrei war, wurden Lehm und Kalksteinstücke zusammengemischt.

Der beengte, dunkle und rauchige Raum, der nur einfach eingerichtet war, diente sowohl als Küche wie als Schlafraum. Sobald das Abendessen beendet war, schaffte die Familie Platz für die Matten oder Matratzen, die sie zum Schlafen benutzte.

Häuser aus Lehm bedurften der ständigen Instandhaltung und überlebten selten mehr als eine Generation. Der Lehm von den Wänden wurde häufig in die engen Straßen gewaschen, während das Dach ständig ausgebessert und geebnet werden mußte.

Die einfache „Insula“ *war eine Ansammlung von anspruchslosen Privathäusern, die sich um kleine Höfe drängten. Die Wände und Böden bestanden aus roh behauenem schwarzen Basalt (vulkanisches Gestein). Lehm und kleine Kieselsteine hielten die großen Steinbrocken zusammen. Wandkonstruktionen dieser Art waren nicht stark genug, um ein oberes Stockwerk zu tragen. Daher hatten die Häuser nur ein leichtes Dach aus Lehm und langen, die Balken bedeckenden Zweigen.*

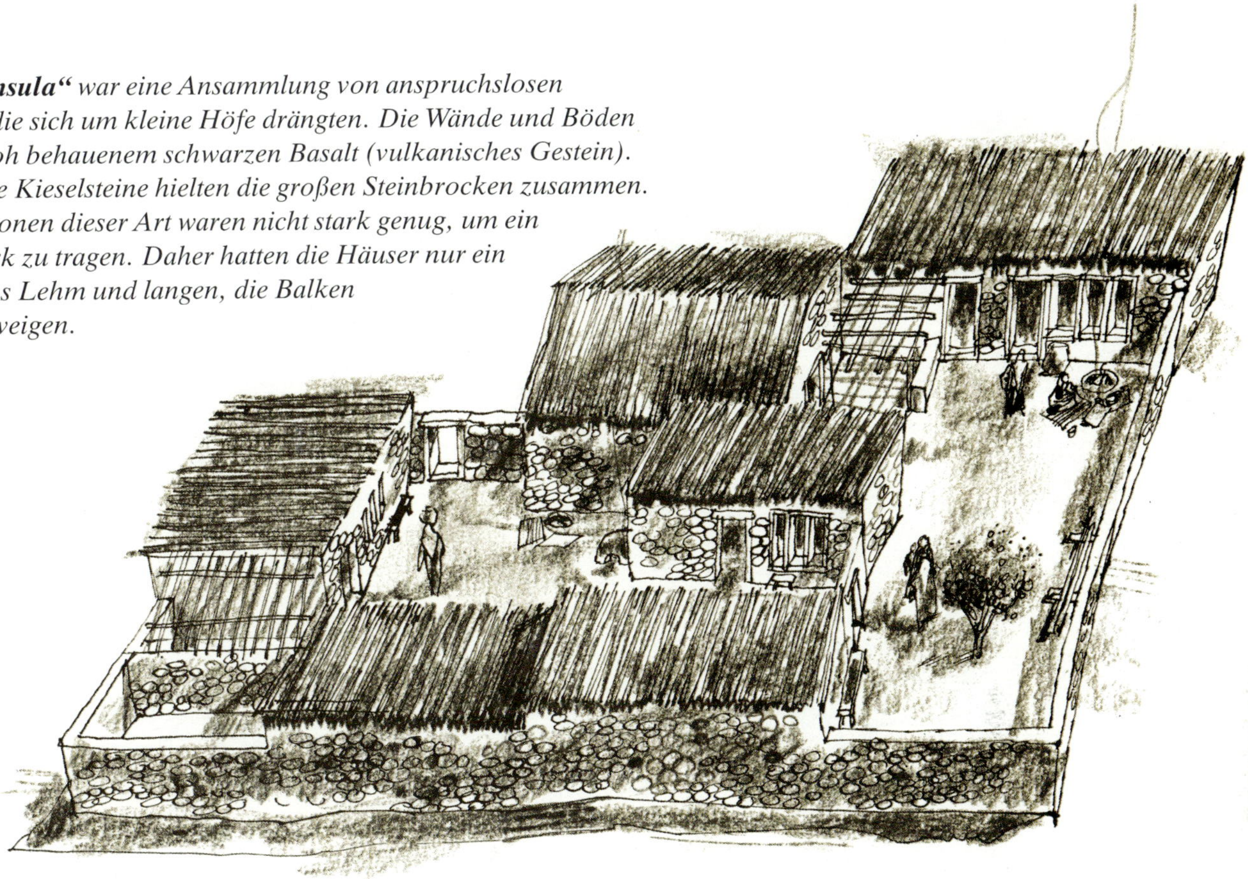

Das Einzimmer-Haus *aus Stein war ein fest gefügtes Bauwerk aus rohen Kalksteinblöcken, errichtet auf einem soliden Steinfundament. Die unregelmäßigen Fugen zwischen den Steinblöcken wurden mit Kalksteinsplittern und Mörtel gefüllt. Die Innenwände wurden vollständig mit einem dicken, wasserfesten, weißen Bewurf überzogen – das war der Abschluß der Bauarbeiten und der einzige Schmuck des Hauses. Die obere Plattform bzw. der Lebensraum der Familie ruhte auf einem Steingewölbe. Darunter befand sich ein kleiner Platz als Stall für die Tiere. Der Fußboden auf der Plattform bestand aus zerstoßenem Kalkstein, Sand und Kieselsteinen, die fest auf der gewölbten Steinunterlage lagen.*

Eine Brüstung auf dem Dach bot einen sicheren Schutz für die dortigen Familienaktivitäten. Ein einfacher Sonnenschutz in einer Ecke bot Schatten vor der großen Sommerhitze.

Die Häuser der Reichen *spiegelten den enormen Einfluß der griechischen und römischen Architektur auf die Bauweisen Palästinas wider. Das abgebildete große Steinhaus war um einen geräumigen Hof herum gebaut. Sowohl die Obergeschosse wie das Dach waren leicht über eine auf Kragsteine (aus Stein oder Holz) gestützte Treppe zu erreichen. Solche Außentreppen erlaubten im Inneren einen größtmöglichen Lebensraum. Kleinere Gasträume erstreckten sich entlang jeder Hofseite. Dieser Baustil enthielt auch viele Annehmlichkeiten; so wurde zum Beispiel Wasser von den Vorratszisternen in das Haus geleitet. Mit dem Wasser kamen Bäder und Toiletten. Sehr bemerkenswert für die damalige Zeit war ein Zentralheizungssystem, das durch die ausgehöhlte Boden- und Wandkonstruktion geleitet wurde.*

Das „Obergemach" *war das Hauptkennzeichen eines solchen massiven, zweistöckigen Steinhauses. Ein Haus dieser Art war gewöhnlich in der Stadt zu finden. Der geschnittene Stein und die stabile Gewölbekonstruktion gewährten die Tragfähigkeit für ein zweites Geschoß . Dadurch verdoppelte sich der Lebensraum; der zweite Stock diente oft als Speiseraum oder Gästezimmer. Die untere Etage mit der hohen Decke hatte, wie die der meisten Steinhäuser, eine erhöhte Plattform, die als Lebensraum für die Familie diente. Der untere, kleinere Bereich wurde zur Unterbringung der Haustiere benutzt. Die großen, gewölbten Räume, verputzten Wände, gekachelten Böden, überdachten Vorhallen und die Obergemächer mit Gitterfenstern boten, gemessen am orientalischen Standard, einer Familie der Mittelschicht geräumige Lebensbedingungen. Das Obergemach in den Privathäusern wurde oft anderen vermietet, so daß auch diejenigen, die nicht über den notwendigen Raum oder die entsprechenden Unterbringungsmöglichkeiten verfügten, größere Feste feiern konnten. Für Mahlzeiten bot das Obergemach genügend Raum, um einer ziemlich großen Gruppe relativ viel Komfort zu bieten.*

Diese interessante Sammlung üblicher Gebrauchsgegenstände *zeigt die Vielfalt der Objekte, die man in einem Haus in Palästina zur Zeit Jesu finden konnte.*

Im Haus eines Reichen dienten Variationen derselben Gegenstände denselben grundlegenden Tätigkeiten. Der einzige Unterschied bestand in der Qualität der Ausführung oder im benutzten Material.

1) Große Holzschüssel
2) Tragbarer Tonofen
3) Gewebtes Sieb
4) Vorratsgefäß
5) Tonpfanne
6) Lederkübel
7) Strohmatte
8) Kupfertablett
9) Tonplatte
10) Tönerner Vorratsschrank
11) Krug
12) Hölzerner Vorratskasten
13) Vorratsbeutel aus Stoff
14) Vorratskorb
15) Flasche aus Ziegenhaut
16) Körbe
17) Geflochtener Korb aus Palmzweigen
18) Flacher Korb
19) Handmühle für Korn
20) Holzschüssel
21) Große Keramikschale
22) Gewebte Matte aus Rohr
23) Ausgestopfte Matratze
24) Großer Vorratskrug aus Ton
25) Vorratsgefäß
26) Vorratsbehälter für Korn
27) Gefäß
28) Strohbesen
29) Gefäß zum Wasserkochen
30) Korb
31) Krug
32) Wassergefäß
33) Vorratsgefäß
34) Kochtopf
35) Tönerner Ofen zum Kochen
36) Weinflasche
37) Handspiegel aus Bronze
38) Metallpfanne
39) Fischschüssel
40) Megarische Schüssel
41) Tonsieb
42) Krug
43) Holzlöffel
44) Messer
45) Spatel
46) Eierlöffel
47) Würfel
48) Ölgefäß
49) Öllampe aus Ton
50) Schüssel
51) Bronzekrug
52) Nadel und Faden
53) Spindel zum Spinnen
54) Ungesponnene Wolle

55) Topfscherbe mit heißen Kohlen
56) Basaltschale und Mahlstein
57) Basaltmörser und Stößel
58) Tonsieb
59) Servierbrett
60) Tasse
61) Becher
62) Knetmulde
63) Steinerne Meßbecher
64) Kochtopf
65) Becher
66) Terra-kotta-Laterne
67) Kochschüssel
68) Tonschüssel

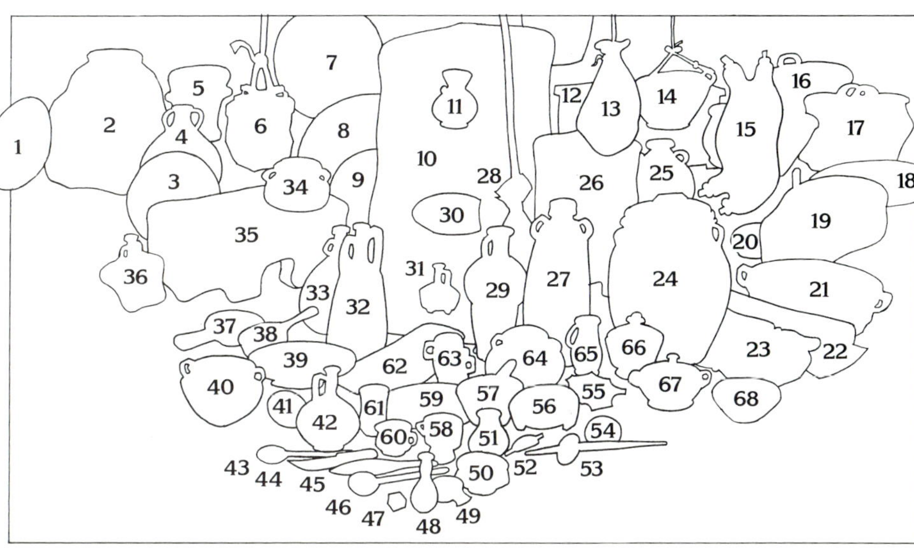

***Das Spinnen** wurde von den Frauen besorgt. Sie waren darin so geschickt, daß sie beim Reden, Gehen und sogar beim Reiten auf einem Esel spinnen konnten. Gewöhnlich übten sie diese Tätigkeit zuhause in den seltenen freien Minuten aus.*

***Die Zubereitung der Nahrung** galt als das Hauptaugenmerk jeder guten Hausfrau und Mutter. Das Frühstück nahm man meistens in Eile ein: eine Handvoll Nüsse, Rosinen und etwas Brot oder Oliven. Normalerweise genügten Käse, Brot, Oliven und vielleicht ein oder zwei Handvoll geröstetes Korn als Mittagessen. Die Hauptmahlzeit oder das Abendessen bestand oft aus einem Eintopf, gelegentlich mit Fleisch, und aus einer ergänzenden Schale mit Gemüse, Obst und frischem Brot. Die Zubereitung dieser wichtigen Mahlzeit nahm einen Großteil des Tages der Frau in Anspruch, da es in den meisten Haushalten weder die Gelegenheit noch die Gegenstände gab, um mehrere Gerichte gleichzeitig zuzubereiten.*

Die Erziehung der Kinder

Ein Sohn blieb bis zu seinem fünften Lebensjahr in der Obhut der Mutter. Dann kam er unter die Leitung seines Vaters, damit er in einem Gewerbe unterwiesen wurde und die Gesetze und Pflichten des Lebens erlernte. Die Tochter blieb bis zu ihrer Heirat unter dem Einfluß der Mutter, bei der sie lernte, die Aufgaben im Haushalt zu erledigen.

Die Aufsicht über das Baby *wurde erleichtert durch eine behelfsmäßige Hängematte. Diese Art Wiege konnte draußen unter einer schattigen Hütte oder an den Zweigen eines Baumes wie auch an den hölzernen Balken innerhalb des Hauses aufgehängt werden.*

Die Hunde *waren in biblischer Zeit berüchtigte Aasfresser und wurden von den Erwachsenen mit Geringschätzung behandelt. Junge Hunde hielt man gewöhnlich als nette Haustiere für die Kinder, wenigstens bis die Hunde größer und wilder wurden.*

Das Sammeln von Ästen und Zweigen *war Aufgabe der jungen Mädchen oder Frauen im Haushalt. Das Backen des täglichen Brotes im Tonofen und die Essenszubereitung auf dem Kochherd hingen oft von diesem Brennmaterial ab.*

Das Füllen der Lampe mit Öl *war eine täglich wiederkehrende wichtige Aufgabe. Obwohl die kleine Lampe nur ein äußerst schwaches Licht gab, war sie die einzige Lichtquelle im Haus. Da sie aus Ton und daher sehr zerbrechlich war, wurde sie gewöhnlich in einer speziellen Wandnische aufbewahrt, wo sie sicher stand und das meiste Licht geben konnte. Wenn ein Haushalt über genügend Öl verfügte, brannte die Lampe auch während der langen, dunklen Nacht. Selbst dieses schwache Licht war für die Familie wichtig, da es die Zeit für Beschäftigungen verlängerte und ein Gefühl der Sicherheit verlieh.*

Schwere Lasten *wurden von Eseln und gelegentlich auf dem Rücken eines Mannes befördert. Diejenigen, die es sich leisten konnten, mieteten einen Träger. Auf dem Rücken des Trägers gelangten die Güter sicherer durch die engen, überfüllten Straßen.*

Das tägliche Kehren *der Böden war eine angemessene Aufgabe für eine junge Tochter. Der festgetretene Lehm- und Steinboden erforderte immer eine gründliche Reinigung.*

Das Sieben des Korns *war notwendig, um die Verunreinigungen zu entfernen. Ein Sieb aus gewebten Maschen trennte unerwünschte Samen, Spreu, Unkraut und kleine Steine vom Korn, bevor es in der Mühle gemahlen wurde. Nach dem ersten Mahlen wurde es erneut gesiebt, um die Kleie, die Haut oder Schale des Korns, zu entfernen, bevor es endgültig zu feinem Mehl gemahlen wurde.*

Das Nähen und Flicken *gehörte zu den ständigen Aufgaben der Frau. Die meisten Leute hatten kaum Kleidung zum Wechseln. Daher war die Instandhaltung der wenigen Kleidungsstücke wichtig. Die meisten Kleider waren von einfachem Schnitt, selbstgefertigt und leicht zu pflegen.*
Stickereien zierten die schlichte Tunika einer Frau und gelegentlich die eines kleinen Mädchens.

Frisches Wasser aus dem örtlichen Brunnen oder der Quelle *wurde mindestens zweimal täglich benötigt, und zwar einmal am frühen Morgen und dann wieder am Abend. Während sie das Wasser für ihre Familien heraufzogen, schwatzten die Frauen miteinander und tauschten Neuigkeiten aus. Jede besaß ihr eigenes Ledergefäß zum Heraufziehen des Wassers. Die Frauen trugen ihre großen Tonkrüge auf dem Kopf.*

Das tägliche Einkaufen *von frischem Obst und Gemüse geschah gewöhnlich auf dem örtlichen Markt. Alle einheimischen Produkte standen zur Verfügung, sowie auch einige wenige importierte Güter wie zum Beispiel getrocknete Früchte, Fisch und Kräuter. Weil die Lager- und Konservierungsmethoden sehr unzureichend waren, mußten sowohl die Reichen wie die Armen täglich einkaufen.*

Das Rollen des Daches *mit einem großen Steinroller war nach jedem Regen eine wichtige Aufgabe für den Mann des Hauses. Er rollte die Oberfläche, um die durchnäßte Erdschicht, die bei der Dachkonstruktion gebraucht wurde, zu härten und abzuflachen. Auf diese Weise sorgte er dafür, daß das Wasser nicht in das Haus eindrang. Wie man sich vorstellen kann, wuchsen auf einem mit Erde bedeckten Dach alle Arten von Gräsern und Samen.*

Frische Ziegenmilch *wurde sehr geschätzt. Zusammen mit ihren Nebenprodukten wie Butter und Käse war Milch ein wichtiger Bestandteil der Familiennahrung.*

Die Kleidung wusch man *immer in einem nahen Bach oder Teich. Zuerst tauchte die Frau die schmutzigen Gewänder in das Wasser und rieb sie mit selbstgemachter Alkali-Seife aus Pflanzenasche. Dann schlug sie die Gewänder einzeln und klatschte und knetete sie auf einem flachen Felsen. Nach dem Ausspülen und Auswringen breitete sie die nassen Kleider zum Trocknen über umliegende Sträucher und Steine aus.*

Das tägliche Brot

Im kornreichen Palästina war Brot unentbehrlich. Eine Brotsorte war zum Beispiel ein kleiner, runder Laib; eine andere war ein dünnes, flaches Brot, „Fladen“ genannt.

Bevor man das Korn aus dem Vorratsbehälter mit der Handmühle zu feinem Mehl mahlte, säuberte man es durch ein Sieb von den Verunreinigungen.

Zur Teigherstellung wurde ein Mehl-Wasser-Gemisch in einer Knetmulde mit Hefe verknetet und zum Gehen an die Seite gestellt. Dann legte man die Laibe in einen erhitzten Tonofen direkt auf die Kohlen und beobachtete sie mit großer Sorgfalt. Die sehr dünnen Fladen konnten auf der Außenseite des Ofens gebacken werden oder auf einer kleinen Schale, die auf heißen Kohlen stand.

Die griechisch-römische Art des Essens *wurde unter den Wohlhabenderen im Palästina des ersten Jahrhunderts immer üblicher. Man lag auf einer Matte oder niedrigen Couch. Während man sich auf den linken Arm stützte, blieb die rechte Hand zum Essen frei. Gewöhnlich standen die Liegen auf drei Seiten eines rechteckigen Tisches. Die vierte Seite wurde für die Bedienung während der Mahlzeit freigelassen. Unter den drei Liegen galt die mittlere als die ranghöchste. Von den drei Plätzen auf dieser Liege war der linke für den Ehrengast bestimmt. Die rechte Liege war die nächst wichtige, die linke Liege war von geringster Bedeutung. Einen ihrer Plätze nahm der Hausherr ein.*

Der Gastgeber begann das Mahl, indem er das Fleisch des Hauptganges reichte und dabei jedem gemäß seines Ranges oder seiner Stellung zuteilte. Jeder aß mit den Fingern. Mit einem großen Stück Brot wurden Soßen aus einer gemeinsamen Schüssel geschöpft. Gemäß dem jüdischen Gesetz wurde am Anfang und am Ende jeder Mahlzeit ein Segen gesprochen.

Die Grundnahrungsmittel Palästinas *waren artmäßig begrenzt, aber in ausreichender Menge vorhanden. Der einheimische Ackerbau lieferte gewöhnlich genug und in ausreichender Vielfalt, um die Bevölkerung ohne große Abhängigkeit von Importen zu ernähren. Da die Nahrung in dem warmen Klima kaum aufbewahrt werden konnte, bereiteten die Köche die meisten Nahrungsmittel so schnell wie möglich nach der Ernte zu. So wurden hochverderbliche Güter wie Fleisch zum unmittelbaren Verzehr zubereitet. Selbst Brot, das ein Hauptnahrungsmittel war, war nach einem Tag hart und trocken.*

Es waren nur Grundarten des Kochens möglich. Daher konnten nur einfache Eintöpfe, Brei und gekochtes Gemüse zubereitet werden. Gelegentlich begleiteten Fisch, geröstetes Fleisch, Wild oder getrocknete und gebackene Früchte zusammen mit frischen Früchten und Gemüsen der Saison diese einfachen Gerichte. Weine, Honig und Milchprodukte waren das ganze Jahr über erhältlich.

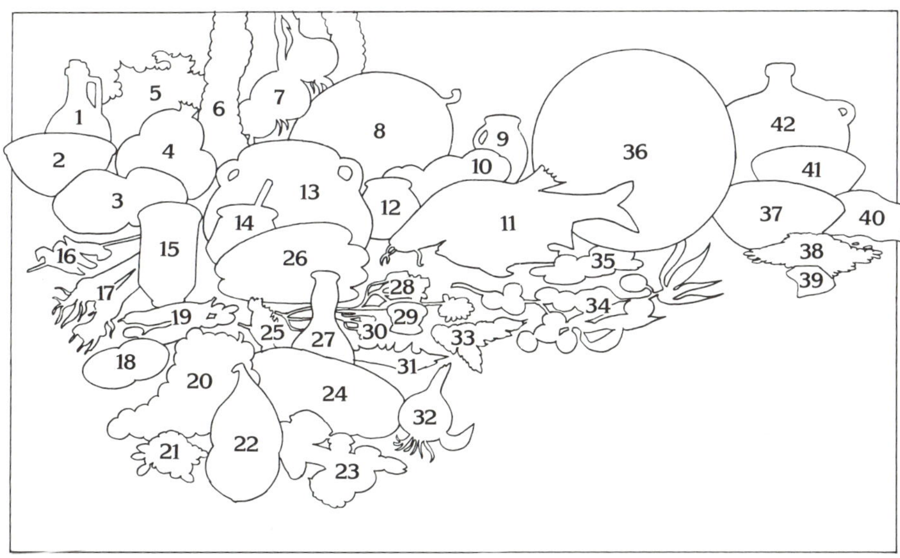

1) Essig (saurer Wein)
2) Butter
3) Käse
4) Granatäpfel
5) Salat
6) Getrocknete Feigen
7) Zwiebeln
8) Melone
9) Leban (Joghurt)
10) Aprikosen
11) Fisch
12) Milch
13) Eintopf
14) Honig
15) Wein
16) Heuschrecken (gebraten)
17) Lauch
18) Eier
19) Bohnen
20) Weintrauben
21) Rosinen
22) Feigen
23) Nüsse (Walnüsse, Mandeln, Pistazien)
24) Gurken
25) Dill
26) Brot
27) Olivenöl
28) Senf
29) Salz
30) Kreuzkümmel
31) Bittere Kräuter
32) Knoblauch
33) Minze
34) Oliven
35) Datteln
36) Geflügel (gebraten oder geschmort)
37) Soße
38) Geröstetes Korn
39) Feigenkuchen
40) Dünnes Brot
41) Brei
42) Wasser

Kapitel 4

Die Kleidung jener Zeit

Denkt man an die biblische Zeit, so denkt man oft zuerst an die Menschen und ihr Aussehen: ein alter Mann in einem zerlumpten Mantel, der ein Feld pflügt; ein Fischer, der mit umgürteten Lenden in einem Boot steht; eine junge Frau in einer langen, weißen Tunika, die einen Krug auf ihrem Kopf trägt; oder Kinder in schmutzigen Kleidern, die in den Straßen eines verwahrlosten Bergdorfes spielen.

Bei dem Versuch, die Wirklichkeit zur Zeit Jesu zu rekonstruieren, stößt man leider auf wenig genaue Informationen, die irgendwie bestimmen helfen, wie die Alltagskleidung wirklich aussah. Die Bibel berichtet nicht viel über die Kleidung, denn ihre Beschreibungen sind gewöhnlich Verallgemeinerungen. Außerdem sind die verwendeten griechischen Worte schwierig in geläufige, moderne Begriffe zu übersetzen. Stoffe sind natürlich sehr vergänglich, und so verfügen wir nur über einige wenige Stoffetzen aus der damaligen Zeit, während vollständige Männer- oder Frauengewänder aus jener Zeit überhaupt nicht erhalten geblieben sind. Das andere Problem, dem man begegnet, wenn man die Kleidung jener Zeit rekonstruieren will, ist die Tatsache, daß es den Juden durch ihr Gesetz verboten war, einen Menschen darzustellen. Daher gibt es keine zeitgenössische Kunst, aus der auch die Kleidung ersichtlich ist.

Wir verfügen heute jedoch über zahlreiche Hinweise aus antiken sowie bibelbezogenen Schriften (wie dem Talmud), aus Mosaiken, die in Überresten von Synagogen gefunden wurden, aus unserer Kenntnis der griechisch-römischen Kleidung und aus der Arbeit der modernen Archäologie, um uns eine Vorstellung von den gängigen Kleidungsstücken, die im Palästina des ersten Jahrhunderts getragen wurden, zu verschaffen.

Das Studium des alten Palästina hat gezeigt, daß ein Wandel immer nur langsam eintrat und daß es, wenn überhaupt, im Laufe der Jahrhunderte nur wenige Veränderungen bei diesen grundlegenden Gewändern gab. Das lag teilweise an dem Konservatismus sowie an den starken Traditionen des Volkes, aber auch daran, daß sich die Bedürfnisse und Tätigkeiten der Menschen im Laufe der Jahre wenig veränderten. Man sollte außerdem nicht vergessen, daß der starke ausländische Einfluß auf diese zentral gelegene Provinz manchmal in der Kleidung zum Ausdruck kam.

So war zum Beispiel der griechisch-römische Stil für die Alltagskleidung vollständig eingeführt und wurde von vielen, besonders von den Reichen, getragen. Das gab jener Zeit ein völlig anderes Aussehen, als man es vielleicht erwartet hätte. Grundsätzlich war jedoch die übliche Kleidung der Masse in allen biblischen Ländern in der Regel einfach und zweckmäßig. Nur die Kleidung der Reichen, der Adligen und der Ausländer bildete hier eine Ausnahme.

Es gab natürlich eine Vielfalt in Grundbekleidungsstücken und Abweichungen, was die Stoffe und Webarten anbelangte. Der größte Unterschied lag aber wohl in der Verzierung und den zur Verfügung stehenden Farben. Die Auswahl der Materialien war nicht groß und beschränkte sich hauptsächlich auf Wolle und Leinen, obwohl manche Reiche solch teure Stoffe wie Seide und Baumwolle verwendeten. Andere verfügbare Materialien, die aber nur begrenzt gebraucht wurden, waren Leder und das grobe, dunkle Sackleinen.

Die Kunst der Herstellung von Stoffen ist sehr alt. Aber zu allen Zeiten waren manche Materialien besonders beliebt, während andere – zum Beispiel die aus den Tierhaaren hergestellten Stoffe – weniger geschätzt wurden. Seide, der teuerste Stoff, und besonders Seide, in die Fäden aus kostbarem Metall eingewebt waren, gelangte durch Karawanen ins Land. Manche Seidenartikel wurden mit Gold nach ihrem Gewicht bezahlt. Leinen war ein sehr vielseitiges Material, das entweder zu einem feinen, durchsichtigen Gewebe oder zu einem groben, schweren Stoff verarbeitet werden konnte. Die feineren Gewebe wurden immer von denen getragen, die Rang und Geld besaßen. Wolle war eines der ältesten Materialien. Sie wurde vor allem für die Herstellung der Alltagskleidung gebraucht. Die Wolle war so wichtig, daß die Wirtschaft jener Zeit weitgehend von diesem Rohstoff abhängig war. Im Gegensatz zu Wolle wurde Baumwolle aus den Fasern einer Pflanze hergestellt. Ihre Verwendung war im Palästina jener Zeit nur begrenzt. Sackleinen war ein grobes, dunkles Material und wurde aus Tierhaaren hergestellt. Man gebrauchte es hauptsächlich für Zelte und Säcke sowie für die rituelle Kleidung, die als Zeichen der Trauer getragen wurde.

Die größte Vielfalt der Gewebe entstand auf kommerziellen Webstühlen. Manche Stoffe jedoch, besonders die aus Wolle und das gröbere Sackleinen, wurde von Familien hergestellt, die zu Hause kleinere Webstühle hatten. Die feineren Erzeugnisse, die man von den Karawanenhändlern kaufte, zeigten eine Vielfalt exotischer Farben, besonders die beliebten tiefroten und purpurnen Töne, die von den Reichen und Mächtigen besonders geschätzt wurden. Die vorherrschende Farbe der Kleidung, die von der Unter- und Mittelklasse getragen wurde, war einfach die natürliche Farbe des Materials, die in ein strahlendes Weiß verwandelt werden konnte, wenn man es von der chemischen Reinigung jener Zeit, dem Walker, bleichen ließ. Die Frauengewänder waren immer verziert; die meisten waren über und über mit Stickereien geschmückt oder mit verschiedenfarbigen Fäden durchwebt. Eine Frau konnte einem ansonsten langweiligen Gewand leicht und preiswert Leben und Farbe verleihen, indem sie mit Nadel und einfachen bunten Fäden dekorative Muster fertigte.

In vielen Familien gab es Personen, die die einzelnen Arbeitsvorgänge zur Herstellung eines vollständigen Gewandes beherrschten. Die Rohwolle wurde gekämmt, gewaschen, gesponnen, gewebt und genäht. Zuletzt wurden passende Verzierungen an die selber hergestellten Gewänder angebracht. Da der Kleidungsstil festgelegt war und sich nicht änderte, war die Größe der einzige Faktor, der notwendigerweise bei der Herstellung eines selbstgemachten Gewandes berücksichtigt werden mußte.

Die Kleidung der in Palästina lebenden Menschen hat immer bestimmte allgemeine Merkmale aufgewiesen, die, auch wenn man sie nur kurz betrachtet, viel über die Tracht jener Zeit aussagen. So hielt man zum Beispiel im allgemeinen nicht viel von eng anliegender Kleidung oder Unterkleidung. Man hatte auch sehr bestimmte Vorstellungen über die Darstellung des Körpers in jeglicher Form, wie man auch alles, was die Kleidung eng zusammenhielt, wie zum Beispiel Nadeln, Knoten oder Knöpfe, stark ablehnte. Aufgrund dieser und anderer Meinungen entstanden grundsätzliche Kleidungsstücke, die viele Generationen überlebten. Weil sie sowohl zweckmäßig wie bequem waren, kann man diese und ähnliche Gewänder noch heute in Palästina sehen.

Die königlichen Gewänder und die der privilegierten Klassen waren wie die der in Palästina lebenden Ausländer von anderer Art. Dieser Personenkreis kleidete sich völlig anders als der einfache Mann der Straße.

Es bestanden aber noch weitere Unterschiede in der Kleidung. So gab es zum Beispiel besondere Gewänder für diejenigen, die einen bestimmten Beruf ausübten. Das galt vor allem für Personen, die großen und wichtigen Gruppen wie der Armee oder der religiösen Führerschaft angehörten. Manche dieser Trachten entwickelten sich aufgrund der Tradition; manche waren den Bedürfnissen der besonderen Funktionen ihrer Träger angepaßt.

Ein anderes spezielles Gewand, nämlich das der Wüstennomaden, hat zu großen Mißverständnissen geführt. Die Aufmachung eines Arabers, der in wallenden Gewändern und mit seiner typischen Kopfbedeckung auf einem Kamel sitzt, hat man oft für die übliche Bekleidungsweise sämtlicher Völker in den biblischen Ländern gehalten.

Um eine Vorstellung von der Kleidung der Männer, Frauen und Kinder eines anderen Landes und einer anderen Zeit zu bekommen, sollten wir mehr in Betracht ziehen, wie unsere eigene Tätigkeit und Umgebung unsere Ansichten über die Kleidung, also darüber, was und wann wir etwas tragen, beeinflussen. Wir stellen dann fest, daß manche Einflüsse, die sich auf die Kleidung der Menschen von heute auswirken, jenen Einflüssen ähnlich sind, die auch die Kleidung der Menschen im Palästina zur Zeit Jesu mitbestimmten.

Die kurze Tunika *oder das „Untergewand" war das unverzichtbare Kleidungsstück der breiten Masse. Die Tunika bestand gewöhnlich aus grob gewebter Wolle oder Leinen und behielt in der Regel die natürliche Farbe. Ein Beispiel für eine Tunika ist dieser gerade geschnittene, formlose Sack, der aus zwei Stücken, einem Vorder- und einem Rückenteil, bestand, die man so zusammennähte, daß für Kopf und Arme eine Öffnung freiblieb. Eine Tunika dieser Art wurde manchmal in einem Stück gewebt. Da sie keine Schulternähte besaß, war sie ein hochgeschätztes Gewand. Die wogende Form erforderte einen Gürtel, besonders wenn man sich in irgendeiner Weise körperlich betätigen wollte.*

Beim „Gürten der Lenden" *wurde die Tunika hochgeschlagen. So erzielte man eine größere Bewegungsfreiheit, denn die Paßform der Gewänder konnte den Träger bei seiner Arbeit oft in den Bewegungen hindern. „Gürten" bedeutet, daß die Tunika zwischen den Beinen hochgezogen und das Ende in den Gürtel gesteckt wurde. Dadurch waren größere Beinbewegungen möglich. Außerdem war man der Ansicht, daß das Gürten der Lenden dem Körper besondere Kraft verlieh.*

***Die lange Tunika** war ziemlich gerade geschnitten und reichte bis zu den Knöcheln. Am Saum ermöglichten Schlitze auf beiden Seiten ausreichende Beweglichkeit, solange keine plötzlichen oder übertriebenen Bewegungen gemacht wurden. Diese beliebte Tunika konnte mit oder ohne Gürtel getragen werden. Man trug sie gewöhnlich nur im Haus oder auch in der unmittelbaren Umgebung des Hauses. Es gab unterschiedliche Arten in Leinen und Wolle; manche zeigten vielfältige Farben.*

***Die Tunika des Reichen** war ein langes Gewand mit Ärmeln und bestand gewöhnlich aus feinem Leinen. Gelegentlich trug man eine zweite Tunika aus Wolle oder Leinen direkt über dieser Untertunika.*

Die obere Tunika hatte oft eine leuchtende Farbe. Manchmal waren schmale Streifen in das Gewand gewebt. Die langen Ärmel, die bis über die Fingerspitzen reichten, waren über dem Handgelenk aufgeschlitzt, so daß sie sich teilten und die Hände freigelegt werden konnten. Obwohl die Hände gewöhnlich entblößt waren, konnte man sie leicht in der Gegenwart eines Ranghöheren bedecken. Beide Tuniken wurden durch eine reich verzierte Gürtelschärpe am Körper gehalten.

***Die Tunika aus Sackleinen** war ein sehr altes Gewand. Man trug es zum Zeichen der Trauer oder der Buße. Dieses steife, rauhe Kleidungsstück, das aus grobem, schwarzem Ziegenhaar gewebt wurde, lag direkt auf der nackten Haut. Ein Ledergürtel hielt das grobe Gewand an seinem Platz. Wenn ein Trauernder dieses Gewand trug, ging er gewöhnlich ohne Kopf- oder Fußbedeckung.*

Die Außenrobe des reichen Mannes *war ein Kleidungsstück, das außerhalb des Hauses und bei Feierlichkeiten getragen wurde. Dieses lange Gewand trug man über einer Untertunika. Es hatte weite, offene Ärmel, die einen Blick auf die längeren Ärmel der gestreiften Untertunika erlaubten. Da sich keine ehrbare reiche Persönlichkeit ohne eine solche Robe außerhalb des Hauses zeigte, war sie ein wichtiges Kleidungsstück. Sie war so kostbar, wie man es sich leisten konnte. Oft war sie aus teurer Seide gearbeitet. In den rauhen Winterwinden und bei Regen war es notwendig, sich einen schweren Wollmantel über Außenrobe, Kopf und Schultern zu werfen.*

Der hier abgebildete Überwurf war das populäre „Obergewand“ *jener Zeit. Größe, Gewicht und Qualität konnten dabei erheblich voneinander abweichen. Der schwerere Überwurf aus Wolle wurde an kalten und nassen Wintertagen getragen und des Nachts beim Schlafen als Decke benutzt. Das jüdische Gesetz verbot es einem Gläubiger, das Obergewand eines Schuldners über Nacht zu behalten. Das einfache, quadratische Tuch wurde oft durch die Verwendung eines Gürtels nahe am Körper gehalten.*

Gemäß dem jüdischen Gesetz waren blaue Quasten an den vier Ecken angenäht. Wenn das Gewand um den Körper geschlagen wurde, hingen zwei Quasten vorne und zwei hinten. Sie sollten daran erinnern, „die Gebote Gottes zu beachten“.

***Der Mantel** war ein Obergewand, das über der dünneren Tunika getragen wurde. Seine Beliebtheit beruhte weitgehend auf der beträchtlichen Bewegungsfreiheit, die der Schnitt bot. Geschätzt wurden aber auch die dekorativen braunen und schwarzen Streifen, die von der Schulter bis zum Saum verliefen.*

***Der „obere Mantel"** war ein Obergewand, das gleichermaßen von jung und alt im Winter wie im Sommer getragen wurde. Dieser Mantel ähnelte einem rechteckigen Schal, war aber viel schmaler als der Mantel und wurde als Schutz für Kopf und Schultern getragen. Aus Wolle gewebt und von unterschiedlichem Gewicht, war es ein bequemes Gewand zum Schutz gegen rauhe Elemente – gegen die Sonne im Sommer und gegen den Regen und den kalten Wind im Winter.*

Kopfbedeckungen

Die Kopfbedeckung war für alle Männer wichtig. Auch dem Haar und dem Bart wurde beträchtliche Aufmerksamkeit und Pflege gewidmet. Die meisten Männer hatten das Haar geschnitten und sauber. Wer es sich erlauben konnte, parfümierte oder salbte sich das Haar bei festlichen Anlässen. Das Haar der Knaben und jungen Männer war kurz und dicht, denn ein Kopf mit vollem Haar wurde sehr geschätzt.

Der Bart galt als die große Zierde des Mannes. Dieser sorgte gewissenhaft dafür, daß er sauber und gut gepflegt war. Die meisten Bärte waren lang, besonders die der alten Männer. Die Bärte wurden von ihren Besitzern oft stolz gestreichelt.

Die meistgetragene Kopfbedeckung war der Turban. Gewöhnlich war er aus gebleichtem Leinen. Der weiße Stoff wurde mehrmals um den Kopf geschlungen. Unter dem Stoff befand sich eine Kappe. Diese Kappe konnte man auch ohne Umwicklung tragen.

Eine weitere beliebte Kopfbedeckung war ein rechteckiges Tuch, das durch eine einfache Schnur gehalten wurde. Im Sommer wurde einfach ein Tuch oder Lederband um den Kopf geschlungen und festgebunden, um Schweiß und Haare aus dem Gesicht fernzuhalten.

Gürtel, Geldbeutel und Ring *waren beliebte Accessoires zur Kleidung jener Zeit. Der Schärpengürtel hielt die wallenden Gewänder nahe am Körper. Die einfachsten Arten bestanden aus gefaltetem Stoff oder aus Lederstreifen. Die besseren bestanden aus Leinen oder Seide und waren mit kostbaren Steinen und Metallschmuck verziert. In den Gürtelfalten konnte man leicht verschiedene Gegenstände tragen. So war der Gürtel gleichzeitig ein sehr praktisches Kleidungsstück.*

Der Geldbeutel war meistens ein kleiner Ledersack, der in das Brustteil der Kleidung oder in den Gürtel gesteckt werden konnte. Da die Gewänder keine Taschen hatten, war dieser Beutel notwendig, um Münzen und andere kleine, kostbare Dinge bei sich zu tragen.

Die meisten Männer gönnten sich keine extravagante Kleidung, aber alle liebten Schmuck. Schlüssel- und Siegelringe waren beliebt und wurden an der rechten Hand oder an einer Kordel um den Hals getragen.

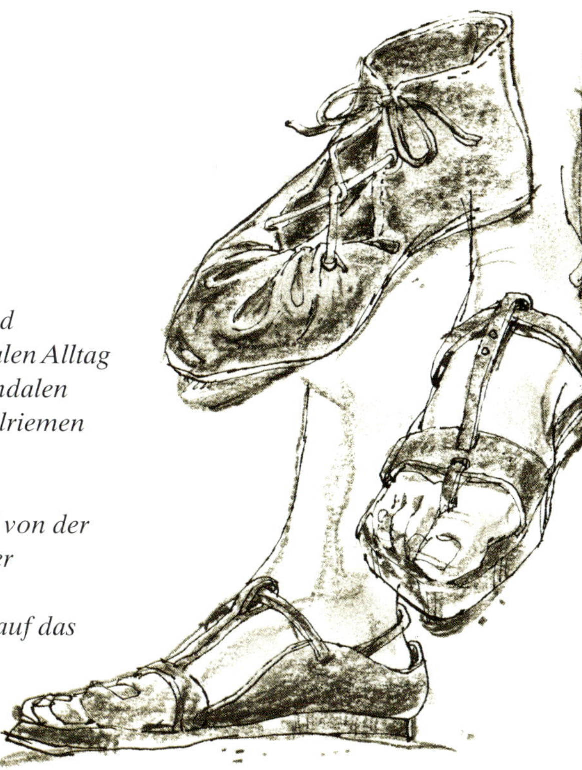

Es gab zwei Arten Schuhwerk, *Lederschuhe und Sandalen. Männer wie Knaben trugen im normalen Alltag dieselbe Art von Sandalen. Die harten Ledersandalen stellte man gewöhnlich selber her. Sie hatten Fellriemen und eine Innensohle, die durch Nägel an einer Außensohle aus Holz befestigt war.*

Die Schuhe wurden anscheinend vorwiegend von der Oberschicht getragen. Da sie aus weichem Leder hergestellt waren und keine harte Sohle hatten, beschränkte sich der Gebrauch wahrscheinlich auf das Haus.

Die Tunika der Frau *war der des Mannes so ähnlich, daß das jüdische Gesetz ausdrücklich den Austausch der Gewänder verbot. Der Hauptunterschied lag darin, daß die Tunika der Frau länger und dem Körper angepaßter war. Die Einfachheit des Gewandes wurde durch Verzierungen, besonders durch Stickereien am Hals und auf der Brust, belebt. Die Qualität der Frauentunika variierte von einem groben, schweren, gewebten Wollstoff bis zu einem feinen, leichteren Leinen. Ein Stoffgürtel, der oft gestreift oder auf irgendeine Weise verziert war, wurde gewöhnlich getragen, um das Gewand nahe am Körper zu halten. Eine ehrbare Frau blieb immer in der Nähe des Hauses, wenn sie nur eine Tunika trug. Aber eigentlich trug sie immer einen Mantel über diesem Gewand.*

Die Kleidung der reichen Frau unterschied sich hiervon. Der Hauptunterschied bestand in einer zweiten Tunika aus feinem, reich verzierten Leinen, die über der dünnen Untertunika getragen wurde.
Beide Gewänder wurden durch einen reichverzierten Gürtel gehalten, der oft aus wertvollem Material wie zum Beispiel Seide bestand und mit kostbaren Steinen und Metallen besetzt war.

In Palästina lebende Ausländer und Mitglieder der reicheren Klasse kleideten sich gemäß dem üblichen griechisch-römischen Stil jener Zeit: eine Tunikastola und der als „palla" bekannte Mantel.

Der „obere Mantel" *war ein einfaches Tuch zum Bedecken des Kopfes und des Oberkörpers. Er war in ganz Palästina gebräuchlich. Das unterschiedliche Klima verlangte im Winter ein schweres Wolltuch und im Sommer ein leichteres Woll- oder Leinengewebe. Dieses unterschiedlich verwendbare Tuch konnte als Schleier für das Gesicht, als Schal oder als Beutel zum Tragen kleinerer Gegenstände benutzt werden. Gebrauchte man einen Gürtel, war es aufgrund der Weite des „Mantels" möglich, ein beträchtliches Bündel in den losen Falten oder im Brustteil zu tragen.*

Eine andere Art Obergewand war ein gerade geschnittener, ärmelloser Mantel. Er ähnelte sehr einem Sack mit Öffnungen für Kopf und Arme und wurde gewöhnlich durch einen Gürtel am Körper gehalten. Der „obere Mantel" wurde auch zusammen mit diesem Gewand getragen, um Kopf und Oberkörper zu bedecken.

***Für alle Frauen war der Schleier** ein wichtiges Bekleidungsstück. In der Öffentlichkeit bedeckten die Frauen immer Kopf und Gesicht mit einem Kleidungsstück unterschiedlicher Art. Die einzige Ausnahme waren junge Mädchen, Dienerinnen oder Angehörige der untersten Klassen. Es ist nicht bekannt, wie streng der Verschleierung nachgekommen wurde. Man weiß jedoch, daß Frauen manchmal ihr Gesicht enthüllten. Das geschah zweifellos in ihrer häuslichen Umgebung.*

***Langes Haar** war der Stolz jeder Frau in Palästina. Zur Zeit Jesu war es modern, das Haar zu flechten. Die Reichen schmückten den Kopf mit kostbaren Steinen und edlen Metallen, die in kunstvolle Frisuren eingefügt wurden. Viele jüdische Frauen der Oberschicht übernahmen auch die griechisch-römischen Haartrachten.*

Die ersten Christinnen trugen keine kunstvollen ausländischen Frisuren. Auch flochten sie das Haar nicht. Stattdessen trugen sie es offen.

Schmuck und Toilettenartikel

Die Frauen besaßen zahlreiche und vielfältige Schmuckstücke. Es gehörten unter anderem die römische „fibula“-Nadel und die sehr gerne getragenen Ohrringe dazu. Zu den Toilettenartikeln gehörten wohl auch eine Parfümflasche, ein Holzkamm, ein Lidschattenstift, eine Make-up-Palette und ein bronzener Handspiegel.

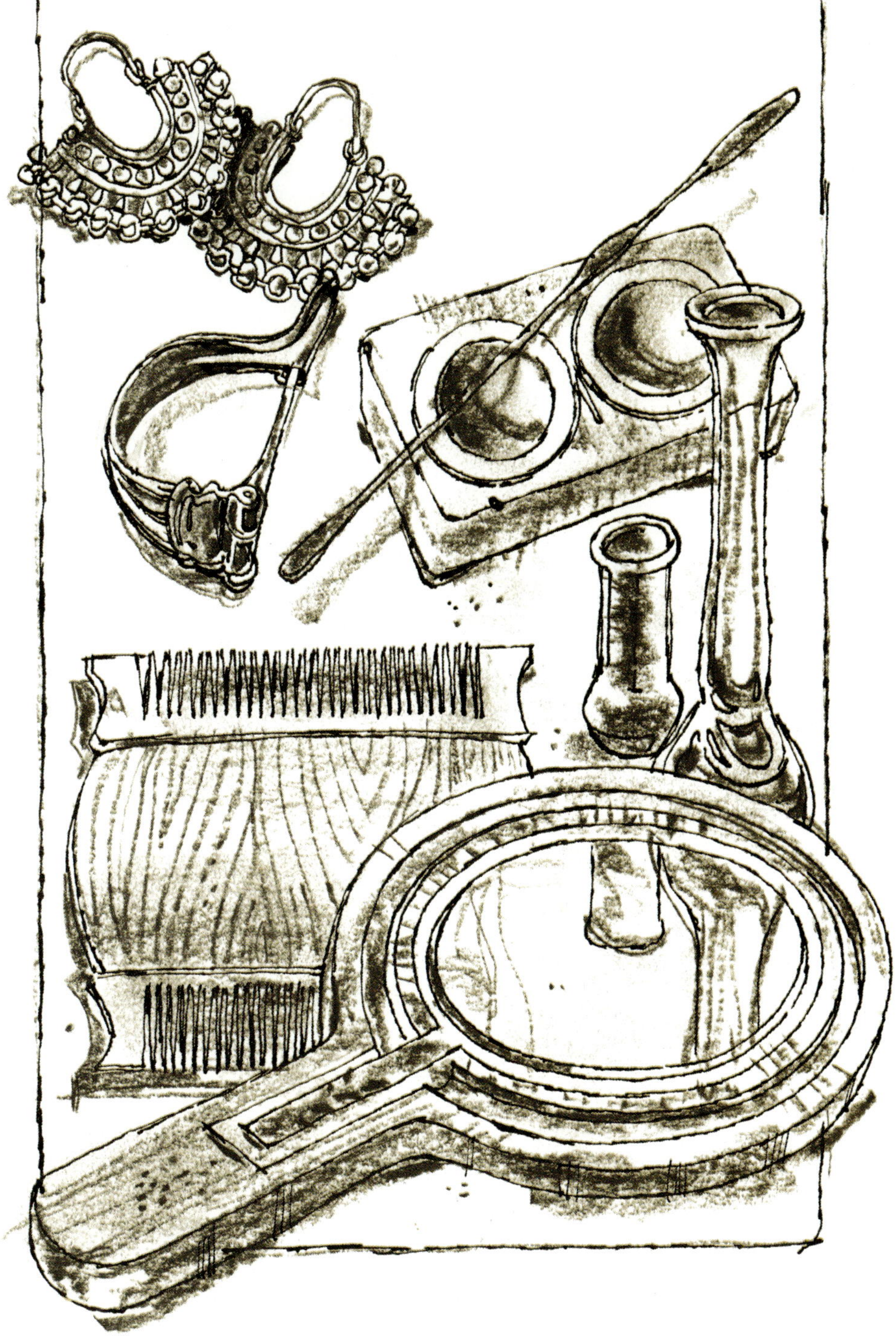

Unterwäsche *war vielgestaltig und hatte einen besonderen Schnitt. Es gab das Lendentuch oder kurze Hemd. Am beliebtesten war jedoch wohl ein langes, leichtes, gerade geschnittenes Leinengewand ohne Ärmel. Es ist bekannt, daß die Priester eine andere Art Unterhosen trugen. Diese Art wurde wahrscheinlich auch von anderen – wohl vorwiegend von Männern – getragen.*

Der schwere Wollmantel *war das wichtigste Obergewand und wurde den größten Teil des Jahres getragen. Er bot den meisten Schutz vor den rauhen, oft extremen Umweltbedingungen. Das schwere, wasserfeste Gewebe aus Wollfasern schützte den Körper vor den kalten, nassen Wintertagen und diente nachts als warme Decke beim Schlafen.*

Diese gebräuchliche Tunika *wurde sowohl von Jungen wie Mädchen getragen. Der Hauptunterschied im Schnitt lag dabei hauptsächlich in der Länge. Die Tuniken dienten als Alltagsbekleidung für alle Zwecke. Im Winter war sie aus gewebter Wolle und im Sommer aus leichterem Leinen gefertigt. Die Tuniken der Kinder zeigten gewöhnlich ihre matte Naturfarbe. Manchmal waren die Gewänder der Mädchen geringfügig verziert. Um die notwendige Bewegungsfreiheit für Kinder zu ermöglichen, wurde selten ein Gürtel getragen.*

Die Kopfbedeckung der Kinder *war nicht besonders kunstvoll, sondern eher einfach. Sie hatte eine schützende Funktion und war der Kopfbedeckung der Eltern ähnlich. Eine gewebte Kappe oder einfach ein rechteckiges Tuch, das mit einem Stoffband gehalten wurde, bot einem Knaben ausreichenden Schutz vor der Sommerhitze oder dem kalten Wind und Regen im Winter. Ein großes Kopftuch, über das ein Obermantel geschlungen wurde, war in der Regel die Kopfbedeckung, die für ein Mädchen oder eine junge Frau in Frage kam.*

Das Wickeln der Neugeborenen

Unmittelbar nach der Geburt wurde der Säugling gewaschen und dann mit Salz abgerieben, um die Haut fest und straff zu machen. Dann wurde er in Windeln gewickelt, was ihm ein mumienähnliches Aussehen verlieh. Anschließend hüllte man das Kind in ein rechteckiges Tuch, das mit Bändern um das feste, kleine Bündel befestigt wurde. Dieses Tuch diente dazu, den Körper warm und gerade zu halten. Gelegentlich entfernte man die Windeln rieb den Säugling mit Olivenöl ein und puderte ihn mit pulverisierten Myrteblättern. Das Kind wurde gewickelt, bis es mehrere Monate alt war.

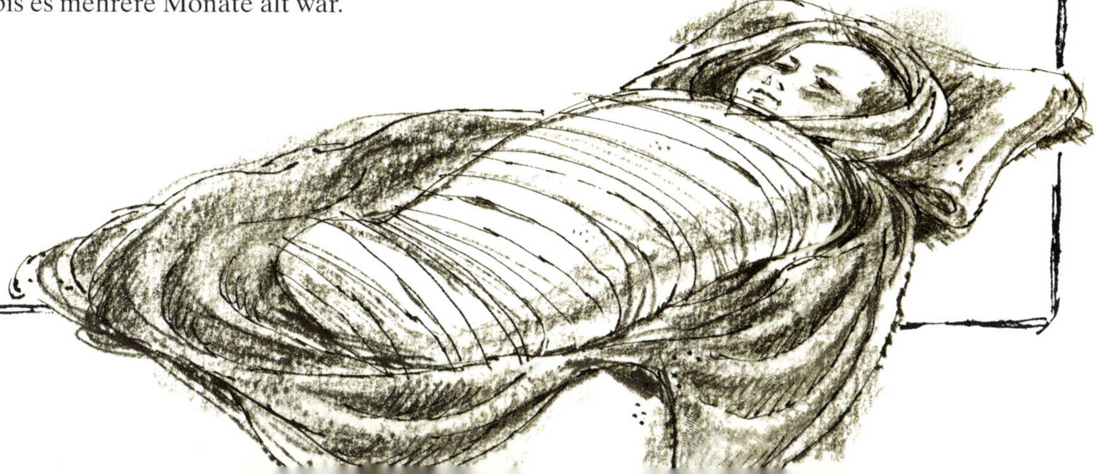

Kapitel 5

Die „Früchte des Feldes“

Die Seiten der Bibel sind voller Hinweise auf das Alltagsleben der Bauern in Palästina. Da die Landwirtschaft die Hauptbeschäftigung der Menschen in der Bibel war, waren ländliche Szenen und Begriffe geläufig und allgemein bekannt. Es war eine edle Arbeit, die sich von dem ersten Pflüger Kain, dem Sohn Adams, auf die Bauern zur Zeit Jesu vererbt hatte.

Der Bauer mußte immer mit einem grundlegenden Glauben leben und mit der Hoffnung, daß die einmal vergrabene Saat zum Leben kommen und wachsen würde. Er mußte glauben, daß der Herbstregen kommen und die dürre Erde doch eine reiche Ernte erbringen würde. Das Land, das Gott ihm gegeben hatte, erfüllte diese Hoffnungen und belohnte seinen Glauben, indem es seine Bedürfnisse befriedigte. Es war wahrhaftig das Land der Verheißung.

In Palästina gab es eine Vielzahl von unterschiedlichen Landschaften und klimatischen Bedingungen. Die galiläische Region im Norden galt als der Garten Palästinas, als das Herz des „Weizengürtels“. Seine reiche, rote Erde war mit Baumhainen grünenden Obstes übersät und mit einem Teppich bestellter Felder bedeckt. Oberhalb dieser goldenen Felder, angelehnt an die Hänge der breiten, grünen Täler, lagen viele der reichsten Dörfer und Städte Palästinas.

Der südliche Teil Palästinas war anders, da steile Berge und unfruchtbare Wüsten einen Großteil der samarischen und judäischen Landschaft ausmachten. Die felsigen, trockenen Hügel ließen kaum fruchtbare Erde übrig, und es gab somit nur wenige landwirtschaftlich genutzte Flächen. Feigen, Oliven und Weintrauben waren die Produkte dieser unfruchtbaren Landschaft. In den Tälern fand man Olivenhaine, Weingärten und einige Kornfelder; an den Hängen lagen Terrassen mit Obstbäumen und noch häufiger Weingärten. Fast alle anderen Gebiete wurden als Weideflächen für das Vieh gebraucht. In Samaria und Judäa verhinderte die Terrassierung die Erosion. Die Terrassierung nutzte jedoch hauptsächlich dem Bauern, da er dadurch mehr anbaufähigen Boden für seine Weinstöcke und Obstbäume erhielt. In diesem Gebiet, in dem die Weintrauben- und Olivenproduktion vorherrschte, gab es eine beträchtliche Anzahl Obstbäume jeglicher Art. In der Umgebung von Jerusalem lagen große Gemüsegärten. In dem halbtropischen Jordantal war die Landwirtschaft begrenzt und bestand hauptsächlich aus Feigen und Datteln, so daß, vom landwirtschaftlichen Standpunkt aus gesehen, dieses Gebiet wenig Bedeutung besaß.

Weizen war bei weitem das wichtigste Getreide und das Hauptprodukt des landwirtschaftlichen Zyklus, der mit dem Eintreffen des Herbstregens begann. Erst nachdem dieser Regen die harte, ausgetrocknete Erde aufgeweicht hatte, konnte der Bauer damit beginnen, den Acker vorzubereiten. Er pflügte die obere Erdschicht in einer Richtung, säte den Samen und pflügte dann in die andere Richtung, um den Samen zuzudecken.

Die Ernte begann nur wenige Monate später. Schnitter schnitten das gereifte Korn sorgfältig mit der Hand und brachten es zum Dreschboden. Die Ernte war für das ganze Dorf eine fröhliche und besonders arbeitsreiche Zeit. Auf dem Dreschboden wurde das Korn von der unerwünschten Spreu getrennt, dann gereinigt und anschließend sorgfältig gelagert.

Viele andere wichtige Feldfrüchte wuchsen in diesem Zyklus. Hirse wurde hauptsächlich als Tierfutter angebaut. Der einzige gewerbliche Ertrag des Bauern war Flachs. Diese einzigartige Feldfrucht, wurde nach der Ernte getrocknet und zu einem Faden verarbeitet für das beliebte, aber teure Leinen.

Im April und Mai lag der süße, zarte Duft der reifenden Frucht über der ganzen Landschaft. Während die Kornernte noch in vollem Gange war, erwachte der Wein gerade erst zum Leben. Erst wenn das Korn geerntet und gelagert war, konnte der Bauer seine volle Aufmerksamkeit dem Wein zuwenden. Aus der Frucht der Weinstöcke Palästinas gewann man einen hervorragenden Wein, der überall beliebt war, sogar in den Randgebieten des römischen Reiches. Judäa besaß ein ausgezeichnetes Klima und Anbaugebiet für den Weinbau und erhob Anspruch auf den Titel „Weintraubenkönig", was belegt wird durch die vielen Städte, die nach diesem Landwirtschaftszweig benannt wurden.

Der Weinbau erforderte eine Hingabe, wie sie für keine andere landwirtschaftliche Tätigkeit notwendig war. Der Prozeß brauchte ständige Aufmerksamkeit, denn wenn man die Weinstöcke vernachlässigte, verminderte sich die Qualität und die Quantität der Weintrauben schnell. Die Herstellung eines guten Weines verlangte eine entsprechend sorgfältige Weinlese sowie ein richtiges Ausdrücken, Pressen und Gären, bevor der Verbrauch des heißersehnten Produktes möglich war.

Die Feige war eine weitere gebräuchliche Frucht. Gemäß einer alten Legende wird der Feigenbaum mit dem Baum der Erkenntnis identifiziert. Der anpassungsfähige und winterfeste Feigenbaum wächst beinahe auf jedem Boden. Wenn er richtig gezüchtet wird, bringt er ausgezeichnete Frucht. Normalerweise liefert ein Baum zwei Ernten jährlich, wobei die erste Ernte wenige, dafür aber große Früchte bringt, die direkt vom Baum gegessen werden. Die späte Herbsternte war die Haupternte und wurde für den Verzehr im Winter getrocknet. Zur Zeit Jesu wurden die Feigen in der Sonne getrocknet und auf eine Kordel gezogen, oder man zerdrückte sie und verarbeitete sie zu Kuchen, um sie ebenfalls über lange Zeit einfach lagern zu können. Obwohl der Feigenbaum wegen seiner Frucht immer hoch geschätzt wurde, würdigte man ihn auch wegen seiner Schönheit und seines tiefen, kühlen Schattens.

Auch die Olive war eine wichtige Frucht, die in jeder Lage des täglichen Lebens eine Rolle spielte, angefangen bei ihrem Gebrauch als „Fleisch und Butter" der Bauern bis hin zu den vielen Verwendungsarten ihres äußerst wichtigen Öles. Das Holz des Ölbaumes lieferte ein schönes und begehrtes, dichtfaseriges Hartholz für Holzarbeiten.

Der Ölbaum war in den biblischen Ländern der „erste unter den Bäumen". Da er sehr langsam wuchs, dauerte es viele Jahre, bevor er eine reichliche Ernte trug. Brachte er jedoch einmal Früchte, war er in der Lage, dies überreichlich über Hunderte von Jahren hinweg zu tun.

Die Erntedankfeiern begannen kurz nachdem die wertvollen Ernten an Öl, Korn, Wein und Obst sicher gelagert waren. Die Lagerung war immer ein Problem und erforderte beträchtliche Planung und Einrichtungen, wenn die Menschen in den langen Wintermonaten ohne Ernte von den Früchten des Feldes leben wollten.

Die gesamte Ernte der zumeist armen Bauern diente ausschließlich dem persönlichen Bedarf. Nur wenn jemand eine überaus reiche Ernte erzielte, konnte der Überschuß abgegeben und auf den Märkten von Jerusalem und anderen großen Städten verkauft werden. Wohlhabende Bauern mit großen Feldern erzielten in jedem Jahr reiche Ernten. Ihre speziellen Kornkammern und Lagerräume faßten die großen Erntemengen, bis die Erzeuger ihre Waren in andere Teile des Reiches exportierten.

Die „Früchte des Feldes" dieses an Mannigfaltigkeit reichen Landes haben immer Produkte erzeugt, die nicht nur in Palästina, sondern auch in anderen Ländern geschätzt wurden. Jahr um Jahr wurde Korn, Wein und Olivenöl aus Palästina in das gesamte Reich exportiert. Die reichen Ernten, die diesen Überfluß erzeugten, bewiesen, daß das Land wahrhaftig gesegnet und ein wirkliches „Land, da Milch und Honig fließt" war.

Der Landbesitz eines Dorfes *wurde für festgelegte Perioden und unter bestimmten Besitzbedingungen verteilt. Damit diese Verteilung für alle gerecht war, wurden die bestellbaren Felder durch das Ziehen von Losen parzelliert. In jedem Jahr hingen die Hoffnungen und Träume der Dorfbauern vom Zufall dieses Losziehens ab.*

Erwartungsvoll versammelten sich die Dörfler in jedem Jahr, um das Land zu bestimmen, das jeder von ihnen in der kommenden Saison bearbeiten sollte. Auch wurden bei dieser Gelegenheit die Probleme gelöst, die über die Besitzrechte entstehen konnten. Diese Rechte waren sorgfältig geschützt während der Periode, in der ein Bauer das zugeteilte Land besaß.

Das Pflügen *war eine mühsame Aufgabe, die eine starke Führungshand und ein ruhiges Auge verlangte, um Steine zu vermeiden und die Furche gerade zu halten. Weil die Erde trocken und hart war, warteten die Bauern auf den Herbstregen, damit dieser die Erde vor dem Beginn des Pflügens durchtränkte und aufweichte.*

Im Laufe der Jahrhunderte veränderte der grobe Holzpflug kaum sein Aussehen. Eine eiserne Hülle bedeckte die Pflugschar, die eigentlich nur die Oberfläche des Bodens aufwühlte, ihn aber niemals umwälzte oder die Schollen aufbrach. Der Pflug wurde von Ochsen gezogen und war leicht genug, daß man ihn jeden Tag zum Feld und wieder zurück tragen konnte. Jeder Bauer sehnte sich nach seinem eigenen Pflug und Ochsengespann.

Das Säen *begann, wenn durch das Pflügen ein angemessenes Saatbett vorbereitet worden war. Der Bauer teilte die Saat gewöhnlich breitwürfig aus – mit einer weiten Armbewegung streute er jedesmal eine Handvoll auf die Erde. Auf diese Weise wurde die Saat wirkungsvoll über ein breites Gebiet verteilt. Nicht weit hinter dem Bauern schnappten ganze Vogelschwärme nach dem, was gerade ausgestreut worden war. Ein Teil der ausgesäten Saat fiel auf harte, steinige Erde oder auf Felsen und wurde schnell von der Sonne verbrannt. Der Bauer pflügte das neu eingesäte Feld sofort in die andere Richtung, um die Saat zum Keimen zuzudecken und sie vor den Vögeln zu schützen.*

Die Heuschrecke, *ein in Schwärmen ziehendes, fliegendes Insekt, verzehrte auf ihrem Weg jede Spur von Vegetation, einschließlich der Feldfrüchte und Obstbäume. Heuschrecken wurden oft gegessen. Bei der Vorbereitung wurden ihnen gewöhnlich die Flügel entfernt; dann wurden sie an einem Stock gebraten.*

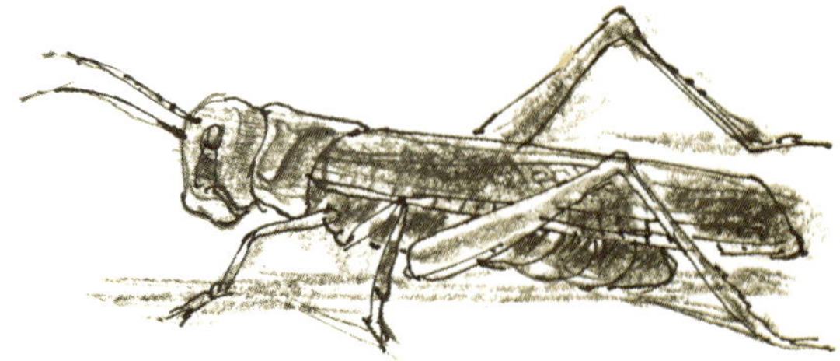

Ein großrädriger Karren, *beladen mit Garben, wurde quietschend zum Dreschboden gezogen. Auf den vielen Fahrten, die zur Beförderung der Garben notwendig waren, bewegte der Fahrer den Karren sehr langsam, damit er unterwegs möglichst wenig von dem trockenen, reifen Korn verlor.*

Ährenleser *durften dem Ährenbinder folgen und alles Getreide aufsammeln, das nicht geschnitten und gebunden worden war. Dieses Ährensammeln lieferte den Armen genug Korn für ihr Brot in den Wintermonaten. Die Bibel befiehlt den Bauern, die Ecken ihres Feldes den armen Nachbarn zum Sammeln zu überlassen.*

Die Weizenernte *wurde gewöhnlich vom Bauern und seiner Familie, einschließlich der Frauen und Kinder, durchgeführt. Nur gelegentlich mietete er zusätzliche Erntearbeiter.*

Der Schnitter ergriff eine Handvoll reifer Halme und schnitt sie mit der eisernen Sichel in seiner anderen Hand so vorsichtig ab, daß kaum ein Korn herausfiel. Die Halme wurden dann zum Sammeln und Binden sorgfältig niedergelegt.

Der Binder folgte dem Schnitter, hob die Halme auf und band sie zu einer Garbe zusammen. Die Garben wurden zur Einsammlung niedergestellt, und der Binder ging weiter, um die nächste Garbe aufzustellen.

***Auch Esel** wurden benutzt, um die Garben von den Feldern auf den Dreschboden zu bringen. Sie waren oft so schwer beladen, daß nur ihre Hufe und Nase unter der Last hervorsahen.*

***Auf dem Dreschboden** trennte der Bauer das Korn von der Spreu. Die Garben wurden gebrochen (losgebunden) und die Halme so ausgebreitet, daß der Dreschflegel am wirkungsvollsten arbeiten konnte. Nach dieser allerersten Trennung von Korn und Spreu folgte das Worfeln, und deshalb mußte der Dreschboden an einer hohen, windigen Stelle liegen.*

***Der Dreschschlitten** war ein Werkzeug, das dazu benutzt wurde, das Korn von den Halmen und der Spreu zu befreien, während es auf dem Dreschboden lag. Scharfe Basaltstücke und Feuersteine, die an der Unterseite des schweren Holzschlittens befestigt waren, halfen dabei, das Korn aus der Hülle zu brechen. Die Kombination von Mensch, Tier und Schlitten gewährleistete ein schnelles, wirkungsvolles Dreschen.*

Das Worfeln *war die Methode, die zum Reinigen des frisch gedroschenen Kornes verwendet wurde. Wenn man das Gemisch in die Luft schleuderte, fielen die schweren Kornähren in Haufen zusammen auf den Dreschboden, während die unerwünschte Spreu von einem leichten Wind davongetragen wurde.*

Um zu verhindern, daß sein kostbares geworfeltes Korn gestohlen wurde, schlief der Bauer daneben auf dem Dreschboden, bis das Korn sicher gelagert werden konnte.

Das Dreschen mit dem Dreschflegel *war eine andere Methode . Der Dreschflegel bestand aus zwei langen Holzstöcken, die zusammengebunden oder -gehängt waren. Er wurde von dem Drescher über den Kopf geschwungen, um das Korn herauszuschlagen. Wenn nur wenige Garben gedroschen werden mußten, konnte dies auch in einer großen Weinpresse aus Kalkstein geschehen. Dieser Bottich hielt das kostbare Getreide so gut zusammen, daß kein Korn verlorenging.*

Sobald das Korn gereinigt worden war, *trug man es in Körben zu den Lagerräumen. Die sichere Beförderung des Korns in einen Lagerraum oder Silo verlangte große Sorgfalt und viele Wege.*

Das Sieben *trennte und entfernte kleinere Fremdkörper aus dem geworfelten Korn. Das Sieb wurde rhythmisch hin- und herbewegt, bis das gesamte Korn durch die Maschen gefallen war und nur Spreu, Steine und Sand oder andere Unreinigkeiten zurückblieben. Dieser Rückstand wurde dann fortgeworfen; der Siebungsprozeß wurde von Frauen oder jungen Mädchen ausgeführt; er mußte oft viele Male wiederholt werden.*

Für die Erhaltung eines Weingartens *war ständige Sorgfalt notwendig, denn ein vernachlässigter Weinstock degenerierte schnell. Wenn die Sommerhitze zunahm, verlangte der Wein mehr und mehr Aufmerksamkeit, damit er eine reichliche Ernte brachte. Durch das Beschneiden, das zu Beginn des Frühjahres stattfand, wenn die Zweige noch kahl waren, wurden die unfruchtbaren Teile entfernt, die den gesunden Zweigen die Nahrung entziehen konnten. Außerdem war es wichtig, den Boden um den Weinstock herum locker und frei von Dornen und Unkraut zu halten.*

Ein Weingarten und seine Weinstöcke *waren ein sehr hoch angesehener Besitz. Der Besitzer widmete dem Schutz der wertvollen Pflanzen und ihrer Früchte beträchtliche Aufmerksamkeit. Ein Bauer zog seine Weinstöcke gewöhnlich so, daß sie über den Boden rankten. Dann stellte er Stützen auf, damit die großen Trauben nicht auf den Boden hingen. Manche Weinstöcke wurden beschnitten und über eine große Stütze oder ein Gitter gezogen oder über eine Terrassenwand.*

Der Weingarten lag gewöhnlich an einem steinigen Hang und war von einer eigenen Schutzmauer umgeben. In einer Ecke befanden sich ein Wachtturm und eine Weinpresse.

Der Wachtturm *wurde an einer erhöhten, auffälligen Stelle des Weingartens errichtet. Die Höhe des Turmes erlaubte dem Wächter einen Überblick über den gesamten Garten, damit Diebstahl durch seine wichtigsten Feinde – den Schakal, den Fuchs und den Menschen – verhindert wurde. Während der Nacht patrouillierte der Wächter durch den Weingarten.*

Die Weinpresse *wurde aus dem weichen Kalkstein des Hanges, an dem der Weingarten lag, herausgehauen. Die Presse besaß zwei Bassins. Das obere war das größere, annähernd 30 Zentimeter tief, und besaß einen Abfluß in das untere Becken. Das kleinere Sammelbecken, das wesentlich tiefer war, diente zum Auffangen des Saftes, der aus dem Pressbecken herausfloß.*

Man sammelte die Weintrauben und brachte sie in Körben zur Weinpresse. Daraufhin begannen die Treter barfuß, den Saft aus den Trauben zu stampfen. Das geschah in einem durch Singen und Klatschen gehaltenen Rhythmus. Dies war für jeden eine vergnügliche Zeit. Ein hölzerner Kreuzbalken mit Griffen half den Tretern, das Gleichgewicht zu behalten. Nachdem das Treten abgeschlossen war, wurden die zurückgebliebenen Fruchthüllen in die Mitte des Bassins geschabt und mit Gewichten ausgepreßt, damit kein Tropfen Saft verlorenging.

Der in dem unteren Becken gesammelte Saft wurde abgeleitet und sollte sich in großen Krügen setzen. Während dieser Zeit fand die Gärung statt. Zugleich sanken die Unreinheiten auf den Boden. Der neue Wein wurde anschließend zur Lagerung in andere Krüge oder Weinschläuche umgefüllt.

***Die Feige,** eine wichtige süße Frucht, die als Nahrungsquelle einen hohen Stellenwert einnahm, wurde sowohl frisch wie als getrocknete Winternahrung verzehrt. Der große Feigenbaum mit seinen weit ausladenden Ästen erbrachte jährlich zwei Ernten. Die frühen Feigen wurden ihres angenehmen Aromas wegen geschätzt und frisch vom Baum gegessen. Die späten Feigen stellten die Haupternte dar und wurden für den Gebrauch während der Wintermonate getrocknet. Die Ernte war eine fröhliche Zeit. Jede Familie bedeckte ihr Dach mit großen Mengen Feigen, um sie in der Sonne zu trocknen.*

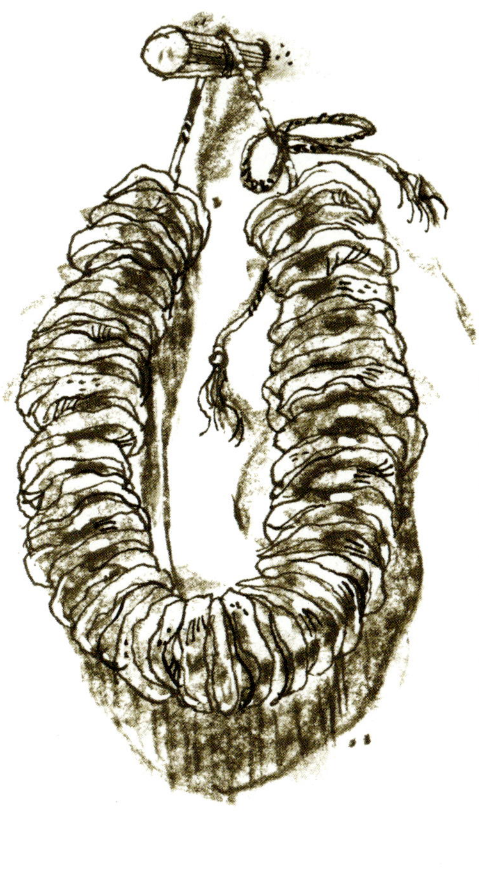

***Die getrocknete Feige** stellte ein wichtiges Nahrungsmittel während der Wintermonate dar. Die sonnengetrocknete, verschrumpelte Frucht konnte zerdrückt und zu „Feigenkuchen" verarbeitet werden, die in Kästen gelagert wurden. Oder man bewahrte sie als ganze Früchte auf, zog sie auf Kordeln und hing sie im Vorratsraum auf.*

Die Olivenernte *war die letzte Ernte im landwirtschaftlichen Jahr. Alle Olivenhaine wurden von ihren Besitzern an einem festgesetzten Tag abgeerntet, so daß niemand Zeit hatte, Oliven vom Baum des Nachbarn zu pflücken. Die Früchte, die nach diesem Tag noch am Baum hingen, konnten von jedem gepflückt werden.*

Die Erntearbeiter schüttelten den Ölbaum zuerst, schlugen ihn dann mit langen Stöcken und pflückten ihn schließlich auf langen Leitern ab. Diese rauhe Methode zog die Bäume sehr in Mitleidenschaft, und oftmals verkümmerte dadurch die Ernte des nachfolgenden Jahres.

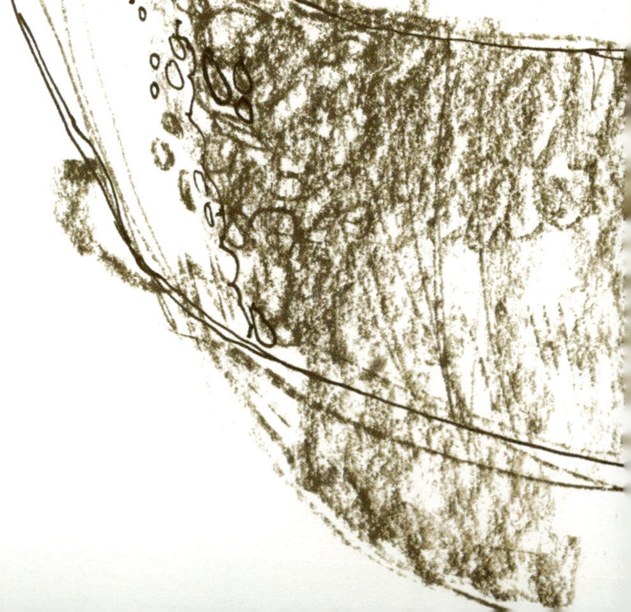

Die Olivenmühle *war ein großes, rundes Becken, das aus solidem Kalkstein herausgeschnitten war. Ein großer Rollstein war mit einer langen Achse an einem Drehbolzen befestigt. Die Mühle diente ausschließlich dem Zweck, das ölige Fruchtfleisch der Olive zu zerquetschen.*

Die Oliven wurden von den Bäumen herbeigeschafft und in dem runden Trog des Rollsteines ausgebreitet. Die Oberfläche des Troges hatte Rillen, und das Steinrad lief auf einem erhöhten Rand. Dadurch wurde nur die Frucht und nicht der Kern zerquetscht; ein zerdrückter Same gab dem Öl nämlich einen bitteren Geschmack und Geruch.

Der Arbeiter schob die Achse um die Mühle herum. Beim Rollen zerquetschte das Rad die Frucht in wenigen Umdrehungen. Das ölige Fruchtfleisch wurde anschließend aus dem Trog genommen und in Beutel aus gewebtem Faserstoff gelegt für den nächsten Schritt in diesem Prozeß – das Ausdrücken des Fruchtfleisches in einer Olivenpresse.

Das Mahlen *kleiner Olivenmengen geschah oft auf hartem Untergrund unter Verwendung eines Steines oder des Hausdachrollers. War man vorsichtig, konnte man das Fruchtfleisch zerquetschen, ohne die Kerne zu beschädigen. Das Fruchtfleisch wurde dann aufgesammelt und in gewebte Preßsäcke getan.*

Die Preßsäcke *wurden auch zum Auspressen kleiner Mengen von Olivenfruchtfleisch unter den stampfenden Füßen der Frauen und jungen Mädchen verwendet. Das herausfließende Öl leitete man in kleine Sammelgefäße, die in größere, stehende Krüge geleert wurden. Darin blieb das frische Öl, bis sich die Unreinheiten abgesetzt hatten. Anschließend konnte das reine Öl abgefüllt und gelagert werden.*

***Die Olivenpresse** war ein klug erdachtes Gerät, das gebraucht wurde, um das Öl aus dem Fruchtfleisch der Oliven zu pressen. Nach der Ernte wurden die reifen Oliven in der Olivenmühle zerquetscht und dann in Beuteln aus gewebtem Faserstoff gesammelt. Diese Säcke wurden in der Presse aufgestapelt und unter Druck gesetzt, um so das wertvolle Öl herauszupressen.*

Die dargestellte Schraubenpresse, die sich im Haus befand, war aufgrund des enormen Druckes, der auf das Fruchtfleisch ausgeübt werden konnte, besonders wirkungsvoll. Andere Arten von Olivenpressen verwendeten einen Balken mit daran befestigten Gewichten, um den Druck zu erzeugen. Dieser Druck wurde über mehrere Tage ausgeübt, während derer sich das Sammelgefäß ständig füllte.

Am Anfang kam das Öl nur tropfenweise, aber dann nahm der Fluß allmählich zu, bis er sich stetig in das Sammelgefäß ergoß. Das Öl blieb darin, bis sich das reine Öl an der Oberfläche befand und Abfall und Wasser sich auf dem Boden abgesetzt hatten. Das Öl wurde dann herausgeschöpft und in Vorratskrüge abgefüllt.

Die Lagerung *war der letzte Schritt im landwirtschaftlichen Prozeß. Er war aber einer der wichtigsten, denn nur durch eine richtige Lagerung konnten die Nahrungsmittel für die nicht produktiven Wintermonate aufbewahrt werden.*

Korn lagerte man in Kästen, Silos und großen Tonkrügen. Öl und Wein befanden sich in den typischen kleineren Krügen. Einen Teil des neuen Weines hob man jedoch in neuen, dehnbaren Weinschläuchen aus Tierhaut auf. Getrocknete Feigen wurden zu Kuchen verarbeitet oder als ganze Früchte an Kordeln aufgehängt. Gemüse und Obst wurde oft in dunklen, kühlen Lagerräumen aufbewahrt.

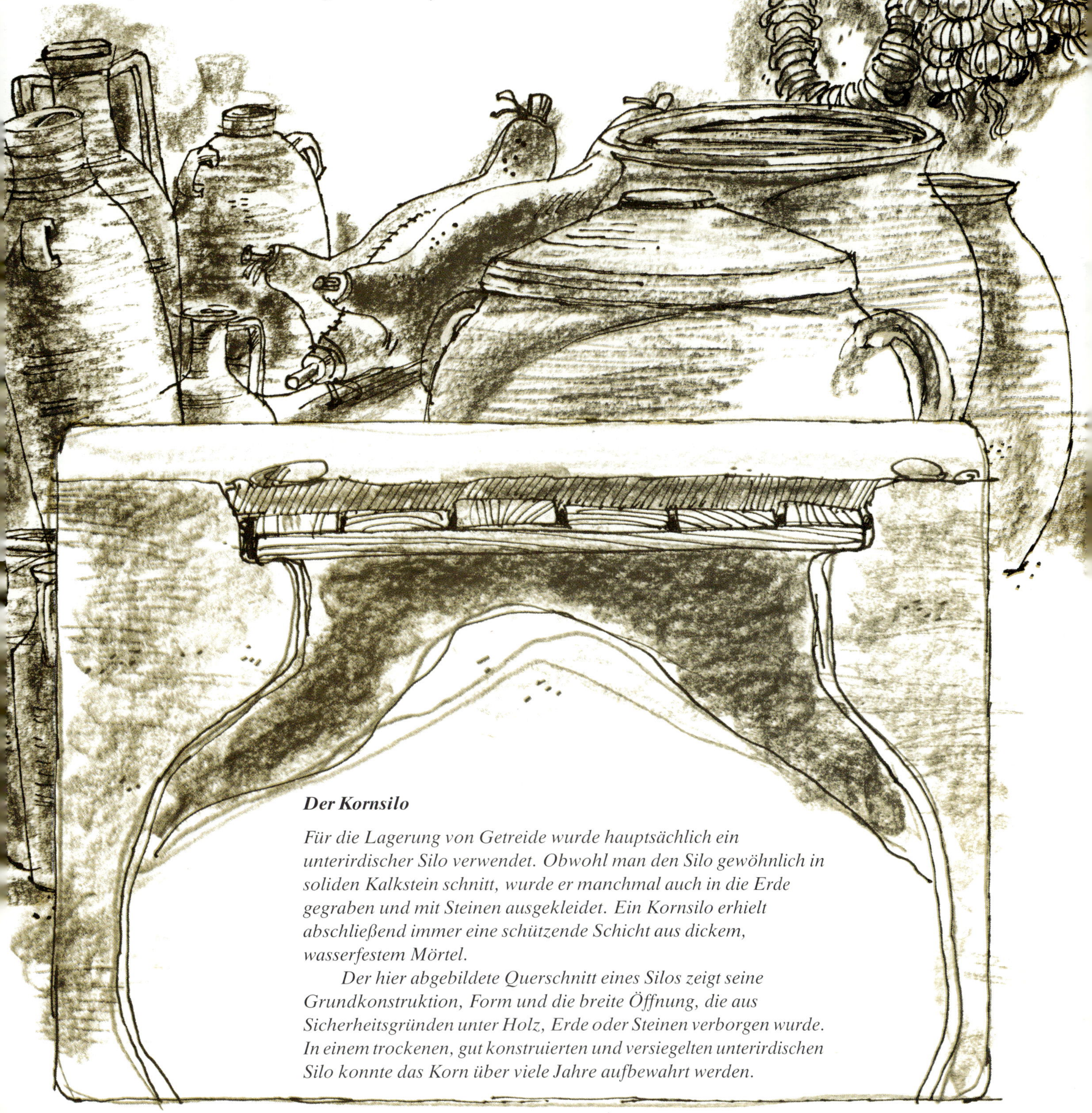

Der Kornsilo

Für die Lagerung von Getreide wurde hauptsächlich ein unterirdischer Silo verwendet. Obwohl man den Silo gewöhnlich in soliden Kalkstein schnitt, wurde er manchmal auch in die Erde gegraben und mit Steinen ausgekleidet. Ein Kornsilo erhielt abschließend immer eine schützende Schicht aus dickem, wasserfestem Mörtel.

Der hier abgebildete Querschnitt eines Silos zeigt seine Grundkonstruktion, Form und die breite Öffnung, die aus Sicherheitsgründen unter Holz, Erde oder Steinen verborgen wurde. In einem trockenen, gut konstruierten und versiegelten unterirdischen Silo konnte das Korn über viele Jahre aufbewahrt werden.

Kapitel 6

Ein Land der Hirten

Das Neue Testament verwendet häufig das Symbol des „guten Hirten“ und seiner Herde. Alte Berichte zeigen, daß die Israeliten lange bevor sie sich als Bauern niederließen, ein Hirtenvolk mit riesigen Schaf- und Ziegenherden waren. Viele große Männer der biblischen Geschichte, wie zum Beispiel David und Mose, werden als Männer beschrieben, die für eine Herde sorgten: als Hirten. Auch zur Zeit Jesu war das Hüten der Schafe noch eine wichtige Tätigkeit. Seit den Anfängen des Viehhütens hatte sie sich tatsächlich nicht verändert.

Es gab zwei unterschiedliche Arten von Hirten im Palästina des ersten Jahrhunderts, die man kennen sollte. Die erste, mit der man allgemein vertraut ist, war der in Zelten lebende Nomade, der die unwirtlichen Wüstenränder mit seinen Herden durchwanderte. Für ihn waren die Schafe und Ziegen die wichtigste Grundlage seiner Existenz, und um sie drehte sich sein gesamtes Leben. Die zweite Art, mit der sich dieses Kapitel beschäftigt, war der bäuerliche Hirte. Dieser Hirte lebte als vollintegriertes Mitglied in einer festgefügten Gemeinschaft. Sein Hüten der Tiere variierte in der Bedeutung, denn diese war abhängig von seinem Wohnort und seinen persönlichen Bedürfnissen.

Im Gegensatz zu dem nomadischen Hirten hatte der bäuerliche Hirte seinen ständigen Wohnsitz in einem Dorf. Durch seinen Status hatte er gewisse Privilegien. So besaß er zum Beispiel das Recht, seine Herde auf den um das Dorf herumliegenden, abgelesenen Feldern zu weiden und sie im Frühling auf den benachbarten Hügeln grasen zu lassen. Erst nachdem diese Nahrungsquellen in der Nähe seines Wohnortes erschöpft waren, brachte er seine Herde in andere Gebiete. In der Hitze des Sommers zog er zuerst zu den kühleren Bergweiden und dann, wenn sich Herbst und Winter näherten, hinab in die tieferen, wärmeren Küstenebenen und -täler.

Das Leben des Hirten war nicht einfach, denn er mußte den größten Teil des Jahres Tag und Nacht und bei jedem Wetter im Freien verbringen. Um sich bei kaltem und nassem Wetter warm zu halten, trug er eine Kopfbedeckung und einen schweren, wasserfesten Mantel. Der Mantel war beim Schlafen im freien Feld besonders hilfreich.

Ein Stab, ein Stecken und eine Schleuder schützten den Hirten und seine Tiere vor Räubern und Dieben. In einer Schultertasche trug der Hirte seinen Proviant. Der einzige weitere Gegenstand, den die meisten Hirten gerne mit sich führten, war ein einfaches Musikinstrument, oftmals eine Flöte, für viele angenehme Stunden der Unterhaltung.

Ein guter Hirte war eine besondere Persönlichkeit. Sein Interesse und seine Fürsorge für seine Schützlinge waren legendär. Das Leben des Hirten war äußerst anstrengend und mühsam, und oftmals brachte ihn der Schutz der Herde selber in Gefahr. Die Fürsorge für das Wohlergehen der Tiere bedeutete ein ständiges Suchen nach guten, saftigen Weiden und ausreichendem Wasser. An den Wasserstellen hatte er häufig unerfreuliche Begegnungen mit anderen Hirten. Die Zugangsrechte zu dem Wasser und die Aufgabe, die Tiere zusammen mit anderen Herden am Brunnen zu tränken, waren oft Ursache zu Bitterkeit und Streit.

Die Herde bestand gewöhnlich aus Hausschafen und -ziegen. Das breitschwänzige syrische Schaf war ein hilfloses und ängstliches Tier, das ohne beständige Aufsicht völlig der Gnade seiner Feinde ausgeliefert war. In dem langen, kamelfarbigen Fell steckte ein sanftes, freundliches, gehorsames Tier, das Wolle für die Kleidung lieferte und natürlich Fleisch für die Festtafel.

Auch die Ziegen Palästinas waren syrischer Abstammung. Sie waren unternehmungslustiger als die Schafe und kletterten sehr gerne. Während es die Schafe vorzogen, auf den flachen Wiesen zu grasen, kletterten die Ziegen in den steinigen Hügeln herum. Sie waren viel unabhängiger als die Schafe und daher schwieriger zu beaufsichtigen.

Der Hirte lehrte sowohl die Schafe wie die Ziegen, zu gehorchen und schnell auf seinen Ruf zu antworten. Er hatte seine liebe Not, die Tiere aus den nicht eingezäunten Feldern mit dem reifen Korn oder den gefährlichen Spalten und Rissen, die überall lockten, herauszuhalten. Manchmal ließ sich der Hirte bei der Führung und Handhabung seiner Herde von Hunden helfen. Die Herden waren ganz und gar von der Leitung und dem Schutz des Hirten und seiner Hunde abhängig.

Manche Männer verdingten sich zum Hüten der Herden anderer, in der Hoffnung, eines Tages selber eine Herde zu haben. Die meisten Dörfler besaßen einige wenige Schafe oder Ziegen und engagierten solche bezahlten oder „gemieteten" Hirten, damit diese ihre Tiere in die Herde aufnahmen. Der Mietling brachte die Herde jeden Tag auf die Weide und wieder zurück. Das war nicht immer das Beste für die Tiere, denn die „Mietlinge" zeigten nicht immer das gleiche Maß an Fürsorge für die Herde wie der Besitzer selber.

Die meisten Hirten sorgten nur für ihre eigenen Tiere. Am Abend brachten sie sie in Schafhürden in Sicherheit. Die Hürden waren in Größe und Form sehr unterschiedlich; manche waren rund und manche rechteckig. Im freien Feld bestanden sie meistens aus einem von einer hohen Steinmauer umgebenen Gehege mit einer Schutzhütte. In der Wüste reichte häufig eine teilweise Einzäunung aus. Noch besser war eine kleine Höhle im Berghang mit einem zusätzlichen Schutzwall aus groben Steinen, um die Herde vor Dieben und Raubtieren zu schützen. Befanden sich die Tiere nicht in der dörflichen Hürde, waren sie viel unruhiger und mußten immer wieder die Gewißheit haben, daß sie sich im Schutz des Hirten befanden. Zu diesem Zweck und zum gegenseitigen Schutz wurden viele Herden am Ende des Tages zusammengeschlossen und in derselben behelfsmäßigen Hürde untergebracht.

Die Schafschur war eine schwere und schmutzige Aufgabe. Sie wurde zweimal im Jahr von dem Hirten und seinen Helfern in der Schafhürde durchgeführt. Die erste Schur fand am Ende der Weideperiode im Sommer statt, die zweite gegen Ende des Winters. Bevor die Schafschur überhaupt begann, wurden die Tiere zuerst gewaschen. Nach der Schur wurde die Wolle im Bach oder Teich sofort noch einmal gewaschen. Nachdem der meiste Schmutz und die natürlichen Fette herausgewaschen waren, kämmten die Frauen die Wolle, wodurch noch mehr Wollknoten entfernt wurden. Dann wurde sie zu einem Faden versponnen und später durch Weben zu Stoff verarbeitet. Wenn die Wolle exportiert werden sollte, verpackte man sie zu Ballen und hüllte sie in Stoff ein. Erst dann wurde sie zu einem Marktplatz gebracht.

Der Hirte hatte eine tiefe Liebe und ein großes Interesse für seine Schützlinge, und er erhielt dafür das völlige Vertrauen der Tiere seiner Herde, für deren Wohlergehen er sich einsetzte. Sein starker und edler Charakter sollte uns heute ebenso beeindrucken, wie dies zur Zeit Jesu offensichtlich der Fall war.

***Im Neuen Testament symbolisierte der Hirte Gottes Fürsorge** für seine Auserwählten und das Ideal, das man vom menschlichen Charakter hatte. In dem weiten und einsamen Land hatte er kein einfaches oder bequemes Leben, denn er mußte sich um die Befriedigung der Bedürfnisse seiner Herde kümmern. Voller Kraft, Mut und Führerqualität fütterte und tränkte er täglich seine Herde und gab ihr, wenn es notwendig war, den erforderlichen Schutz.*

Der Hirte lernte seine Schafe an ihren individuellen Eigenschaften kennen. *Es machte ihm Freude, wenn er sie so gut kennenlernte, daß er jedem von ihnen einen Namen geben konnte. Dieser beruhte oft auf einer Begebenheit oder einem besonderen Merkmal des Tieres.*

Die Tiere kannten die Stimme ihres Hirten *und folgten nur seinem Ruf. Jeder Hirte hatte einen für seine Person typischen Ruf, der keinem der Rufe seiner Mithirten ähnelte.*

Die Liebe und Fürsorge des Hirten *erstreckte sich auf jedes ihm anbefohlene Tier. Dazu gehörte auch dieses neugeborene Lamm, das zu schwach war, um seiner Mutter zu folgen.*

Der Hirte spielte oft für seine Herde *auf einem Musikinstrument. Die alte Doppelflöte wurde aus durch Kordeln zusammengebundenem Rohr gemacht. Aus nur wenigen einfachen Tönen schuf der Flötenspieler seltsam reizvolle, eindringliche Weisen.*

Mußten die Tiere getränkt werden, *schöpfte der Hirte kühles Wasser aus einem Brunnen, und goß es in Tröge, aus denen die Tiere tranken. In der Sommerhitze trockneten viele Teiche und Bäche aus, und das einzig verfügbare Wasser konnte man nur aus tiefen Brunnen erhalten.*

Gerät und Tracht

Der Hirte stattete sich selber mit einfacher, zweckmäßiger Kleidung und Gerätschaft aus. Bei kaltem, nassem Wetter trug er eine Kopfbedeckung, eine wollene Tunika mit einem Gürtel und ein warmes, wasserfestes Obergewand aus Wolle, das beim Schlafen auf dem kalten Boden zugleich auch als Decke diente. Stabile Ledersandalen schützten seine Füße vor Dornen und Steinen.

Zu seiner Gerätschaft gehörte ein Stecken, ein gerader oder gebogener Stock von ungefähr 180 Zentimetern Länge, der beim Klettern und Führen der Tiere nützlich war. In dem „Ranzen" oder Lederbeutel wurden die täglich benötigten Dinge wie Nahrung und Werkzeuge, aber auch einige „treffsichere" Schleudersteine aufbewahrt. Weiter hatte der Hirte eine gewebte Lederschleuder mit einer Stofftasche, einen kleinen, zusammenklappbaren Ledereimer, um Wasser aus einem Brunnen zu ziehen, und ein leichtes, unzerbrechliches Gefäß, das an seinem Gürtel hing und Trinkwasser enthielt.

Wenn der Hirte seine Herde auf die Weide führen wollte, *rief er seine eigenen Tiere aus der Schafhürde. Wenn sie sich um ihn herum versammelt hatten, ging er vor ihnen her. Er befand sich immer an der Spitze der Herde. Niemals trieb er die hilflosen Tiere vor sich her, da er jedes ihrer Bedürfnisse vorausahnte. Diese malerische und bekannte Gestalt Palästinas führte seine Schützlinge mit straffer Hand, da die Wege oft eng, steil und tückisch waren. Die Feldwege, die an dem verführerischen, nicht eingezäunten, reifen Korn entlangführten, waren sehr schmal. Weil es den Tieren verboten war, in den Feldern von dem heranwachsenden Getreide zu fressen, verlangte der Hirte von seinen Schützlingen unbedingten Gehorsam.*

Wenn die Herde aus Schafen und Ziegen außergewöhnlich groß war, ging der Hirte vor ihr her, während ein Helfer oder ein Hund den Schluß bildete. Diese hintere Wache sammelte alle Nachzügler und schützte die Tiere vor einem möglichen Angriff von hinten durch wilde Tiere.

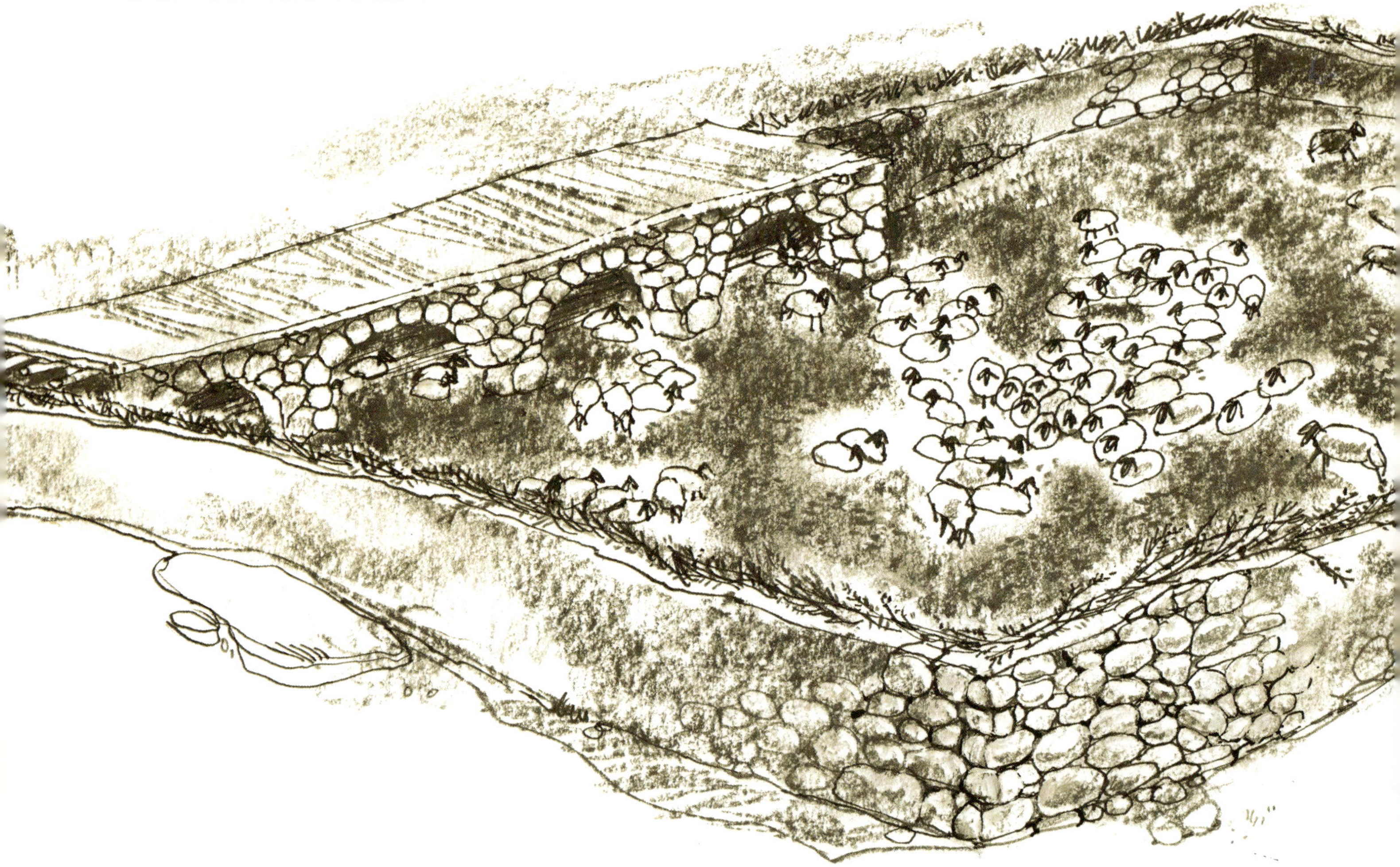

***Die Aufsicht über die Herde während der Nacht** war die Aufgabe des Türhüters der Schafhürde und vielleicht seines Hundes. Oftmals erforderte diese Aufgabe mehr als einen Hirten oder gemieteten Wächter, damit die Herde auch während der Nacht umfassend und ständig geschützt war. Eine Schutzhütte für den Türhüter stand immer an einer erhöhten Stelle in der Nähe des Einganges der Hürde.*

Die Schafhürde *war ein eingefriedetes Grundstück zum Schutz der Herde. Nach Sonnenuntergang oder bei rauhem Wetter blieben die Schafe in großen Dauerhürden unter den aufmerksamen Augen des Hirten oder des Türhüters. Eine niedrige, flache Steinkonstruktion bot den Schafen oftmals Unterschlupf. Oben auf der Mauer lagen Dornenzweige,um Räuber oder Diebe abzuschrecken. Wenn man sich nicht in der Nähe der heimatlichen Schafhürde befand, wurde eine weniger dauerhafte Einfriedung gebaut, und zwar gewöhnlich in einem schon vorhandenen, halbkreisförmig umgebenen Gebiet oder in einer Höhle.*

Der Hirte zählte seine Tiere immer an der Tür der Schafhürde. Wenn die Tiere in die Hürde zogen oder sie verließen, „gingen sie unter der Knute durch" und wurden dabei gezählt. Wenn die Herde gezehntet wurde, tauchte der Hirte seine Knute in eine Markierungsfarbe und kennzeichnete damit den Rücken jedes zehnten Tieres.

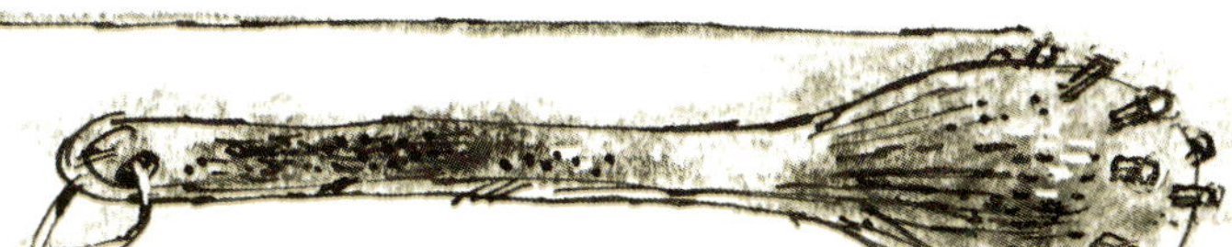

Der Schutz der Herde

Zur Verteidigung seiner Tiere besaß der Hirte nur seine Klugheit und einige primitive Waffen: die Knute, die Schleuder und ein einfaches Messer.

Die Knute war im Grunde genommen eine schwere Keule, etwa 60 bis 90 Zentimeter lang, aus dem größeren, knolligen Ende einer Baumwurzel. Oftmals war sie mit Eisennägeln oder scharfen Feuersteinen versehen. So war sie eine ausgezeichnete Waffe, wenn sie geschwungen oder geworfen wurde.

Die Schleuder war eine weittragende Waffe. Sie konnte einen Stein sehr schnell und treffsicher über große Entfernungen schleudern. Sie war aus Lederstreifen und einem Beutel hergestellt, und sie war eine überaus wirksame Waffe.

Von der Herde

Die Schafe und Ziegen lieferten viele wertvolle Alltagsprodukte. Das wichtigste war Wolle, eine kräftige Faser, aus der man Stoffe für die Kleidung webte. Aus den Häuten stellte man Mäntel und Kappen her, wobei das Fell nach innen gewendet wurde. Das grobe Ziegenhaar wurde ebenfalls zu einem schweren Stoff verarbeitet, der hauptsächlich als Zeltmaterial oder für das schwere Sackleinen der Obergewänder verwendet wurde. Die Häute der Schafe und Ziegen wurden gegerbt und als Gefäße zur Aufbewahrung von Flüssigkeiten gebraucht.

Es gab noch andere Verwendungmöglichkeiten. Für ein Fest röstete man ein Lamm oder ein Zicklein. Die reichhaltige Ziegenmilch wurde frisch getrunken oder zu Käse verarbeitet. Das Horn des Widders diente oft als Signaltrompete – das Shofar.

***Das Waschen der frisch geschorenen Wolle** war eine Aufgabe der Frauen. Sie erledigten diese Arbeit an einem naheliegenden Bach oder Teich. Obwohl die Schafe vor der Schafschur gewaschen wurden, mußte man die Wolle mehrere Male mit einer Laugenseife waschen, um den Schmutz und die natürlichen Fette aus den Fasern zu entfernen.*

Die Frauen schlugen das überschüssige Wasser *aus der struppigen, nassen Wolle, bevor sie diese zum Trocknen in der Sonne auf nahegelegenen Felsen ausbreiteten.*

Das Scheren *befreite die Tiere von ihrem wertvollen Woll- oder Haarwuchs. Die Schur war eine festliche Angelegenheit, denn zu guter Letzt machte sich die Hingabe und Fürsorge des Hirten bezahlt. Die Winterschur fand im Mai statt und eine zweite Schur später im Jahr. Die am Ende des Sommers geschorene Wolle, die zweite Schur, war von besserer Qualität, da sie sauberer war und weniger Knoten hatte. Die reinste und weißeste Wolle war die wertvollste.*

Der Schafmarkt *war ein wichtiges Handelszentrum und lag in der Nähe eines der Haupttore der Stadt. Weil die Textilindustrie große Wollmengen benötigte, war das Tier, das diesen Grundstoff produzierte, ein wichtiger Besitz. Durch die Jahre hindurch blieb die Wolle eine der Hauptstützen der Wirtschaft Palästinas und gleichermaßen das Hauptprodukt der Dorfhirten wie der Nomadenhirten.*

Außerdem benötigten diejenigen, die im Jerusalemer Tempel anbeten wollten, eine große Anzahl von Schafen für das tägliche Opfer. Daher verlangte der Markt in Jerusalem Tiere sowohl für säkulare wie für religiöse Zwecke. Sogar im Tempelbereich selber gab es einen blühenden Handel mit Opfertieren, unter denen die Schafe die wichtigsten waren.

Kapitel 7

Holz, Ton und Wasser

Wenn im Palästina des ersten Jahrhunderts die Morgensonne über den umliegenden Hügeln aufging, begann für die arbeitsame Bevölkerung in den kleinen Einzimmer-Häusern der Städte und Dörfer der lange, mühsame Alltag. Die Menschen standen schnell auf, wuschen sich und kleideten sich an für die bevorstehenden Aufgaben. Nach einem Frühstück, das oft aus nicht mehr als einer Handvoll geröstetem Korn, einem Stück Brot, einer Tasse Wasser und vielleicht einigen Überresten vom Abendessen des Vortages bestand, begaben sie sich an ihre Arbeit auf den Feldern und in den Weingärten, oder, wenn sie Handwerker waren, in ihren Werkstätten.

Etwa um dieselbe Zeit kamen manche Arbeiter, nämlich die Fischer, heim nach einer langen, schweren Nacht auf dem Galiläischen Meer. Im Palästina des ersten Jahrhunderts galt das Fischen als eine sehr angesehene Tätigkeit, obwohl die Fischer im allgemeinen bärbeißige Leute waren. Vielleicht waren die anstrengende Arbeit, der Kampf mit den Elementen und die langen Nächte voller Mühsal die Ursache dafür, daß die Fischer rohe Manieren und eine ungehobelte Sprache hatten. Sie bildeten eine eigene soziale Schicht und lebten oft mit anderen Fischerfamilien zusammen in einer Siedlung nahe am Wasser. Ein guter Fischer war bekannt für seine Fähigkeit, lange, mühevolle Stunden, die keinen Erfolg brachten, zu ertragen und trotzdem bereit zu sein, noch einmal zu versuchen , „einen großen Fang zu machen“. Einige der ersten Christen stammten aus dieser schwer arbeitenden Bevölkerungsgruppe.

Das Galiläische Meer war das Zentrum der Fischindustrie Palästinas, denn in seinem Wasser gab es unzählige Süßwasserfische. Auf dem See drängten sich gewöhnlich Fischerboote jeder Art und Größe. Die Ausbeute war so reich, daß die Boote oftmals Fische aus Schwärmen fingen, die so groß waren, daß sie die Wasseroberfläche über einen Bereich von vielen Quadratmetern aufwühlten. Die meisten Menschen, die entlang des Galiläischen Meeres wohnten, verdienten ihren Lebensunterhalt vornehmlich mit dem Fischfang.

Der frühe Morgen war die geschäftigste Zeit. Die Boote, die vom Fischfang in der Nacht zurückkehrten, wurden an Land gezogen, die Netze zum Trocknen ausgebreitet und, was am wichtigsten war, die Fische zum Transport auf die nahegelegenen Märkte in Körbe sortiert. Ein Teil des Fanges wanderte in die fischverarbeitende Industrie. Dort wurde der Fisch gesalzen, geräuchert oder an der Sonne getrocknet für anspruchsvolle Märkte, die so weit entfernt waren wie Rom.

Diejenigen, die ihr Leben in einem der vielen Fischerstädtchen am Ufer verbrachten, lebten von und für den Fischfang. Selbst ohne Boot konnten sie mit dem kleinen, nützlichen Wurfnetz oder einfach mit einer Angel und einer Schnur in dem fischreichen, seichten Wasser fischen.

Die zwei wichtigsten Werkzeuge des hauptberuflichen Fischers waren logischerweise sein Boot und seine Netze. Beide wurden liebevoll gepflegt, obwohl die Pflege praktisch jede Stunde in Anspruch nahm, die der Fischer nicht mit dem Fischfang verbrachte.

Wenn die Morgensonne höherstieg und der in der Nacht arbeitende Fischer zur Ruhe ging, öffneten andere Arbeiter ihre Werkstätten und bereiteten sich auf die Arbeit des Tages vor. Den Tischler fand man inmitten des sauberen Geruches von frisch gesägtem Holz in einem kleinen Geschäft, dessen Lehmboden mit Spänen und Sägestaub bedeckt war. An einem beliebigen Tag konnte es zu seiner Arbeit gehören, einen Pflug oder einen Dreschflegel anzufertigen oder zu reparieren, einen Dachbalken zuzuschneiden oder ein Joch für ein neues Ochsengespann anzupassen. Er kam auch den ständigen Wünschen nach neuen Türen und Türrahmen oder einem Vorratskasten wie auch Reparaturen aller Art nach. Gelegentlich half er bei größeren Bauprojekten wie der Anfertigung einer Holzempore, Türen oder Treppen für eine neue Synagoge. Manchmal wurde ein geschickter Zimmermeister beauftragt, einen religiösen Gegenstand zu bauen – zum Beispiel einen Thoraschrank, der für die Aufbewahrung der Schriftrollen benutzt wurde.

Der Zimmermann war ein stolzer Arbeiter. Er betrieb ein Gewerbe, das hochentwickelte Fähigkeiten in jeder Art der Holzbearbeitung, vom Schneiden grober Bauhölzer und -balken bis zur Fertigstellung von auf Hochglanz polierten persönlichen Gegenständen verlangte.

Die Holzarten, die der Zimmermann verarbeitete, hingen ab von den jeweiligen Erfordernisssen: Zypresse, Eiche, Esche, Platanen und Olivenholz standen am meisten zur Verfügung. Für besondere Zwecke importierte er manchmal das teure Zedernholz. Für kleine Gegenstände benutzte er wohl auch das Holz des Weinstocks. Mit einigen wenigen Grundwerkzeugen und seiner beträchtlichen Geschicklichkeit konnte er komplizierte schwalbenschwanzförmige, gehrende und gedübelte Holzverbindungen herstellen. Die Endprodukte waren oft Wunder an Kunstfertigkeit und Geduld.

Die Arbeit des Töpfers nahm ebenfalls einen wichtigen Platz im Leben der Menschen zur Zeit Jesu ein, denn die Produkte seiner Drehscheibe erfüllten in vielfältiger Weise die Grundbedürfnisse der Bevölkerung. Zu den Tonerzeugnissen des Töpfers gehörten Spielzeug für die Kinder, Lampen für die Beleuchtung und Tontöpfe zum Kochen und zur Lagerung der Nahrungsmittel. Selbst die Scherben eines Topfes konnten auf vielerlei Weise verwendet werden. So gebrauchte man sie als Schöpfkellen, Spielsteine, Flaschenverschlüsse, Schüsseln oder als Schreibmaterial, auf das man Quittungen schreiben konnte.

Obwohl das Handwerk des Töpfers als schmutzig und unsauber galt, leistete der Töpfer der Gemeinschaft einen großen Dienst, und er muß sehr stolz auf seine Arbeit gewesen sein. Das eigenhändige Formen von häßlichen Tonklumpen in schöne, praktische Gefäße muß ihm geholfen haben, die geringe Entlohnung auszugleichen.

Weil manche Arten von Töpferwerk ein langes Leben hatten und weil gebrannter Ton unbegrenzt haltbar ist, sind zahlreiche Stücke bis heute erhalten geblieben. Sie liefern den Archäologen ein wirksames System zur Datierung von Ereignissen im alten Palästina. Die wiederentdeckte Töpferware sagt viel über die Menschen und ihren Lebensstil aus.

Die Herstellung von Töpferwaren war eine wenig anziehende Tätigkeit. Der schmutzige Arbeitsbereich und der dichte, schwarze Rauch des Brennofens machten einen negativen Eindruck und zwangen den Töpfer im Laufe der Jahre, außerhalb der Stadtmauern zu arbeiten. Er arbeitete und sammelte seinen Ton in einem Gebiet, das häufig als „Töpfersacker" bezeichnet wurde.

Der Töpfer saß mitten in seiner Werkstatt an der Drehscheibe. Dieses sich schnell drehende Rad, das Jahrhunderte zuvor erfunden worden war, revolutionierte die Töpferindustrie. Die Herstellung von Gefäßen auf einer Drehscheibe brachte eine allgemeine Qualitätsverbesserung, was die Gestaltung und die Muster anbetraf, während auch die Produktionsmenge wesentlich vergrößert wurde. Tatsächlich wurde die Herstellung von Töpferware durch die Erfindung der Drehscheibe zum wesentlichsten Industriezweig Palästinas. Außerdem waren kurz vor dieser Periode Techniken zur Herstellung von Gefäßen und Lampen entwickelt worden, die die Beständigkeit in der Qualität erhöhten und die Produktionsgeschwindigkeit vergrößerten. Andere Bereiche der Werkstatt wurden gebraucht für die Zubereitung des Tons und die Lagerung der fertigen, jedoch noch nicht gebrannten Gefäße. Eine andere wichtige Einrichtung war der geschwärzte Brennofen, der nicht weit vom Geschäft entfernt im Hof stand. Ein kleiner Bereich in der Werkstatt war immer für die Ausstellung der dort geschaffenen Gefäße bestimmt.

Die genannten Männer – der Fischer, der Zimmermann und der Töpfer – arbeiteten mit traditionellen, einfachen Mitteln wie Holz, Ton und aus dem Wasser gesammeltem Fisch, um die täglichen Bedürfnisse derjenigen zu befriedigen, die in Palästina lebten. Diese hervorragende Gruppe von Arbeitern besaß den Respekt ihrer Mitbürger, und das nicht nur aufgrund ihrer Fähigkeiten, sondern auch wegen ihrer Hingabe, harten Arbeit und Ehrlichkeit. Sie waren wegen ihres Charakters berühmt und dienten als Beispiel, um wichtige Stellen in der biblischen Botschaft zu verdeutlichen. Die allgemeinen, vertrauten Aspekte des Alltagslebens wurden oftmals zur Verdeutlichung der Gedanken und Vorstellungen sowohl des Judentums wie des Christentums herangezogen.

***In seiner bescheidenen Werkstatt** baute der Zimmermann inmitten von Holzstücken, Spänen und Sägemehl die von seinen Nachbarn gewünschten Gegenstände. Neben der Herstellung alltäglicher Gegenstände wie Pflügen, Jochen oder kleinen Tischen fertigte er auch Maßarbeit an. Außerdem stellte er Gegenstände für den Hausbau her, da jedes Gebäude eine Holztür mit einem Holzrahmen und noch viele andere Holzgegenstände brauchte.*

***Die Bogendrehbank** war ein grobes, primitives Werkzeug. Dennoch entstanden unter den Händen eines geschickten Handwerkers dekorative Spindeln und Schüsseln, die von der Fähigkeit und Kunstfertigkeit des Herstellers Zeugnis ablegten.*

Das Holz wurde mit Hilfe eines Lederriemens, der von einem Bogen hin- und hergezogen wurde, gedreht. Diese Bewegung setzte nämlich die Drehbank in Gang und erlaubte das Anbringen von Einschnitten in das sich drehende Holz.

Eine Abwandlung der Bogendrehbank ermöglichte auch das Drehen von Gefäßen (Tassen, Schüsseln und Platten) aus weichem Kalkstein.

***Das Sägen der Bäume zu Brettern** war Teil der Arbeit des Zimmermanns. Er mußte sich das Holz, das er für seine Arbeiten brauchte, selber besorgen. Er lieferte auch die Balken, die für die Dächer der Gebäude benötigt wurden.*

Mit einer großen Bronzesäge und mit der Hilfe anderer Arbeiter sägte der Zimmermann einen Baumstamm zu dünnen Brettern. Die Bretter waren gewöhnlich kürzer als die hier dargestellten, denn die meisten Bäume in Palästina erhielten gar nicht die Gelegenheit, hoch zu wachsen. Auch wuchsen sie nicht sehr gerade.

Aus dem Werkzeugkasten

Die hier gezeigten Werkzeuge des Zimmermanns wurden im holzverarbeitenden Gewerbe am meisten gebraucht. Die wenigen, die hier dargestellt sind, werden in alten Quellen genannt und vermitteln eine gute Vorstellung von den Werkzeugen, die als unverzichtbar galten.

Der Bogenbohrer war eines dieser Werkzeuge. Er wurde mit einer Hand am Griff festgehalten und schnell in Bewegung gesetzt, indem der daran befestigte Bogen hin- und hergezogen wurde. Die anderen, hier gezeigten Werkzeuge sind Säge, Hammer, Breitbeil, Senkblei und Schnur, der Meißel, das einfache und rechtwinklige Winkeleisen. Kompaß, Eisennägel, Messer und Markierungsstift waren nützlich, aber nicht unbedingt erforderlich.

Der Zimmermann unten zeigt stolz ein gerade fertiggestelltes Joch. Es zeugt von der Qualität seiner Arbeit, die er mit den genannten, einfachen Werkzeugen verrichtet hat.

__Die Hauptaufgabe der Töpfer Palästinas__ bestand darin, praktische Gefäße herzustellen, die den täglichen Bedürfnissen entsprachen. Dennoch stellten sie viele Gegenstände her, die gleichermaßen nützlich wie schön waren.

Der Töpfer war stolz auf seine Arbeit und Geschicklichkeit mit dem unberechenbaren Material. Er konnte aus dem häßlichen Ton alles schaffen – von einer Babyrassel bis zu einem Vorratsgefäß und allen möglichen Arten von Töpfen, Krügen, Schüsseln, Tonröhren und Öllampen, die von den Menschen, die in diesem rauhen Land lebten, benötigt wurden.

Die Palette der Produkte war groß und vielfältig. Einige wenige davon sind unten dargestellt.

Licht für jeden

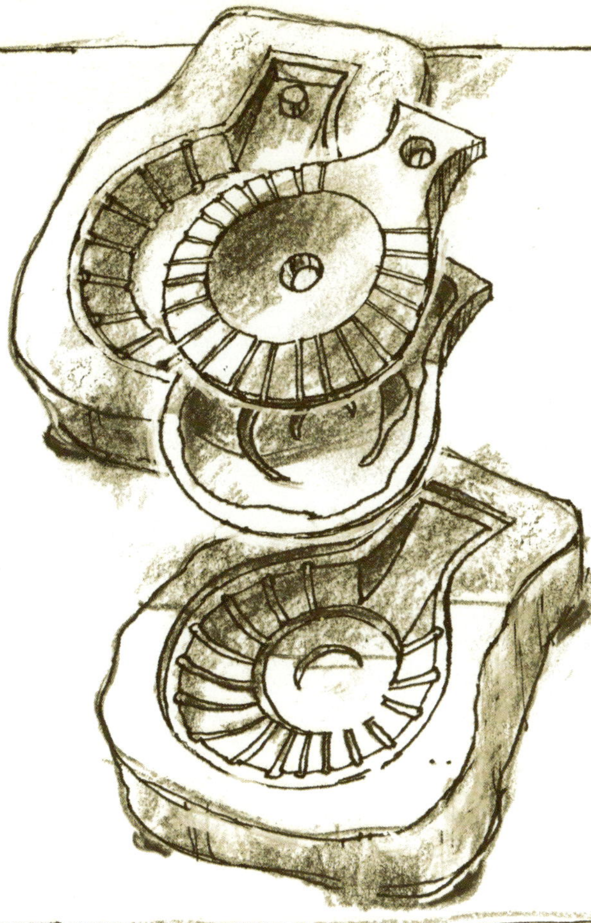

Jahrtausendelang wurden auf der Drehscheibe des Töpfers Öllampen hergestellt wie andere Tongefäße auch. Kurz vor der römischen Zeit jedoch tauchten verzierte, in einer Form hergestellte Lampen auf und revolutionierten die Tonlampenproduktion.

Lampen waren auf der Töpferscheibe schwierig herzustellen, während die in einer Form gefertigten Lampen schnell und einfach ausgestanzt wurden. Man stellte Gußformen aus Stein, Mörtel oder gebranntem Ton her. Der Lampendeckel kam aus der einen Form und die Unterseite aus einer anderen. Wenn das obere und das untere Stück „lederhart" waren, wurden sie zusammengepreßt. Die Nahtstelle wurde anschließend geglättet und abgedichtet.

Spezialwerkstätten existierten ausschließlich von der Produktion solcher in Formen hergestellter Tonlampen, und zwar sowohl für den Export wie für den inländischen Gebrauch.

Der Töpfer knetete seinen Ton, *indem er ihn trat und indem er Tonklumpen zusammenschlug. Das war einer der ersten Schritte im Prozeß der Herstellung eines Produktes. Dieses Treten geschah rhythmisch, wobei der Töpfer mit seinen Füßen Muster im Ton formte, die sicherstellten, daß alle Teile gleichmäßig durchgeknetet wurden.*

Den Ton verwendete man häufig so, wie er im nahegelegenen Flußbett gefunden wurde (Steine und andere Fremdkörper wurden freilich entfernt). Er eignete sich für die Herstellung großer, schwerer Gefäße oder Behälter. Für feinere, gebrannte Ware ließ man den Ton in einem Becken stehen und entfernte die dünne, wässrige Oberschicht. Wenn das überschüssige Wasser verdampft war, eignete sich der zurückbleibende feuchte Ton hervorragend für das Formen von kleinen, feinen Gefäßen mit dünnen Wänden. Der Töpfer suchte immer farbigen Ton heraus, der dem gängigen gelbbraunen Ton etwas Farbe geben konnte. Gewöhnlich fügte er der Tonmischung ein Härtemittel zu, um sowohl die Formbarkeit zu vergrößern wie das Schrumpfen und Brechen beim Brennen zu verringern

Trocknen, Abarbeiten und Brennen

Wenn ein Gefäß von der Töpferscheibe kam, wurde es sorgfältig an der Luft getrocknet, bevor es im Brennofen gebrannt wurde. Zum richtigen Trocknen wurden die fertigen Stücke in den Schatten gestellt, bis sie hart wie Leder waren; dieses langsame Trocknen verhinderte, daß beim Schrumpfen Sprünge entstanden.

Ton- oder Steinbrennöfen der hier skizzierten Art mit zwei Ebenen wurden gewöhnlich zum Brennen von Töpferwaren verwendet. In der unteren Ebene befand sich die Feuerstelle, die mit Holz, Dungfladen, Dornen oder Gras genährt wurde. Die Temperatur in der oberen Kammer wurde langsam auf 700 °C bis 900 °C erhöht, damit die Gefäße nicht sprangen. Der Brennstoff erzeugte ein rauchiges Feuer, das den Sauerstoff aus dem Ton zog und den Ton bei einer niedrigeren Temperatur härter brannte, als dies mit einem sauber brennenden Heizstoff möglich gewesen wäre. Da das Brennen bis zu drei Tagen dauern konnte, waren beträchtliche Vorräte an Brennstoff erforderlich.

)er Töpfer setzte die sich gegen den Uhrzeigersinn drehende Töpferscheibe
ıit einem Tritt auf die untere Scheibe in Gang. Dann warf er einen Klumpen
ekneteten Ton auf die Töpferscheibe und zwang ihn genau in die
Aitte des sich bewegenden Rades. Mit einer großen Schüssel
Vasser und etwas Ton neben sich war der Töpfer bereit, ein
;efäß zu formen.

Um die Seitenwände zu formen, zog
'er Töpfer den sich bewegenden Ton mit
einen Händen hoch, bis die gewünschte
Iöhe, Form und Wandstärke
rreicht waren. Danach löste
r das Gefäß von der
öpferscheibe. Die Standfläche
'ar oft uneben, damit das Gefäß
uf einer rauhen Unterlage stehen
onnte. Bevor die Gefäße im
Brennofen gebrannt wurden,
'urden Henkel oder
usflußtüllen und dekorative
'lemente hinzugefügt.

***Das Wurfnetz** wurde in weitausladendem Schwung in seichtes Wasser geschleudert. Durch die Gewichte am Rand des feinen Maschengewebes fiel das Netz kreisförmig herab. Wenn es sank, wölbte es sich über die Fische und schloß sie ein. Der Fischer verschloß das Netz mit einer Leine, die in der Mitte des Netzes befestigt war und sammelte dann den Fang ein.*

__Am späten Abend__ verstauten die Fischer ihr Handwerkszeug und bereiteten sich auf die Arbeit in der Nacht vor. Das Fischen auf dem Galiläischen Meer war ein wichtiger Arbeitszweig und erbrachte eine reiche Ausbeute. Es waren jedoch lange, schwere Stunden, oft bis zum frühen Morgen, notwendig. Das Handwerkszeug bestand aus Netzen mit unterschiedlich großen Maschen, Körben für den Fang, einem Steinanker, Fackeln, um die Fische anzulocken, Proviant und Wasserkrügen, zusätzlichen Seilen sowie aus Rudern, um das Boot vorwärts zu bewegen.

Die Fackeln bestanden aus Stöcken oder Zweigen, die zu einer Art Tasche zusammengebunden waren. Diese füllte man mit pflanzlichem Material, das mit Pech, Wachs, Harz oder Öl durchtränkt wurde. Die Fackeln brannten hell genug, um einen Fang anzulocken und um in mondlosen Nächten genügend Licht zum Arbeiten zu bieten.

Das Ausbessern der Netze *beanspruchte einen Großteil der Zeit des Fischers, wenn er nicht gerade auf Fischfang war. Die Reparaturen wurden wahrscheinlich an Netzen ausgeführt, die er selber geknüpft hatte.*

Gerät und Werkzeug des Fischers

Die unten gezeigten bronzenen, mit Widerhaken versehenen Haken wurden zusammen mit Kordel und Senkblei beim Fischfang gebraucht. Für einen leichten Fang wurden die größeren Mehrfachhaken an eine kurze Leine befestigt, in einen Schwarm Fische geworfen und schnell zurückgezogen, wobei sie oftmals das Fleisch des Fisches durchbohrten.

Die langen Bronzewerkzeuge wurden zum Reparieren der feinmaschigen Netze benutzt. Wie bei Nähnadeln wurde der Faden durch das Loch am Ende gezogen und dazu gebraucht, eine neue Schnur in das beschädigte Netz zu weben.

Die gezeigten Bleigewichte wurden als Senkblei am Netzrand benutzt.

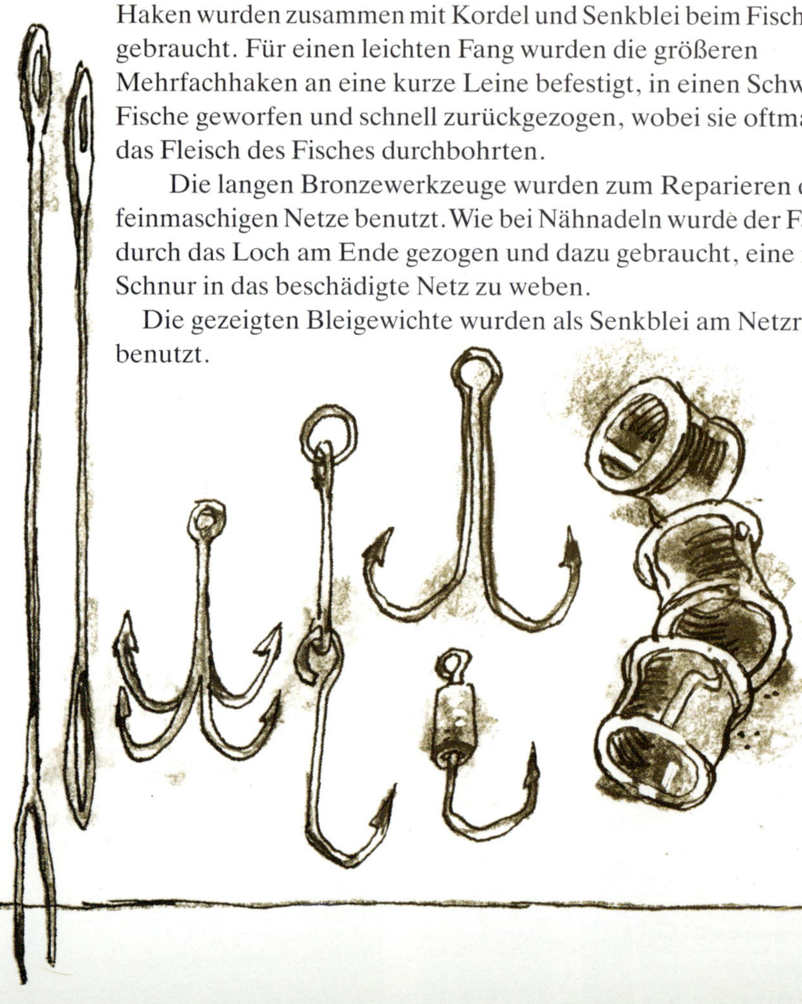

Fischerdörfer wie dieses erstreckten sich am Ufer des Galiläischen Meeres. Einfache, schmucklose Gebäude aus Basalt mit niedrigen, flachen Dächern standen um Innenhöfe unterschiedlicher Größe. Die kleinen Häuser vom „Insula"-Typ beherbergten die armen Fischer und ihre Familien.

Die Netze trockneten auf Gestellen in der Nähe der am Ufer liegenden Boote. Die Geräte und Ausstattung für den Fischfang lagerte man in den Höfen, in denen sich bereits Öfen, Feuerstellen, Holz und Tiere drängten.

Das Fischen bei Nacht *war eine übliche Praxis. Man verwendete dabei Fackellicht, um die Fische an die Oberfläche und in die seichten Schleppnetze zu locken. Das Schleppnetz konnte an einer Boje oder zwischen zwei Booten befestigt werden, die dann im Kreis fuhren, um die Fische einzuschließen. Dann wurde der Fang in das Boot gezogen und sortiert. Fand man einen Fischschwarm nahe am Ufer, wurde das eine Ende des Netzes im seichten Wasser ausgelegt, während das andere Ende mit dem Boot hinausgefahren und dann zurückgezogen wurde, um die Fische einzuschließen. Danach zog man den Fang ans Ufer.*

Ein Schleppnetz war nicht tief, aber viele Meter lang. Das Netz hing an Schwimmern im Wasser und wurde von Bleiklötzen straff senkrecht niedergehalten. Wenn es an langen Leinen an beiden Enden ins Boot gezogen wurde, bildete es einen Beutel, der den Fang festhielt, bis er an Bord gezogen war.

Eine reiche Ausbeute

Das Galiläische Meer, der Jordan und die Teiche boten eine so reiche Ausbeute, daß die einheimische Nachfrage nach Fisch mehr als ausreichend befriedigt werden konnte. Jeder darüber hinausgehende Fang wanderte in die Fischindustrie zur Konservierung.

Zwei Fischarten wurden in diesen Gewässern gefangen: reine und unreine. Die „reinen" Fische, wozu der (im Korb gezeigte) Tilapia und die Bach- oder Seesardine gehörten, durften von den Juden gegessen werden. Die unreinen Fische wie der Katzenfisch, der Aal und das Neunauge sortierte man sofort aus und verkaufte sie an Nicht-Juden.

Aufgrund seines reichlichen Vorkommens war Fisch auch für die Ärmsten erschwinglich. Häufig war er Hauptbestandteil der täglichen Speisen derer, die in der Nähe der Süßwasser- gewässer Palästinas lebten.

Kapitel 8

Der tägliche Lebensunterhalt

Wie wir heute arbeiteten die Menschen im Palästina des ersten Jahrhunderts einen Großteil des Tages, um ihren Lebensunterhalt zu verdienen. Sie waren fest davon überzeugt, daß ihr Schöpfer wollte, daß sie fleißig sein sollten – ohne zu murren für den eigenen Lebensunterhalt zu arbeiten war nach der jüdischen Tradition eine Pflicht und ein Zeichen von innerer Größe.

Welche Arbeiten verrichtete man zur Zeit Jesu, um den Lebensunterhalt sicherzustellen? Welche Leistungen boten Handwerk und Gewerbe? Wo verrichtete man seine Arbeit? Welche Fähigkeiten und Werkzeuge benutzte man? Und wie wurde die jeweilige Arbeit von der Umwelt eingeschätzt?

Wie heute hatte die Arbeit eines Menschen auch damals eine tiefgehende Wirkung auf Charakter und Qualität seines Lebens und alle Gemeinschaft. Das Neue Testament und die talmudische Literatur berichten darüber, wie die Menschen zur Zeit Jesu lebten, um zu arbeiten, und arbeiteten, um zu leben. Das jüdische Volk war für seine Erfindungsgabe und seine Handels- und Handwerksaktivitäten bekannt. Landwirtschaft und Industrie waren seine Stärke. Faulheit war verpönt, wenn nicht verdammungswürdig.

Viele Tätigkeiten, die in neutestamentlicher Zeit zweifellos existierten, werden in den alten Schriften nicht erwähnt. Man kann davon ausgehen, daß diese Berufe so bekannt waren, daß die Autoren keinen Grund sahen, sie zu nennen.

Dieses Kapitel beschäftigt sich nur mit einigen Berufen, und zwar vorwiegend mit solchen, denen die Menschen jener Zeit wohl täglich begegneten. Dabei werden auch einige (wie zum Beispiel der des Kerkermeisters) genannt, nicht, weil sie in der Öffentlichkeit sehr bekannt waren, sondern weil sie dazu beitragen, ein abgerundetes Bild jener Zeit zu vermitteln. Einige der wichtigsten und bekanntesten Berufe, wie Hirte, Bauer, Töpfer, Zimmermann und Fischer, werden im einzelnen und ausführlicher in anderen Kapiteln dieses Buches behandelt. Viele der dargestellten Beschäftigungen unterscheiden sich in gewisser Hinsicht von denen, die wir heute kennen; andere unterscheiden sich kaum. Manche der Gewerbe und Berufe, die in alter, biblischer Zeit wichtig waren, haben nicht überlebt und sind uns heute nicht mehr vertraut oder auch unbekannt.

Die Einstellung zu den verschiedenen Berufen hat sich im Laufe der Jahrhunderte erheblich verändert. Heute schätzt man „Weiße-Kragen"-Berufe höher ein als andere Berufe, aber im Palästina der Evangelien besaßen körperliche Arbeit und die meisten Handwerke und Gewerbe einen hohen Stellenwert. Werfen wir einen kurzen Blick auf die biblische Geschichte, so sehen wir, daß viele der großen Männer der Bibel – sogar Jesus – ihren Lebensunterhalt durch ganz übliche Berufe verdienten. Saul, der erste König Israels, arbeitete als Bauer und Hirte. David war ein Hirte. Petrus kam von einem Fischerboot. Paulus machte Zelte, und Jesus begann sein Wirken, nachdem er viele Jahre in einer Zimmermannswerkstatt in Galiläa verbracht hatte. Die meisten Gelehrten jener Zeit, die Schriftgelehrten und Pharisäer, übten ebenfalls handwerkliche Berufe aus, um ihren Lebensunterhalt zu sichern.

Zu jener Zeit war es eine der wichtigsten Aufgaben eines Vaters, seinen Sohn in einem angesehenen Beruf anzuleiten und anzulernen. Meistens erlernte der Sohn den Beruf des Vaters. Tatsächlich erlernte jeder junge Jude, ob reich oder arm, ein Handwerk oder wurde in einem Gewerbe ausgebildet, in dem er seinen täglichen Lebensunterhalt verdienen konnte – unabhängig von seiner späteren Beschäftigung im Leben. Selbst wenn er ein studierter Mann wurde, mußte er seinen Lebensunterhalt sicherstellen; dazu benötigte er Fachkenntnisse.

Die typischen Gewerbe jener Zeit fand man in den kleinen, unabhängigen Geschäften der Handwerker. Hier, in den privaten Werkstätten, achteten die Hersteller selber auf Qualität und Produktion und verkauften ihre selber hergestellten Produkte direkt an den Verbraucher. Diese handgefertigten

Erzeugnisse besaßen einen hohen Wert, denn geschickte Handwerker waren sehr angesehen.

Diejenigen, die solche Berufe ausübten, neigten dazu, in eigenen Bezirken zu wohnen und zu arbeiten und bildeten häufig örtliche Zünfte. Die Zünfte wurden zum allgemeinen sozialen und wirtschaftlichen Nutzen gegründet und dienten außerdem dazu, die mit dem Handel verbundenen Rechte und Geheimnisse zu schützen. Einige der größeren Zünfte hatten sogar ihre eigenen Synagogen oder Basare, die sich in Stadtteilen befanden, die nach dem Handwerk benannt worden waren: Bäckerstraße, Walkersfeld oder Basar der Schmiede.

In allen antiken Gesellschaftsformen besaßen bestimmte Berufe einen hohen Stellenwert. Andere Berufe wurden jedoch von der Bevölkerung verachtet, ja sogar geächtet. Ein Gewerbe, das schmutzig, übelriechend oder unsauber war (wie das des Walkers oder des Färbers), wurde traditionsgemäß gering geschätzt. So erklärte das jüdische Gesetz zum Beispiel das Gewerbe der Gerber, in dem man sich mit toten Tieren beschäftigte, für unrein. Andere Berufe waren bekannt für Unehrlichkeit und skrupelloses Verhalten, Betrug und Falschheit; Gastwirte und Zöllner gehörten in diese Kategorie.

Selbst der Tempel in Jerusalem entwickelte sich zu einem Handels- und Industriezentrum, denn zahlreiche spezialisierte Handwerker waren mit dem Bau und der Restaurierung des Komplexes beschäftigt. Viele andere Fachberufe stellten den täglichen Betrieb sicher und ermöglichten die Dienstleistungen des Tempels. Die mit dem großen Tempel, seiner Instandhaltung und seinen Leistungen verbundenen Arbeiten besaßen hohen Stellenwert und galten als großes Vorrecht.

Die jüdischen Frauen hatten im ersten Jahrhundert einen wesentlich höheren Rang als die meisten anderen Frauen in der Antike. Sie wirkten sorgsam in der Kindererziehung, beim Backen und Kochen und bei der Befriedigung der vielen Bedürfnisse ihrer Familie; häufig übernahmen sie zusätzliche wichtige Aufgaben in der Gemeinschaft. Außerdem konnten sie als bezahlte Angestellte bei anderen arbeiten, vielleicht als Klageweiber oder als Dienerinnen.

Es ist schwierig, wenn nicht unmöglich, die Gehälter zu bestimmen, die sowohl den gelernten wie den ungelernten, den geschätzten wie den verachteten Arbeitern gezahlt wurden. Man weiß aus der einzigen diesbezüglichen Begebenheit im Neuen Testament, daß der Arbeiter in einem Weinberg einen Denar als Tageslohn erhielt, was ausweist, daß die Arbeit angemessen bezahlt wurde.

Die meisten Handwerker und Handelsleute jener Zeit wußten, daß ehrliche Arbeit und Berufserfahrung ihren eigenen Lohn brachten. Die meisten Männer und Frauen arbeiteten nicht nur für den täglichen Lohn oder weil sie mußten, sondern auch, um ihren Gott und Schöpfer – den ersten Arbeiter – zu ehren und ihm gehorsam zu sein.

Der Bäcker *arbeitete lange und schwer, um den vielen Haushalten das als Grundnahrung benötigte „tägliche Brot“ zu liefern. Viele Familien backten ihr eigenes Brot in kleinen Nachbarschaftsöfen oder zu Hause, während der Bäcker große Mengen für den gewerbsmäßigen Verkauf produzierte. Außerdem erhielt er Teiglaibe aus den Haushalten, die er in seinem großen heißen Ofen backte, wobei jeder Laib sorgfältig mit einem familieneigenen Kennzeichen zur besseren Unterscheidung versehen war.*

Der Bäcker backte das Brot sowohl aus Weizen- wie aus Gerstenmehl, und zwar immer gleich in Größe und Gewicht. Er bereitete sein Feuer am Abend vor und ließ es während der Nacht brennen. Auf diese Weise war eine gleichmäßige Ofenhitze für das morgendliche Backen gewährleistet. Die Brote wurden auf heißen Steinen gebacken, die in Reihen auf dem Boden des großen Oberofens lagen. Es gab in Jerusalem kleine Bäckereien in einem Bezirk, der Bäckerstraße hieß.

Für den Imker *war Palästina in der Tat ein Land, in dem der Honig floß. Jahrhundertelang hatte man zum Süßen vor allem Honig verwendet. Seine Menge begrenzte sich aber oft auf das, was von den wilden Schwärmen zwischen Felsen und in hohlen Bäumen gesammelt wurde. Die Römer führten eine wirkungsvolle Methode der Haltung von Hausbienen ein: einfache Tonröhren-Bienenkörbe.*

Der Imker sammelte wilde Schwärme ein und tat sie in diese Tonröhren. Dann stellte er die Bienenkörbe in die Obstgärten, wo es reichlich Pollen gab. Die Tonbienenkörbe wurden mit Ausnahme einer schlitzartigen Öffnung mit einer Scheibe verschlossen. Wenn der Imker den Honig einsammeln wollte, verbrannte er in der Nähe des Einganges Dung, um so den Schwarm herauszutreiben.

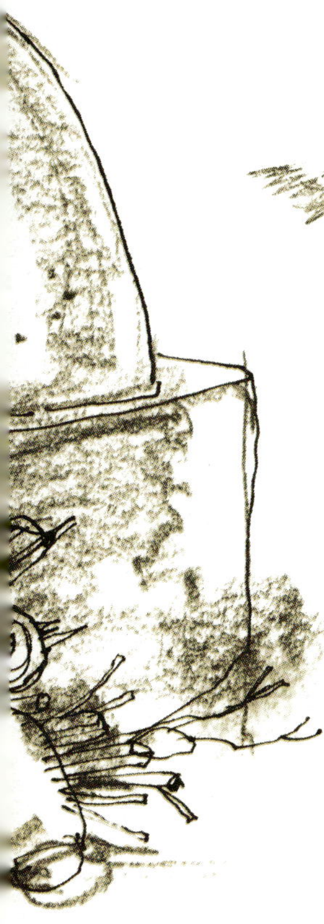

Der Friseur *übte sein Handwerk im Freien aus, gewöhnlich im Schatten eines Gebäudes oder Baumes. Seine Werkzeuge waren ein Rasiermesser, eine kleine Schere, einige Kämme und ein Spiegel. Er verlangte vermutlich einen sehr niedrigen Lohn für seine Dienste.*

Die meisten Männer ließen ihr Haar in angemessene Länge schneiden und an den Schläfen abrasieren. Es galt als unschicklich, außergewöhnlich langes Haar zu haben.

Die Bankinhaber *waren wichtig für die gesamte Gemeinschaft, aber besonders für die kleinen Handwerker. Sie boten ihre Dienste an für das Wechseln von Zahlungsmitteln, für die Anlage von Kapital und die Gewährung von Anleihen. Man konnte bei ihnen Geld anlegen, wobei der Zinssatz allerdings gering war. Auch waren örtliche oder sogar internationale Geldanleihen möglich gegen die wesentlich höhere Rate von 8%. Die Reichen legten ihr Geld bei den Bankiers an, während die unwissende Menge es oft vergrub oder versteckte und so keine Zinsen dafür erhielt.*

Das Ziegelmachen *war ein sehr alter Beruf. Besonders da, wo Steine nicht so einfach zur Verfügung standen, wurden seit frühester Zeit überall sonnengetrocknete Lehmziegel als normales Baumaterial verwendet.*

Die Ziegel stellte man aus mit Stroh und Sand vermischtem Ton her. Man formte sie mit Hilfe eines Holzrahmens und legte sie dann in langen Reihen zum Trocknen in die Sonne. Gelegentlich wurden manche Ziegel nach dem Trocknen in der Sonne in einen Brennofen gelegt und gebrannt, wodurch sie als Baumaterial praktisch unzerstörbar wurden.

Der Baumeister übte einen der ältesten Berufe der Menschheit aus. *Er konnte, wenn er einfallsreich war, wahre Meisterwerke schaffen. Manche davon sind bis heute erhalten geblieben. Ein Baumeister mußte über gründliche Kenntnisse bezüglich aller Aspekte der Baukunst und der Planung verfügen. Oftmals verwendete er griechische und römische Bauvorlagen und -techniken. Zu den Pflichten eines Baumeisters gehörte die Aufsicht über die täglich auszuführenden Bauabschnitte.*

***Das Schlachterhandwerk** war ein wichtiges und notwendiges Gewerbe, denn sowohl die großen wie die kleinen Gemeinschaften benötigten jemanden, der die Tiere für den häuslichen Verzehr schlachten und zerlegen konnte. Das tägliche Schlachten in kleinen Mengen war notwendig, weil eine Lagerung nicht möglich war. Aus diesem Grunde kauften die Kunden nur das, was sie sofort verbrauchen konnten. Der Fleischer besaß beträchtliches Geschick, Wissen und manuelle Gewandtheit, um rituell reines Fleisch zu liefern und das Fleisch mit sicherer Hand richtig zu zerlegen.*

Der Käsemacher *brauchte seit jeher die Milch der Kuh, des Mutterschafes, der Ziege und des Kamels zur Herstellung von Käse. Bereits in sehr früher Zeit lernte der Mensch, daß Milch, die man an einem heißen Platz stehenließ, sauer wurde und Quark bildete. Auf dem Bild trennt der Käsemacher die flüssige Molke von dem festen Quark.*

Zur Zeit Christi wurde Käse in großen Mengen für den gewerblichen Verbrauch hergestellt, indem man Quark in feste Formen tat. Käse war beliebt, weil man ihn über lange Zeit aufbewahren konnte.

Der Koch *war oft in reichen Haushalten zu finden, wo er sich mit der Zubereitung der täglichen Mahlzeiten beschäftigte. Er plante das Menü, kaufte die erforderlichen Nahrungsmittel und beaufsichtigte die anderen Küchenarbeiter bei der Essenszubereitung und beim Bedienen. In reichen Haushalten, in denen es keinen Vollzeitkoch gab, wurden nur bei besonderen Gelegenheiten Berufsköche beschäftigt. Diese erhielten für ihre Dienste vermutlich eine sehr gute Bezahlung.*

***Die Erzeugnisse des Kupferschmiedes** waren in ganz Palästina beliebt. Wegen des Glanzes des Metalls und der Haltbarkeit der Gegenstände blieben die Menschen gerne an seiner Werkstatt stehen. Jedes Stück war ein individuelles Kunstwerk, das mit Liebe und Sorgfalt hergestellt worden war.*

Zur Schaffung seiner Gegenstände erhitzte und hämmerte der Kupferschmied zuerst Stangen des weichen Metalls zu dünnen Blechplatten. Diese Blechplatten wurden dann erneut erhitzt und nochmals gedehnt, indem man sie über Stäbe von unterschiedlichem Umfang zog, bis die gewünschte Form erreicht war. Tüllen und Henkel konnten leicht mit Nieten befestigt werden. So entstand eine Vielzahl von Gegenständen für den persönlichen Gebrauch und für die Verwendung im Haushalt.

***In Jerusalem bildeten die Tuchfärber** eine große, wohlhabende Bevölkerungsgruppe. Ihr Handwerk hatte bereits lange vor dem Auszug aus Ägypten bestanden, denn man weiß, daß die Decke der Stiftshütte rot gefärbt war. Im ersten Jahrhundert konnte man Färber praktisch in allen großen Zentren Palästinas finden.*

Die Methoden der Färber, bei denen sowohl tierische wie pflanzliche Farben verwendet wurden, waren einfach, wenngleich schmutzig und übelriechend. Man tauchte das Garn in die Farben, bevor es dann später zu Stoffen verarbeitet wurde.

Die Walker *boten ihre Dienste an sowohl für die Reinigung und Bleichung älterer Gewänder wie für das Texturieren und Stärken neuer Stoffe. Da Gewänder wertvoll waren und möglichst lange halten sollten, war die Arbeit der Walker wichtig für die Pflege der persönlichen Kleidung. Gebrauchte Gewänder und neue Stoffe wurden gleichermaßen in große Behälter mit Wasser und einer Seifenlauge eingetaucht und getreten. Neue Stoffe wurden noch zusätzlich getreten und gescheuert. Diese Walkertechniken erzeugten einen unangenehmen Geruch, der die Walker zwang, ihre Geschäfte außerhalb der Stadt einzurichten. Auch das Vorhandensein von Wasser zum Waschen und von ausreichendem Raum zum Trocknen der Stoffe in der Sonne oder im Winde bestimmten die Lage der Walkergeschäfte.*

Der Beruf des Gärtners *war eine Tätigkeit, die Schönheit, Farbe und Grün in die eintönige Landschaft Palästinas brachte. Die Aufgaben des Gärtners wie Pflanzen, Pflegen, Beschneiden und Ernten waren nicht leicht.*

Es gab Gärten ganz unterschiedlicher Art und Zusammenstellung: Blumen, Gemüse, Wein oder Obst. In diesen Gärten legte man oft Gräber und Grabstätten an.

Der Schweinehirte *betreute seine Herden, erfreute sich aber keines guten Rufes. Zum Teil wurde er verachtet, weil er unehrlich war und seine Herde wiederholt auf dem Land anderer grasen ließ, hauptsächlich aber deshalb, weil seine Tiere für Juden ein Greuel, unrein und als Nahrung verboten waren.*

Der Steinhauer *war gewöhnlich ein kräftiger Mann mit starken Armen, da für die Bearbeitung von Steinen Kraft und Ausdauer erforderlich waren. Aus den Wänden der Steinbrüche schlug er riesige Steine heraus, die bei der Errichtung der Gebäude in Palästina verwendet wurden.*

Die riesigen Steine wurden in den erforderlichen Größen herausgebrochen, indem hölzerne Keile in zuvor geschlagene Ritzen getrieben wurden. Erst dann wurde der Stein vom Maurer in die richtige quadratische Form gebracht, um den speziellen Bedürfnissen zu entsprechen.

Gastwirte *boten Obdach, wo Reisende keine Unterkunft und Ruhe für die Nacht finden konnten. Die öffentlichen Gasthöfe waren gewöhnlich nicht möbliert, schmutzig, schlecht geführt und unbequem. Gaststätten sollten nur die Grundbedürfnisse befriedigen – sie boten grundsätzlich nur Unterkunft, Nahrung und einen Stall für die Tiere. Gastwirte waren als unehrlich, sittenlos und gewalttätig bekannt, besonders den vielen harmlosen Pilgern auf dem Weg von oder nach Jerusalem gegenüber.*

Der Kerkermeister *war oftmals ein Soldat im Ruhestand, der ein Gefängnis bewachen mußte, das meistens klein und primitiv in eine Festung oder einen Turm eingebaut war. Je nach dem Strafmaß konnte das Gefängnis eine milde Haftstrafe, eine kalte, feuchte Zelle und ein schrecklicher Kerker sein. Wenn ein Gefangener entkam, so mußte der Kerkermeister dieselbe Strafe erleiden wie der Gefangene.*

Arbeiter *waren gewöhnlich ungelernt und sehr arm. In Palästina gab es unzählige. Wenn sie Arbeit fanden, was selten war, handelte es sich um einfache Tätigkeiten, wie Straßenkehren, Graben, Feldarbeit oder Be- oder Entladen. Sie wurden pro Tag oder sogar pro Stunde gemietet und litten sofort Not, wenn sie keine Arbeit fanden.*

***Der Kaufmann** war entweder ein seßhafter Geschäftsmann, der täglich am gleichen Standort seine Güter verkaufte, oder er war ein reisender Händler, der von Markt zu Markt und von Land zu Land zog.*

Palästina lag an den internationalen Handelsrouten und profitierte das ganze Jahr über von den reisenden Kaufleuten. Bei einer wachsenden Bevölkerung und breiten römischen Straßen waren im ersten Jahrhundert Güter aus der gesamten Welt erhältlich, und der Gewinn der Kaufleute war groß. Er lag gewöhnlich zwischen 20 und 30 % und manchmal sogar über 50 oder 100 % pro Verkauf.

Als Gruppe galten die Kaufleute als unehrlich, weil viele von ihnen krumme Gewichte und Maße verwendeten.

***Wie der Schmied heute** noch fertigte der Schmied im Palästina des ersten Jahrhunderts Gebrauchsgegenstände für spezielle Bedürfnisse der Kunden. Außerdem stellte er für den Alltag Metallgegenstände in Mengen her, zum Beispiel Waffen, Werkzeuge und Haushaltsgeräte.*

In seinem Schmelzofen konnte er Metall läutern und legieren und dann das geschmolzene Metall zur Herstellung von Massenwaren in Steinformen gießen. Wenn diese Güsse abgekühlt waren, wurden sie je nach ihrer beabsichtigten Verwendung weiter geformt, geschärft oder poliert. Der Schmied benutzte nur Hammer, Amboß, Schmelzofen und Muskelkraft, um die Werkzeuge und Geräte für eine fortschreitende Zivilisation zu schmieden. Manche Schmiede zogen mit ihrem Gewerbe von Ort zu Ort. In den kleineren Städten und Dörfern schärften und reparierten sie Werkzeuge und Geräte.

Der Arzt *wurde, genau wie heute, von den Kranken und Gebrechlichen konsultiert, um körperliche Leiden zu beheben. Das griechische Wort für Arzt ist sprachlich mit dem Begriff „heilen“ verwandt.*

Gegen Anfang des ersten Jahrhunderts n. Chr. hatte sich eine umfassende Kenntnis natürlicher Präparate aus Mineralien, Kräutern und Pflanzen entwickelt. Die medizinische Anwendung dieser Substanzen konnte Schmerzen oder andere Beschwerden lindern oder Wunden reinigen.

In der römischen Welt standen hochentwickelte medizinische Instrumente für den Gebrauch in der Kunst der Chirurgie zur Verfügung.

Der Schuhmacher *produzierte Sandalen, um die Füße vor scharfen und oft heißen Steinen zu schützen. Sandalen wurden aus Leder gemacht, hatten gelegentlich Holzsohlen und wurden in standardisierten Maßen gefertigt. Wer sich kein neues Paar leisten konnte, mußte seine Sandalen viele Male vom Schuhmacher reparieren lassen. Die meisten Bauern gingen sehr sorgsam mit ihren Sandalen um und trugen sie nur, wenn es notwendig war.*

Im Gegensatz zu den Sandalen wurden Schuhe hauptsächlich von den Reichen und nur im Haus getragen, und zwar sowohl aus modischen Überlegungen wie als Schutz vor den kalten Böden.

Der Maurer oder „Steinmetz“, *wie er oft genannt wurde, schnitt und formte roh behauene Steinbrocken zu fertigen Bausteinen. Da die meisten öffentlichen Bauwerke Verzierungen hatten, konnte sich dieser außerordentlich geschickte Handwerker vielen Herausforderungen stellen. Der geschulte Steinmetz war unter den übrigen Handwerkern seines Wohnortes hoch angesehen.*

Der Gerber *verarbeitete Häute von Ziegen, Schafen und Kamelen zu Lederartikeln. Dieses Gewerbe galt als widerlich wegen des Fäulnisgeruches und wurde verachtet, weil mit toten Tieren gearbeitet wurde, die nach dem jüdischen Gesetz als unrein galten.*

Das Wesen des Gerbungsprozesses sowie die Notwendigkeit von viel Wasser machten es erforderlich, daß die Werkstätten der Gerber im Rückenwind, flußabwärts und in beträchtlicher Entfernung von jedem bewohnten Gebiet lagen.

Auf dieser Zeichnung kratzt der Gerber die Tierhaare ab, nachdem er das Fell zuvor in Kalkwasser getaucht hat. Später wird das gereinigte Fell dann in einer Gerberlohe eingeweicht, bevor es getrocknet und bearbeitet wird.

Der Zöllner *hatte die Aufgabe, bei seinen Nachbarn die römischen Steuern einzutreiben. Die Römer übergaben dieses lukrative Amt immer dem Meistbietenden.*

Die Zöllner ernteten die Verachtung ihres eigenen Volkes, weil sie übermäßig hohe Steuern erpreßten (sie konnten zusätzliche Sondersteuern verlangen und behalten). Man konnte seine Steuern in Geld oder Waren bezahlen. Da sie vom Volk verachtet und mit Räubern und Mördern verglichen wurden, waren die Zöllner von vielen offiziellen und religiösen Ämtern ausgeschlossen und standen häufig auf gleicher Stufe mit heidnischen Sklaven.

Der Zeltmacher *war ein Spezialist im Zuschneiden und Gestalten von Zeltstoffen. Grobes schwarzes Sackleinen aus Ziegenhaar wurde vorzugsweise als Zeltbedeckung in der Wüste benutzt, während Wollstoffe oder Häute gewöhnlich anderweitig verwendet wurden. Die Herstellung eines Zeltes war eine anstrengende Tätigkeit. Sie erforderte das Schneiden und Nähen der Stoff- oder Lederbahnen zu komplizierten Zeltformen.*

***Die Frauenberufe** und die Rolle, die diese Berufe in der Gesellschaft spielten, waren im ersten Jahrhundert sehr wichtig. Abgesehen davon, daß sie ihre traditionelle Rolle als Hausfrau erfüllten, leisteten manche Frauen ihren Beitrag zum Wirtschaftssystem jener Zeit, indem sie als gut ausgebildete und produktive Arbeitskräfte bestimmte Aufgaben in der Gesellschaft übernahmen. Die folgenden Seiten zeigen einige Beispiele.*

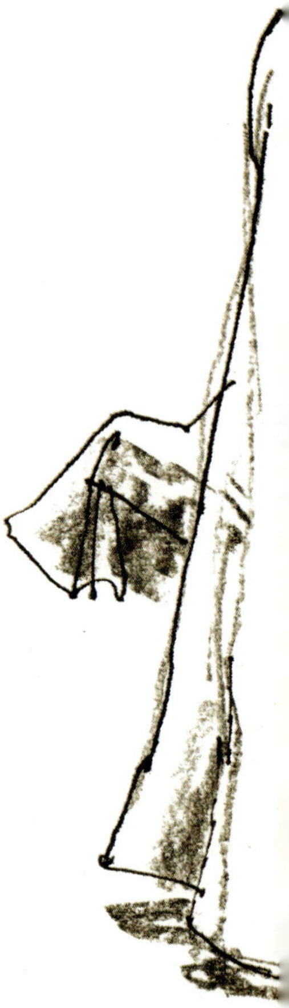

***Die Hebamme** half einer Frau in den Geburtswehen und bei der Geburt selbst, nabelte das Kind ab, wusch und wickelte den Säugling.*

Geschickte Hebammen konnten im Notfall auch medizinische oder chirurgische Hilfe leisten. Außerdem durften sie in Ausübung ihrer Pflichten das Sabbatgebot übertreten. Ihre Kenntnisse und Geschicklichkeit gewannen sie aus der praktischen Übung mit erfahrenen Hebammen und durch eigene Beobachtung und Erfahrung. Manchmal halfen sie auch bei der Geburt von Haustieren, wenn dabei Schwierigkeiten auftraten.

***Zum Hauspersonal** gehörten sowohl Männer wie Frauen. Sie waren gewöhnlich in allen Aspekten des häuslichen Lebens erfahren, hatten gute Umgangsformen und waren treu und fleißig.*

Obwohl die von einem Diener geleistete Arbeit in vielem der eines Sklaven entsprach, besaß der Diener doch einen höheren Status. Er war ein freier Mensch, der gegen Bezahlung bestimmte Aufgaben verrichtete. Gute Dienerschaft wurde meistens mit hohem Respekt behandelt. Oftmals betrachtete man sie als Mitglieder der Familie, für die sie arbeiteten. Der Tod eines guten Dieners war ein sehr beklagenswerter Verlust.

Das Weberhandwerk *galt als Frauenberuf, obwohl auch Männer am Webstuhl arbeiteten.*

Zu jener Zeit blühte die Textilindustrie, und die Produktion nahm zu. Das Auswählen und Vorbereiten der Fasern zum Weben war eine Arbeit, die gewöhnlich von anderen Spezialisten ausgeführt wurde.

Die dargestellten Weberinnen arbeiten an einem horizontalen Webstuhl, wie er bei schwereren Stoffen üblich war. Außerdem gab es den vertikalen Webstuhl, an dem feinere Woll- oder Leinengewebe entstanden.

Berufsmäßige Klageweiber *waren Frauen, die gemietet wurden, um den Verstorbenen zu loben und zu betrauern. Diese Frauen waren wahre Meister in der Kunst des Klagens.*

Um die Gefühle der Zuschauer und der Teilnehmer am Trauerzug zu erregen, gehörte zum Klagen lautes Weinen und Jammern, Flötenspiel, sich an die Brust schlagen und das Tragen von Sackleinen. Außerdem wurde der Tote mit zitternden, schrillen Schreien bejammert. Selbst beim ärmsten Begräbnis mußten Flötenspieler und zumindest ein Klageweib anwesend sein.

Kapitel 9

Jerusalem: Die Heilige Stadt

Wenn im ersten Jahrhundert ein Besucher die Stadt Jerusalem durch eines der dunklen, kühlen, massiven Tore in der Nordmauer betrat, gelangte er sofort auf einen hellen, von der Sonne beschienenen Marktplatz. Mit blinzelnden Augen erblickte er zum ersten Mal die Pracht und Herrlichkeit einer großen Stadt der Antike aus der Nähe. Aus der Ferne hatten die vielen Mauern, massiven Bauten und Türme dem Besucher eher das Bild einer Festung geboten, die eher dem Krieg als dem Gebet, der Verteidigung als der Pilgerschaft geweiht war.

Zur Zeit Jesu war Jerusalem bereits jahrhundertelang die Heilige Stadt des Judentums gewesen. Die Stadt wurde schon seit 1400 v.Chr. besiedelt und war seitdem viele Jahre ein Pilgerort für die Juden. Bei Anlässen wie den großen jährlichen Festen war sie überbevölkert. Pilger und Reisende aus jedem Teil des Römischen Reiches und darüber hinaus machten sich dann auf den Weg zu dieser Stadt Gottes.

Zur Zeit Jesu war der Same des Aufruhrs, der die Vernichtung der Einwohner Jerusalems nach sich ziehen sollte, bereits gesät. Die Heilige Stadt, die Feste des Judentums, sollte bald verwüstet werden.

Verließ der Besucher den kühlen Schatten des nördlichen Tores, verursachten das plötzliche helle Licht und die hektischen Aktivitäten auf dem Tormarkt bei ihm ein leichtes Taumeln. Vermutlich ging er schnell an den Zollbeamten vorbei, überquerte den geschäftigen Marktplatz und betrat den betriebsamen zweiten Bezirk mit seinem überfüllten Tyropoeontal. Dieses Geschäftsviertel war der Wohnort der Geschäftsleute der Mittel- und Oberschicht, der Landbesitzer und Kaufleute. Häuser, Geschäfte, Restaurants und die Werkstätten der Handwerksmeister reihten sich eng aneinander.

Auf dieser Hauptgeschäftsstraße mit ihren endlosen Menschenschlangen stieß der Besucher auf viele ausländische Besucher: römische Soldaten, Wohlhabende, Priester, Kaufleute und Pilger aus jedem damals bekannten Land. Die meisten bewegten sich entlang der vollen Geschäfte, während andere die einladenden Auslagen hochwertiger Güter aus der ganzen römischen Welt betrachteten. Glaswaren jeglicher Art, Stoffe, farbenprächtige Gewänder, Schmuck sowie Messing- und Kupfergeräte leuchteten überall in der Sonne. Langsam bahnte sich der Besucher seinen Weg die lange Talstraße entlang in Richtung auf das größte Bauwerk des Herodes, den Tempelberg.

Der jüdische Tempel war ein gewaltiger Gebäudekomplex. Seine massiven Tore und herrlichen Säulengänge führten zu riesigen Höfen, deren größter und farbenprächtigster der Vorhof der Heiden war. Hier fand der Besucher die Geldwechsler, die Händler mit religiösen Souvenirs und solche, die Opfertiere verkauften. Nicht-Juden durften über diesen Hof nicht hinausgehen. Die Übertretung dieses Verbotes wurde mit dem Tod bestraft. Die dahinterliegenden Höfe durften nur von bestimmten Bevölkerungsgruppen betreten werden. Das Heiligtum, das genau im Herzen des Komplexes lag, war nur den Priestern zugänglich.

Die massive Festung Antonia warf einen langen, dunklen Schatten auf den Tempel und seine Höfe. Die Burg, die von König Herodes wieder aufgebaut und nach einem römischen Freund Antonius Marcus benannt wurde, lag in der Nordwestecke des Komplexes. Ihre Türme waren hoch genug, um gegebenenfalls das ganze Tempelgebiet überblicken zu können. Die Festung beherbergte die in der Stadt stationierten römischen Truppen.

Direkt südlich vom Tempelberg lag die ursprüngliche Stadt Davids. Diese auf einem schmalen Plateau gelegene alte Stadt war im ersten Jahrhundert vollständig von Mauern umgeben und umfaßte die prächtigen Paläste und Häuser der Reichen und Einflußreichen. In diesem Stadtteil spürte man unmittelbar die Geschichte Jerusalems.

Gerade unterhalb davon, im Tyropoeontal, lag die Unterstadt, die Stadt der Armen. Gedrängt voll mit kleinen Kalksteinhäusern und von engen Straßen und Gassen durchzogen, erstreckte sie sich bis zum Teich von Siloah am südlichen Rand der ummauerten Stadt und bis zum Tempelberg und dem zweiten Bezirk im Norden. Hier gab es im Schatten der Paläste und Villen, die an auffallender Stelle hoch auf beiden Seiten dieses breiten Tales standen, Überbevölkerung und Elend. In der Unterstadt lagen die vielen Geschäfte der Jerusalemer Handwerker.

Inmitten der kleinen, unscheinbaren Gebäude in der Talsohle fiel das imposante Hippodrom deutlich auf. In diesem Stadion kräftigten die jungen Männer ihren Körper und entwickelten die Geschicklichkeit, die sie in den Gladiatorenkämpfen zeigten. Nördlich vom Stadium verengte sich das Tal. Dort erhob sich ein großes Viadukt, auf dem die Reichen und Mächtigen von der Oberstadt zum Tempelberg gelangten.

Das breite Tyropoeontal teilte die Stadt mittendurch. Auf der einen Seite lagen der Tempelberg und die Stadt Davids, auf der anderen, westlichen Seite die Unterstadt im Tal selber sowie der glänzende Wohnbereich der Oberstadt. In der Oberstadt wie in der Stadt Davids lebten reiche Juden und Römer in geräumigen Villen aus weißem Marmor an breiten, vornehmen Boulevards, in angenehmem Abstand vom Rest der Stadtbevölkerung.

Die Schönheit der Oberstadt bildete eine großartige Kulisse für die architektonische Pracht des Palastes von Herodes. Seine Bewohner verbrachten ihr verschwenderisches Leben in königlichem Glanz, in Bankettsälen und Räumen, die groß genug waren, um Hunderte von Personen unterzubringen. Um diese Zitadelle herum lagen riesige Teiche und schöne, weite Gärten mit exotischen Bäumen und Pflanzen aus dem gesamten Reich.

Direkt vor dem Palast befand sich der große, offene Obermarkt in römischem Stil, wo modische und exotische Güter feilgeboten wurden. Unter seinen Arkaden lagen die gutgehenden Spezialitätengeschäfte. Nicht weit vom Markt entfernt wurden im Theater des Herodes vor vollbesetztem Haus griechische und römische Dramen aufgeführt.

Jenseits der Nordmauer der Stadt wuchs der neueste Vorort sprunghaft an. Die neuen Bewohner waren aus Platzmangel gezwungen gewesen, sich in der nicht von Mauern umgebenen, neuen Stadt Bezetha niederzulassen. Die Stadt war ein ruhiger, offener Vorort mit Gärten, Hainen und Weingärten und stand in auffallendem Gegensatz zu dem überfüllten Tyropoeontal und der Pracht der Oberstadt. Bezetha war das letzte Stadtviertel, das kurz vor der Zerstörung Jerusalems durch die römische Armee im Jahre 70 n.Chr. in die Stadtmauern mit einbezogen wurde.

Die neuen wie die alten Mauern Jerusalems mußten vor Titus und seiner Armee weichen, die systematisch alles zerstörten, was alt oder von Herodes neu aufgebaut worden war. Der Tempel selber war gerade erst nach über achtzigjähriger Bauzeit fertiggestellt worden. Nachdem die Stadt 70 n.Chr. dem Erdboden gleichgemacht worden war, blieb sie für den Rest des Jahrhunderts verwüstet und praktisch unbewohnt. Alles, was von der prächtigen Heiligen Stadt, die Jesus gekannt und geliebt hatte, übrigblieb, war ein römischer Außenposten in einer Trümmerstadt.

Schlüssel zu dem Jerusalem zur Zeit Jesu:

1) Tempel
2) Viadukt
3) Xystus
4) Robinsonbogen
5) Hippodrom
6) Siloahteich
7) Salomoteich
8) Palast des Kaiphas
9) Davids Grab
10) Palast des Herodes
11) Obermarkt
12) Theater
13) Palast der Hasmonäer
14) Mariamneturm
15) Phasaelturm
16) Hippikosturm
17) Golgatha
18) Damaskustor
19) Burg Antonia
20) Struthionteich
21) Schafteich
22) Israelteich
23) Goldenes Tor
24) Garten Gethsemane
25) Absaloms Grab
26) Grab des Zacharias

Anmerkung: Diese Rekonstruktion Jerusalems basiert teilweise auf ein Modell von Prof. M. Avi-Yonah vom Hebräischen Institut, Jerusalem

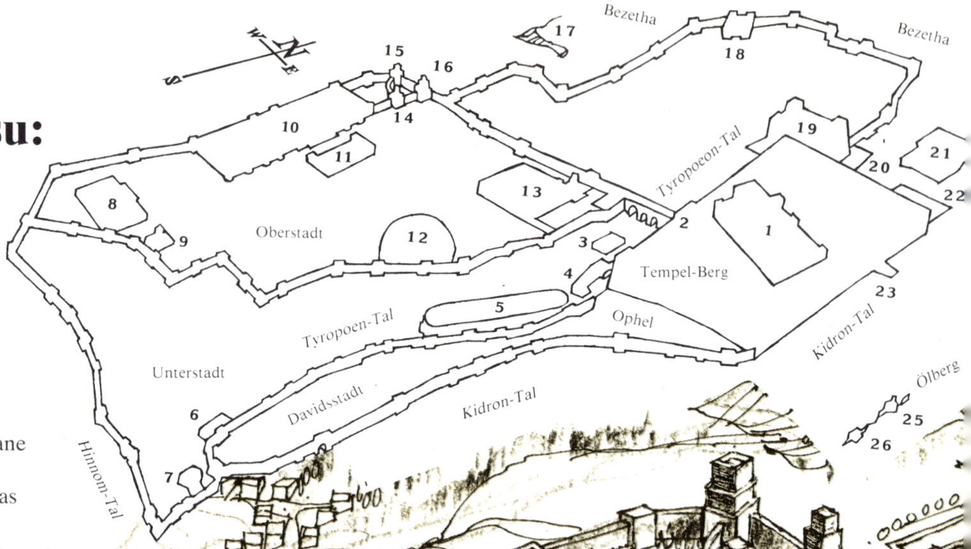

Jerusalem

Die Stadt, die Jesus kannte

Das Jerusalem des ersten Jahrhunderts war die von Jesus und seinen Jüngern meistbesuchte und -geliebte Stadt. Sie kannten ihre stolze Bevölkerung, besuchten ihren heiligen Tempel und seine Höfe und durchschritten ihre mächtigen Tore. Sie sahen ihre prachtvollen Gebäude und spazierten durch ihre engen Gassen und breiten Straßen. Nur wenige Jahre später sollte nichts mehr davon übrig sein – „kein Stein wird auf dem anderen bleiben, der nicht zerbrochen werde“ (Mt. 24,2).

Die Tempelzinne *in der Südwestecke des Tempelberges war die höchste Stelle von ganz Jerusalem.*

Die äußeren Säulengänge *umgaben den Tempelkomplex und verliehen dem Berg besondere Pracht. Diese Säulengänge dienten als Platz für öffentliche Versammlungen und für Unterweisungen. Händler mit rituellen Gegenständen wie auch die Geldwechsler im Tempel gingen ihrem Gewerbe in diesen Hallen nach.*

Die Burg Antonia *stand auf einem hohen, steilen Felsen in der Nordwestecke des Tempelberges und diente sowohl als Festung wie auch als Unterkunft für die in Jerusalem stationierte römische Garnison. Innen, in ihren Hallen, Höfen und Bädern, entfaltete sie eine große Pracht. Sie besaß charakteristische hohe Türme zum überblicken der Stadt und des Tempels. Wenn es notwendig war, konnten die Soldaten schnell über Treppen von den Türmen zu den Säulenhallen und dann in den Vorhof der Heiden hinabsteigen.*

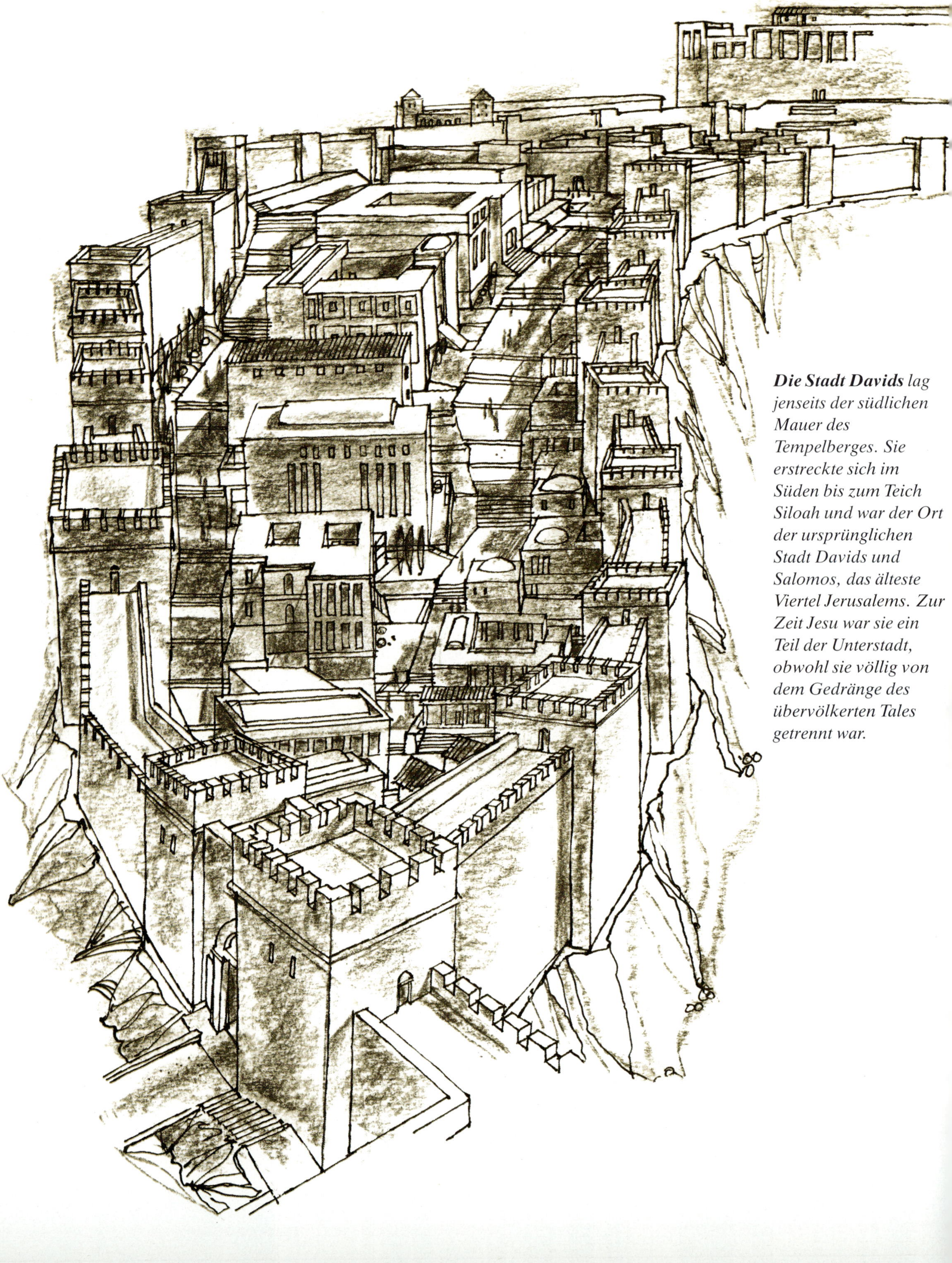

Die Stadt Davids *lag jenseits der südlichen Mauer des Tempelberges. Sie erstreckte sich im Süden bis zum Teich Siloah und war der Ort der ursprünglichen Stadt Davids und Salomos, das älteste Viertel Jerusalems. Zur Zeit Jesu war sie ein Teil der Unterstadt, obwohl sie völlig von dem Gedränge des übervölkerten Tales getrennt war.*

Mitglieder der alten, etablierten, fürstlichen Familien, *die wünschten in dem ältesten und berühmtesten jüdischen Teil von Jerusalem zu wohnen, lebten in königlicher Pracht. Von großem Luxus umgeben, residierten sie neben vielen reichen Kaufleuten, Landbesitzern und Bankiers.*

Das doppelte Huldator und das dreifache Huldator *waren die berühmten südlichen Zugänge zum Tempelberg und dem königlichen Säulengang. Die Tore erreichte man über große Freitreppen, die vom Ophel, dem ältesten Teil des alten Jerusalem, hinaufführten.*

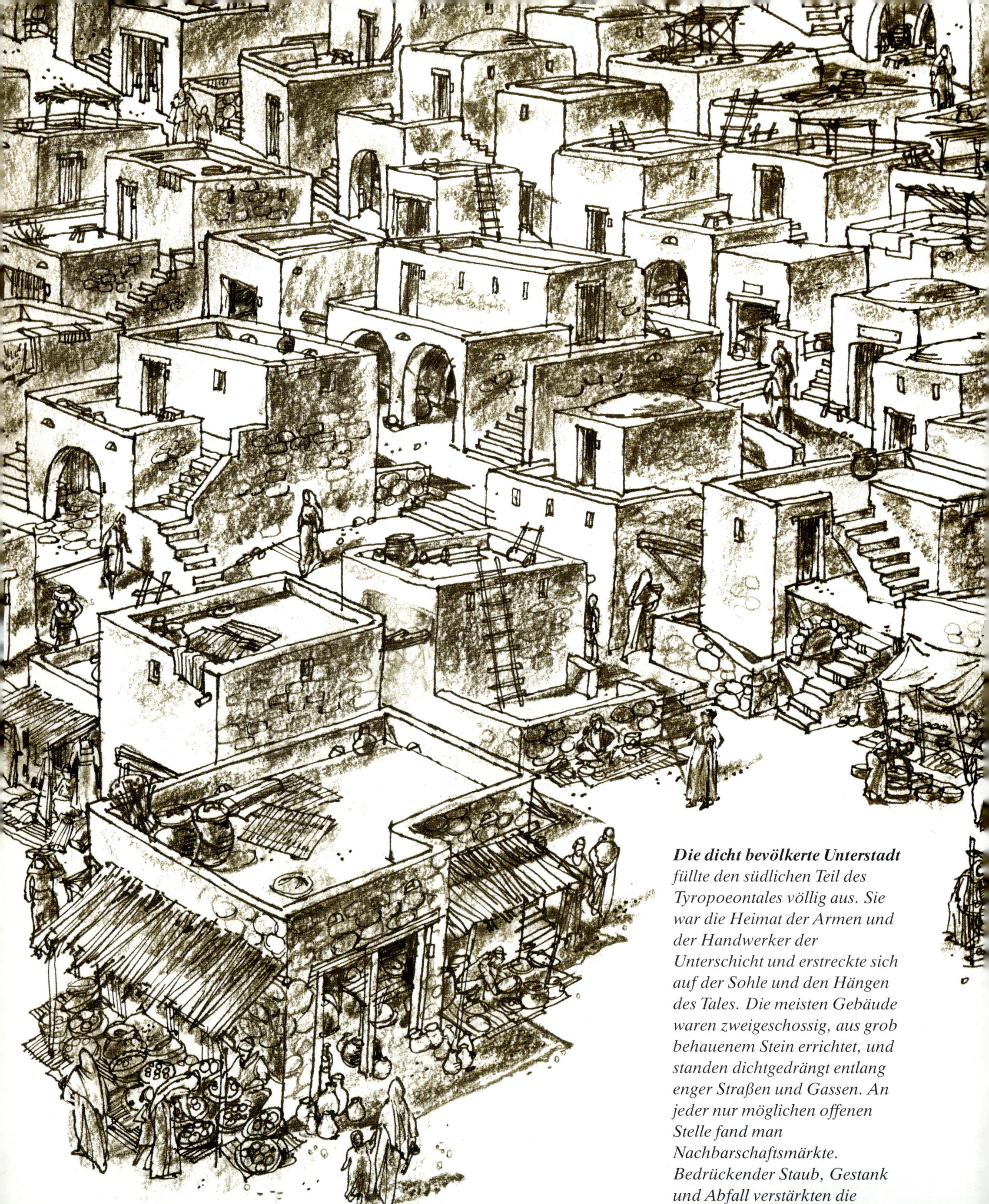

Die dicht bevölkerte Unterstadt *füllte den südlichen Teil des Tyropoeontales völlig aus. Sie war die Heimat der Armen und der Handwerker der Unterschicht und erstreckte sich auf der Sohle und den Hängen des Tales. Die meisten Gebäude waren zweigeschossig, aus grob behauenem Stein errichtet, und standen dichtgedrängt entlang enger Straßen und Gassen. An jeder nur möglichen offenen Stelle fand man Nachbarschaftsmärkte. Bedrückender Staub, Gestank und Abfall verstärkten die Unannehmlichkeiten dieses dichtbesiedelten Viertels.*

__Der Robinsonbogen__ verband den Tempelberg mit dem Tyropoeontal. Dieser Bogen stützte eine riesige Treppe, die von der Unterstadt zu den Tempelhöfen hinaufführte. Genau südlich dieser Tempelecke lag das Hippodrom, ein kolossales, von Herodes erbautes Stadion für Wettkämpfe und Sportveranstaltungen.

Der Teich Siloah *an der Südspitze der Unterstadt versorgte die Stadt reichlich mit Wasser. Zu diesem – von Menschen geschaffenen – Reservoir wurden die Kranken und Gebrechlichen zum Baden gebracht. Das Süßwasser kam aus der Gihonquelle, die durch den alten, von Hiskia angelegten Tunnel mit dem Teich verbunden war.*

Die Werkstätten *der vielen Jerusalemer Handwerker fand man in den zur Straße hin offenen Geschäften der Unterstadt. Die Handwerker eines Gewerbes hatten ihre Läden zum gegenseitigen Nutzen dicht nebeneinander.*

***Die Oberstadt** lag vor dem großen Palast des Herodes. Der gut ausgearbeitete Plan von Straßen und Plätzen eignete sich für die Errichtung von prachtvollen Villen und Palästen wie dem des Hohenpriesters Kaiphas.*

An der Nordseite der Oberstadt standen drei imposante Türme zum Schutz des Palastes. Herodes hatte sie nach seiner Frau Mariamme (Er ließ sie töten!), seinem Freund Hippikos und seinem Bruder Phasael benannt.

Zusammen mit anderen Bauwerken, wie dem Grab König Davids und dem Theater, verliehen die Türme der Oberstadt ein vorwiegend griechisches Aussehen.

Der Obermarkt *mit seinen Arkaden und feinen Läden war ein offener Markt in römischem Stil, auf dem man importierte Luxusgüter kaufen konnte. Auf der Zeichnung kauft eine reiche Familie ein, während ein Sklavenmädchen einen Korb mit exotischen Früchten für ihre Besitzer trägt.*

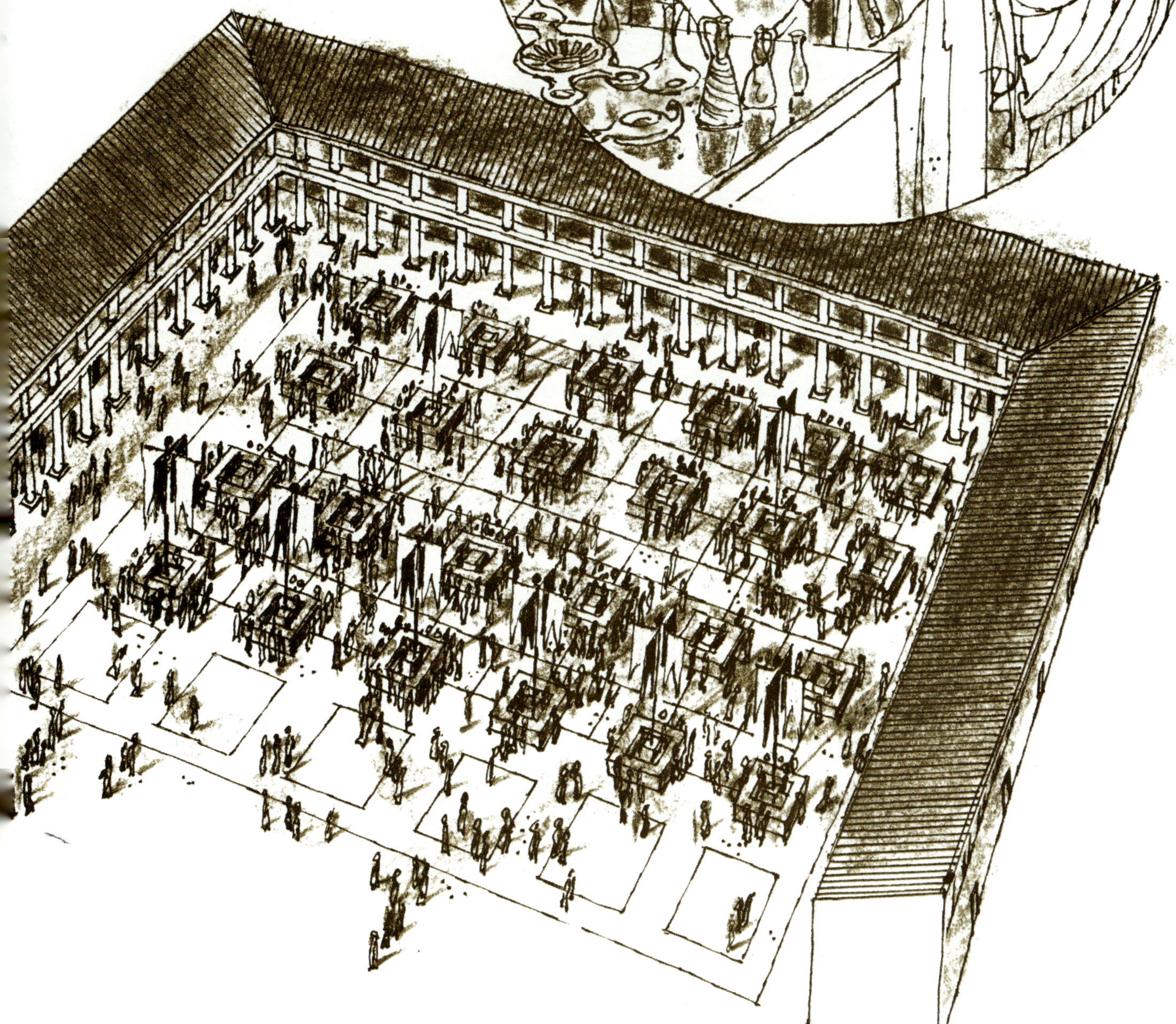

Der große Palast des Herodes *lag auf der höchsten, westlichsten Terrasse der Oberstadt, direkt gegenüber dem Tempel auf der anderen Seite des Tyropoeontales. Das Gebäude war sowohl eine Festung wie ein Palast, und man konnte von ihm aus die gesamte Stadt überblicken.*

Der Palast war auf einem erhöhten Fundament erbaut und wurde von einer starken Mauer mit Türmen umgeben. Innerhalb der Mauern befanden sich Haine und Gärten mit riesigen Bronzefiguren, aus denen sich Wasser ergoß. Um den Palast herum verliefen Säulengänge und Gehwege, umgeben von Kanälen und Gärten mit exotischen Pflanzen und Tieren.

Der Palast selber war ein prachtvolles Bauwerk mit ausgedehnten

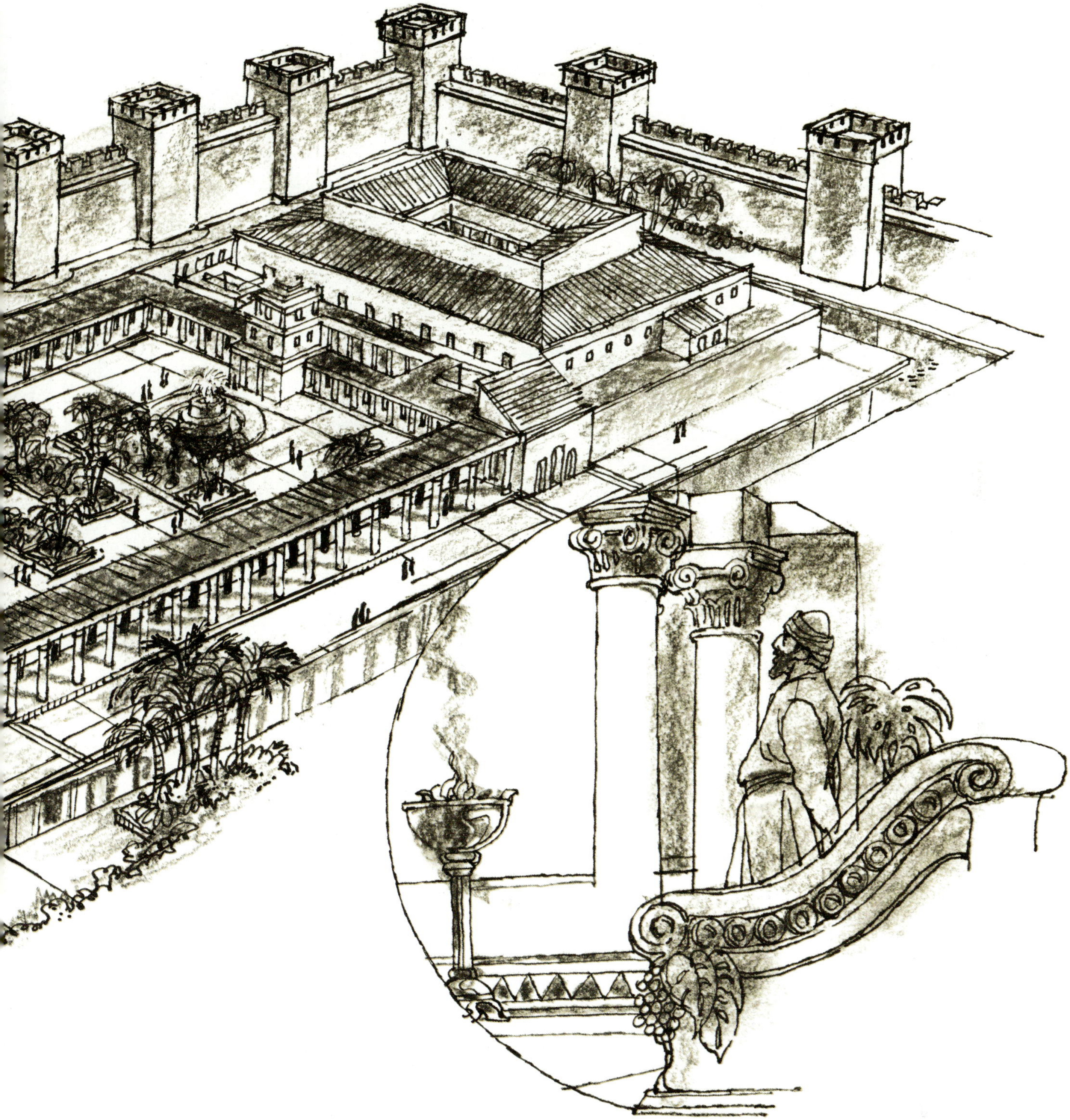

Seitenflügeln, in denen sich Hallen und Schlafräume zur Unterbringung von Hunderten von Gästen befanden. Beim Bau waren seltene Steinsorten verwendet worden, und die Hallen hatten riesige Dachbalken aus exotischen Hölzern. Überall in den Verzierungen zeigte sich eine große Pracht. Die Räume waren kostbar möbliert und mit Gold und Silber geschmückt. Die Schönheit dieses Palastes wurde von keinem anderen in Palästina übertroffen.

Zur Zeit des Herodes war der Palastkomplex das Machtzentrum, von dem aus dieser König regierte. Zur Zeit Jesu war er zeitweiliger Sitz der römischen Regierung, wenn sich der Prokurator in Jerusalem aufhielt.

Luxusgüter *aus allen Teilen des Römischen Reiches konnte man in den Geschäften des zweiten Bezirkes finden. Die dargestellten Beispiele bilden nur einen Bruchteil der verfügbaren Waren. Glasflaschen und Krüge waren sehr beliebt, ebenso Metallgegenstände, wie Handspiegel, Fingerhut oder Schere. Möbel, wie die dargestellte Couch im römischen Stil, waren sehr begehrt.*

***Im Tyropoeontal des zweiten Bezirkes** lebten und kauften die Angehörigen der Mittel- und Oberschicht. Entlang der breiten Talstraßen lagen geschlossene Geschäfte, die der wohlhabenden Nachbarschaft eine Vielfalt von Luxusartikeln verkauften.*

***Der Markt am Damaskustor** war der größte und beliebteste Markt des zweiten Bezirkes. Auf diesem offenen Markt konnte man die meisten täglichen Nahrungsmittel und erforderlichen Haushaltsgüter erstehen.*

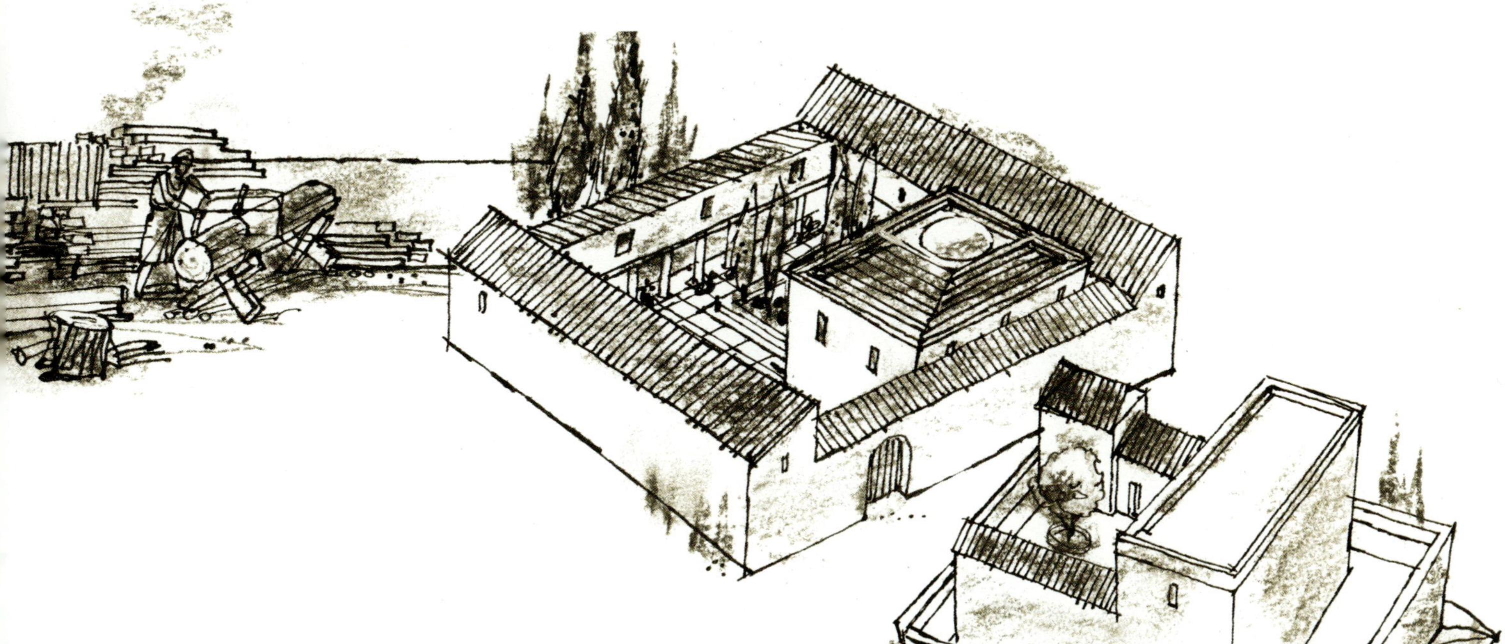

Außerhalb der Stadt *lagen stille Gärten, Haine und Ackerland im Gegensatz zu der übervölkerten Stadt. Als die Stadtbevölkerung zunahm und der Platzmangel die neuen Bewohner und Geschäftsleute zwang, sich an anderer Stelle niederzulassen, wurden auch außerhalb der Stadtmauern viele neue Villen gebaut.*

Den Holzmarkt und die zahlreichen Lagerungsmöglichkeiten fand man gerade außerhalb der Nordtore. Der Schafteich, ein öffentlicher Badeplatz, ein Schafmarkt und das Monument von Alexander Jannai lagen nördlich vom Tempelberg. Im Kidrontal, östlich vom Tempel, befanden sich verschiedene Gräber, darunter auch das Grab Absaloms. Jenseits des Tales lag der schöne Garten Gethsemane.

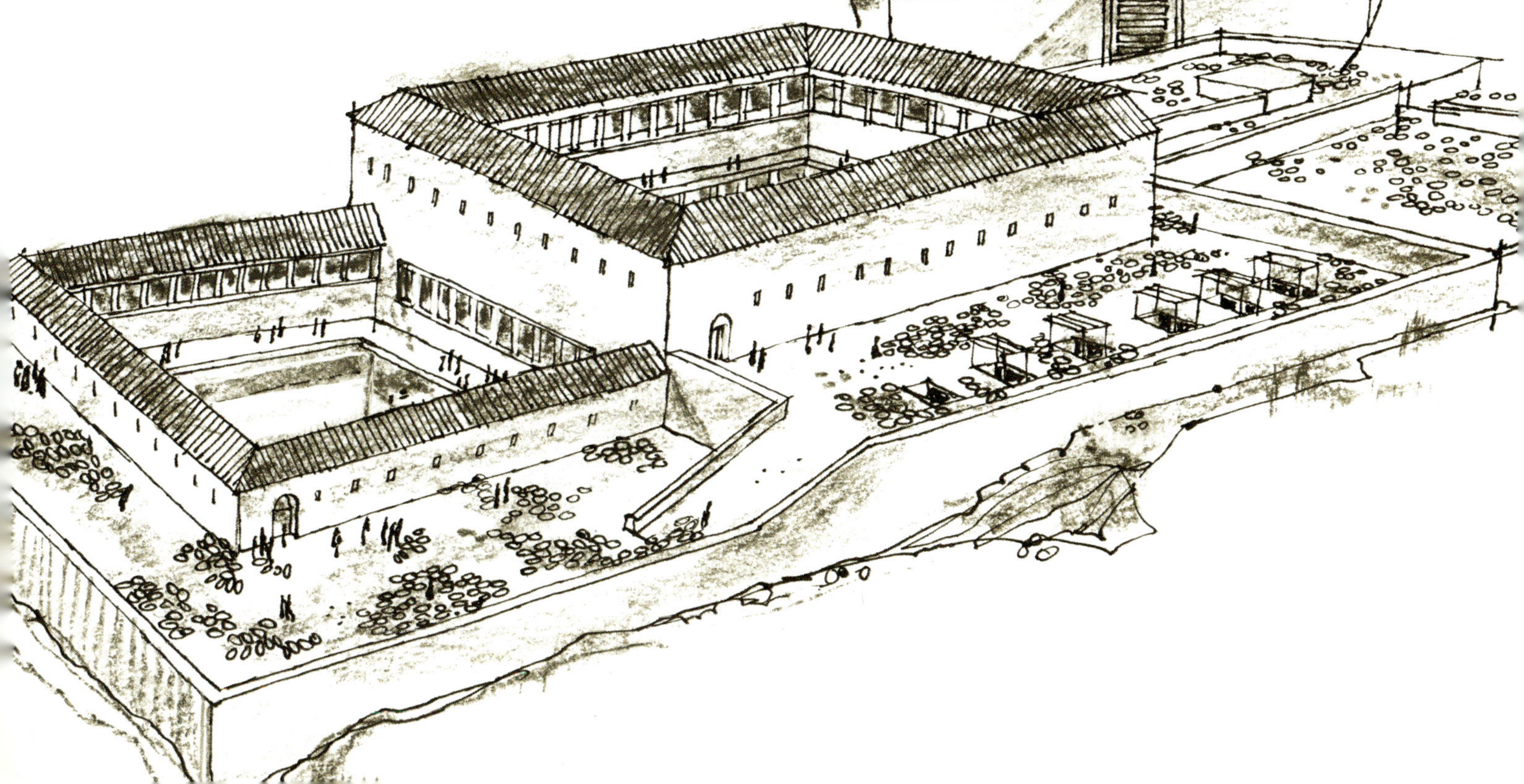

Kapitel 10

Das Volk des Gesetzes

„Höre, Israel, der Herr ist unser Gott, der Herr allein“ (5.Mose 6,4). Durch die Jahrhunderte hindurch haben sich die Juden mit absolutem und kompromißlosem Glauben um dieses alte Gebot gesammelt. Sie waren Gottes auserwähltes Volk. In ihrem Herzen waren sie stolz darauf, in einem besonderen Bundesverhältnis mit Gott zu stehen. Wenn sie ihn in der Weise ihrer Vorfahren anbeteten und seinen Befehlen gehorchten, versprach der Bund den Segen des Herrn. Diese Überzeugung machte den Gehorsam gegenüber den Gesetzen Gottes zum Gegenstand des täglichen Lebens. Im ersten Jahrhundert konnte die innerste Einstellung der Juden Palästinas leicht so zusammengefaßt werden: Liebe und Ergebenheit gegenüber den Gesetzen Gottes, begleitet von einem großen Haß auf die ausländische Vorherrschaft und ihren kulturellen Einfluß.

Im Jahre 63 v.Chr. eroberten die mächtigen Römer unter Pompejus Jerusalem und beendeten abrupt die religiöse und politische Freiheit der Juden. Zu Beginn des ersten Jahrhunderts war das jüdische Palästina (theoretisch) wieder in eine Theokratie umgewandelt worden, was bedeutete, daß das Gesetz Gottes auch das Gesetz des Landes war. In Wirklichkeit war es ein besetztes Land, das wenig Macht über sich selber hatte. Die Führung der Juden lag in den Händen des Hohenpriesters, dessen Macht, wenn auch begrenzt auf die jüdische Welt, bis in den religiösen, politischen und administrativen Bereich reichte.

Seit frühester Zeit hatten der Hohepriester und die Priesterschaft einen wichtigen Platz im täglichen religiösen Leben des Volkes eingenommen. Die Priester waren die Wächter des Tempels und seiner Gottesdienste, und sie vertraten das Volk bei der Darbringung der Opfer auf dem Altar Gottes in Jerusalem.

Zur Zeit Jesu gab es eine Vielzahl religiöser Sekten und Parteien. Die wichtigsten waren die Pharisäer und die Sadduzäer. Als eine priesterliche Klasse von Tempelführern besaßen die Sadduzäer einen Großteil der Macht, während die Pharisäer aufgrund ihrer Popularität und ihrer Kenntnis des jüdischen Gesetzes einen großen Einfluß beim Volk hatten. Zu den anderen Sekten gehörten unter anderem die Essener, die sich aus der Gesellschaft zurückzogen, um an entlegenen Orten ein einfaches Leben zu führen, und die extremistischen Zeloten, die politische Rebellen wurden.

Innerhalb der Partei der Pharisäer war die Gruppe der Schriftgelehrten sehr wichtig. Diese Männer galten als Experten in der Interpretation des Gesetzes. Obwohl nicht alle Schriftgelehrten Pharisäer waren, verschrieben sich alle dem Gesetz Gottes sowie einem Leben in dem und für das Gesetz.

Der Sanhedrin oder Hohe Rat der Juden bestand aus zwei sich radikal gegenüberstehenden Parteien: den aristokratischen, reichen Sadduzäern und den populären Pharisäern. Die Sadduzäer besaßen die Macht im Hohen Rat, aber die Pharisäer durften aufgrund der Unterstützung durch die Bevölkerung ebenfalls „mitreden“. Der Sanhedrin befaßte sich mit der Anwendung und Interpretation der göttlichen Gesetze im täglichen Leben aller Juden, und zwar nicht nur derer, die in Palästina lebten, sondern auch derer, die in den jüdischen Kolonien der Diaspora lebten (Juden, die durch frühere ausländische Invasionen Palästina verlassen hatten). Gelegentlich war der Rat sich über jene Interpretationen selber nicht einig.

Es gab viele besondere Feiertage im jüdischen Leben des ersten Jahrhunderts. Der Sabbat war der wichtigste davon. Er wurde als letzter Tag der Woche als ein Tag der Anbetung Gottes gehalten. Dieser Tag war ausgesondert worden, damit das Volk Gottes sich von seiner Arbeit ausruhte und erholte. Das Pfingstfest, das Passafest und das Laubhüttenfest wurden jedes Jahr gefeiert. Sie waren zum Gedenken an die Güte und Segnungen, die das jüdische Volk von seinem Schöpfer empfangen hatte, eingerichtet worden. Feste dienten dazu, die jüdische Nation zusammenzubinden, und wurden in jedem jüdischen Haus mit Fasten, Beten und Opfern gefeiert. Der Versöhnungstag zog große Volksmengen von Gläubigen aus allen Teilen der römischen Welt zum Tempel in Jerusalem, um dem heiligen Ritual des Hohenpriesters beizuwohnen.

In den Tagen Jesu und in den Jahrhunderten davor spielte neben dem Tempel die Synagoge eine besonders wichtige Rolle im Alltagsleben aller Juden, unabhängig davon, wo sie lebten. Tatsächlich war es die räumliche Trennung vom Tempel in Jerusalem, die zur Einrichtung dieser Institution führte. Zuallererst war die Synagoge ein Haus des Gebetes und der Ort, an dem das Gesetz gelesen und studiert wurde. Sie war außerdem der Ort, an dem die Gläubigen, besonders die Kinder, im Gesetz und in den Bräuchen und Traditionen ihrer Vorfahren unterwiesen wurden. Als Zentrum des religiösen Lebens hatte die Synagoge auch noch andere Funktionen: Sie diente als Stadthalle, Gemeinschaftszentrum, Übernachtungsort für Reisende und gelegentlich als Gerichtssaal.

Die Zeit vor der Zerstörung des Tempels erwies sich für die in Palästina lebenden Juden als schwer und mühselig. Das Leben war hart wie immer, die römischen Steuern waren hoch, und die Lebensqualität verschlechterte sich ständig. Selbst das religiöse Leben war davon nicht ausgenommen. In diesen Jahren, in denen das Volk um die Aufrechterhaltung der Ordnung kämpfte und dem Leben Sinn zu geben trachtete, entstanden nämlich neue religiöse Gruppen und Sekten. Manche Sekten zogen sich in die Wüste zurück, in der Hoffnung, dort ein Leben der Hingabe und Reinheit führen zu können. Andere radikale Gruppen wiederum wurden patriotische Rebellen, die sich später zu Terroristen und Mördern entwickelten. Diese Aktivisten, die Zeloten, glaubten, daß der vollkommene jüdische Staat nur durch die Vernichtung jeglicher Autoritäten, mit Ausnahme der von Gott, entstehen könne.

In dieser schwierigen Zeit wurde ein Same gesät, dessen Bestimmung es war, zu sterben. Aber durch dieses Sterben erwuchs aus der fruchtbaren Erde neues Leben. Der Sämling sollte der sich ausbreitende Baum des Christentums werden, eine neue Ordnung, die hart mit dem Judentum und seinen Traditionen zusammenprallte. Seine Anhänger, die zuerst Nazarener und später Christen genannt wurden, wurden in der gesamten römischen Welt ihres Glaubens wegen geächtet und verfolgt. Dennoch breitete sich dieser Glaube aus über das Land, das Jesus kannte und liebte, um schließlich tiefe Wurzeln in der römischen Welt zu schlagen.

Die Pharisäer *waren eine bekannte Sekte mit großer Autorität und starkem Einfluß auf die Juden im Palästina des ersten Jahrhunderts. Da die meisten Pharisäer aus der Mittelschicht kamen, besaßen sie das Vertrauen der Leute.*

Die Pharisäer wurden wegen ihrer genauen Kenntnis des mosaischen Gesetzes verehrt. Aufgrund ihres Wissens schienen sie Gott angenehmer zu sein, und die Menschen glaubten, daß eben dieses Wissen sie zu Hütern der mündlichen Erläuterungen des Gesetzes machte, die von Generation auf Generation weitergegeben wurden. Diese überlieferten Interpretationen galten als fundamentale Prinzipien, die man mit absolutem Gehorsam befolgte.

Die Pharisäer nahmen in der Gesellschaft eine hohe Stellung ein und waren Mitglieder des jüdischen Hohen Rates, des Sanhedrin. Viele Pharisäer kannten das Gesetz so gut, daß sie Schriftgelehrte oder, wie sie auch genannt wurden, Rechtsgelehrte und Doktoren des Gesetzes wurden.

***Schriftgelehrter** oder Rechtsgelehrter war der austauschbare Titel für Männer, die im Gesetz erfahren waren. Die Schriftgelehrten dienten als Ausleger und Lehrer des Gesetzes, aber auch als Schriftführer bei den Versammlungen des Sanhedrin.*

Die meisten Schriftgelehrten, aber nicht alle, gehörten zur Partei der Pharisäer. Die meisten waren zuallererst dem Gesetz und seiner Interpretation ergeben.

***Die Sadduzäer** waren eine Sekte, die sich aus Angehörigen der vornehmen Priestergeschlechter und der Aristokratie zusammensetzte. Diese Partei beherrschte die Priesterschaft, den Tempel, seinen Betrieb und seinen immensen Reichtum. Zeitweise hatte sie auch die Vorherrschaft im Hohen Rat der Juden, dem Sanhedrin.*

Die Sadduzäer waren, was ihre Haltung zum mosaischen Gesetz anbetrifft, Fundamentalisten – sie anerkannten nur das geschriebene Gesetz, nicht aber die mündlichen Traditionen der Pharisäer, die um das Gesetz herum entstanden waren. Ihre Vorstellungen gefielen dem Volk nicht immer und erhielten oftmals wenig Unterstützung aus der Mittel- und Unterschicht. Die Sadduzäer waren aufgrund des Mangels an öffentlicher Unterstützung dazu gezwungen, den Pharisäern sowohl in religiösen wie in weltlichen Angelegenheiten eine gewisse Rolle zuzugestehen. Als der Tempel von den Römern zerstört wurde, verschwanden auch die Sadduzäer, da ihr Einfluß und ihre priesterlichen Funktionen ihre Grundlage verloren hatten.

Die Priesterschaft *war das Herz des Tempelgeschehens, denn die Priester dienten als Mittler zwischen dem Volk und seinem Gott. An der Spitze der Priesterschaft stand als höchste Autorität der Hohepriester, das Symbol der jüdischen Religion. Er bekleidete dieses Amt lebenslänglich. In Wirklichkeit wurde er jedoch oftmals abgesetzt, besonders wenn er die politischen Erwartungen der römischen Regierung nicht erfüllte.*

Als Hüter des Tempeldienstes mußten in jeder Woche zahlreiche Priester in Jerusalem anwesend sein, um das komplizierte zeremonielle System durchzuführen. Die Priester waren in vierundzwanzig Klassen aufgeteilt, wobei jede Gruppe abwechselnd eine volle Woche lang ihr Amt ausübte. Sie wurden aus ganz Palästina zusammengerufen, um die ihnen zugewiesenen Pflichten im Tempeldienst zu verrichten.

Die Amtstracht des Priesters bestand aus vier einfachen Kleidungsstücken. Direkt am Körper trug er eine weiße Unterhose aus Leinen. Über dies Untergewand zog er eine Tunika aus weißkariertem Leinen. Über dieser weißen Tunika trug er einen buntbestickten Gürtel aus Kordeln, der viele Male um die Taille geschlungen und dann festgesteckt war. Die Enden hingen auf den Boden. Auf seinem Kopf trug der Priester eine weiße leinerne Kopfbedeckung.

Der Hohepriester trug die gleichen vier Kleidungsstücke und außerdem sein „goldenes Gewand": die blaue, ärmellose Robe mit goldenen Schellen den farbigen Ephodschurz, den er über der Robe trug, und eine Brustplatte mit zwölf kostbaren Steinen. Auf seinem Kopf trug er eine weiße Leinenmitra. Die Stirn war bedeckt mit einer goldenen Platte mit der Aufschrift: „Heilig dem Herrn".

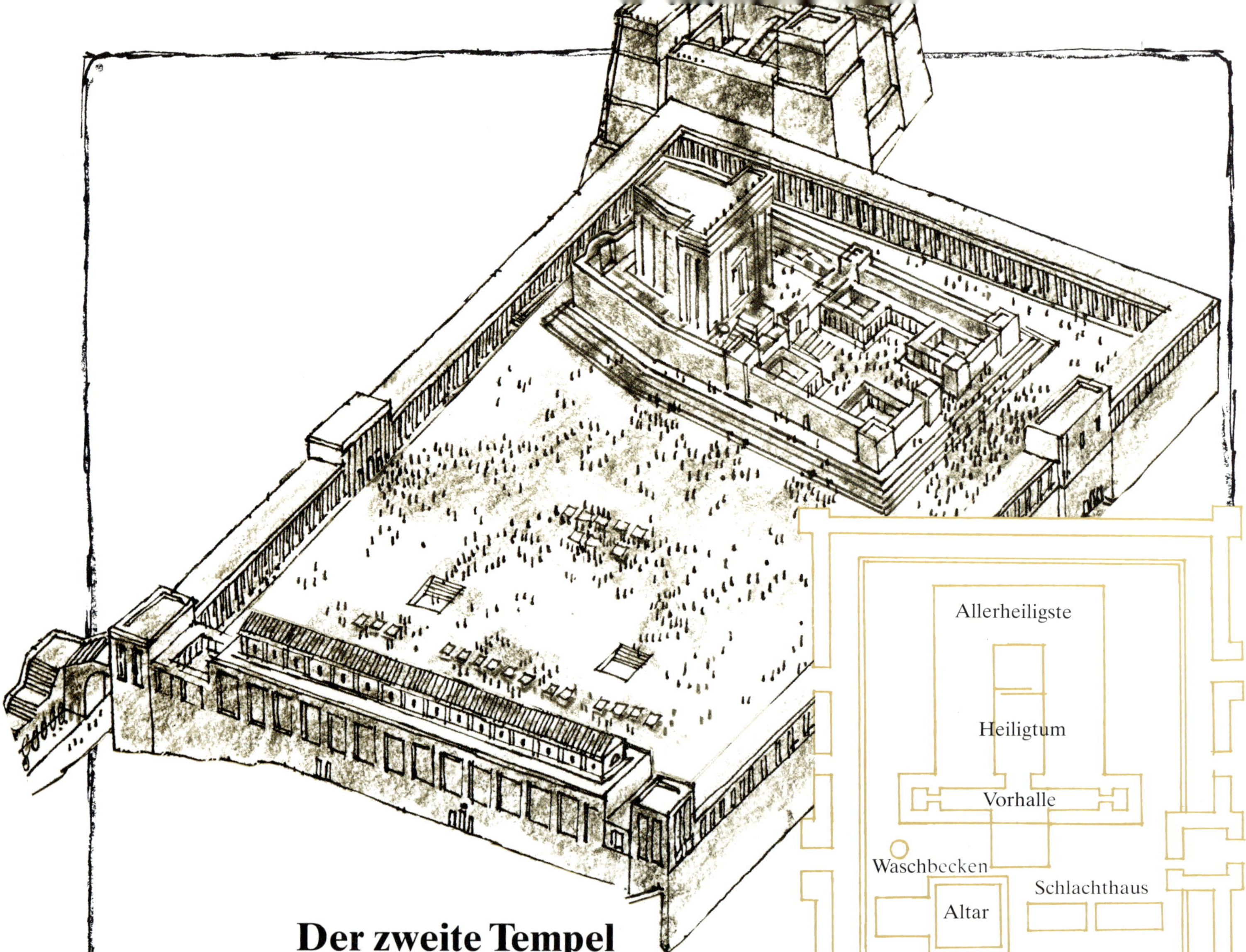

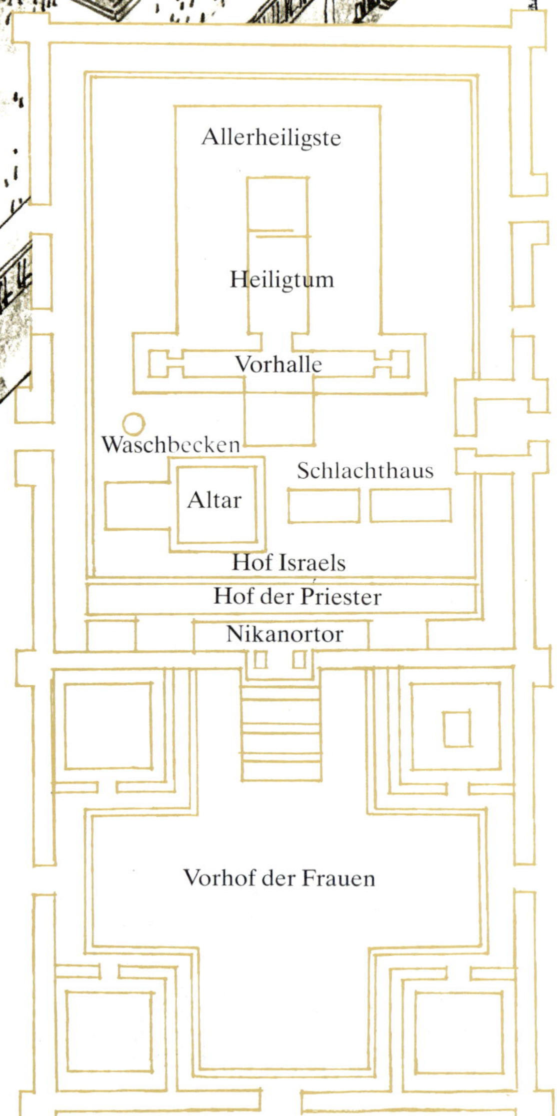

Der zweite Tempel

Der Gebäudekomplex des zweiten Tempels bestand aus einer Reihe von aufeinanderfolgenden, ummauerten Höfen, die man durchschreiten mußte, wenn man zum Heiligtum gelangen wollte. Er lag auf einem Berg zwischen zwei tiefen Tälern im Osten und im Westen. Im Norden wurde er von der starken Burg Antonia geschützt und im Süden durch die Stadt Davids.

Um die Tempelanlage und ihre religiöse Bedeutung richtig verstehen zu können, muß man die kreisförmigen Stufen der Heiligkeit berücksichtigen, die dieses Haus Gottes umgaben. Das Land Palästina war der größte Kreis. Darin lag die Provinz Judäa um die Stadt Jerusalem herum, in deren Stadtmitte der Tempelberg lag. Innerhalb dieser Anlage war der erste und äußerste Bereich der sogenannte Vorhof der Heiden. Im Tempel selber gab es als nächste Stufe den Hof der Frauen. Von dort gelangte man durch das Nikanortor in den engen Hof Israels. Im Hof der Priester stand hinter dem Altar, dem Waschbecken und dem Schlachthaus das eigentliche Heiligtum. Stieg man die Treppen zu der Vorhalle empor und betrat dann das Heiligtum selber, so gelangte man zu der letzten und überhaupt heiligsten Stelle des gesamten Komplexes, dem Allerheiligsten.

Befand man sich einmal innerhalb der Mauern des Tempelkomplexes, war man tief beeindruckt von seiner Größe, seiner Schönheit und dem überschäumenden Betrieb in seinen Höfen. Jenseits des ersten Hofes waren alle Aktivitäten ausschließlich auf die Juden beschränkt. Am Eingang zu den Innenhöfen warnten Tafeln in hebräischer, lateinischer und griechischer Schrift, daß das weitere Betreten durch Heiden oder unreine Juden unter Todesstrafe stand.

***Der riesige Vorhof der Heiden** lag am äußersten Rand des Tempelberges, ungefähr fünfzehn Meter unterhalb des eigentlichen Tempels. Diese große Fläche schloß den Tempel und seine höher gelegenen Höfe völlig ein. Der Vorhof der Heiden selber war von Säulengängen von unübertroffener Pracht umgeben.*

In diesem offenen Bereich, dessen längste Seite etwa 227 Meter lang war, fand man die Verkäufer der Opfertiere und die geschäftigen Geldwechsler, die den Pilgern Tempelmünzen verkauften. In den schönen Säulenhallen, die vor Sonne und Regen schützten, konnte man den Predigten der Lehrer und den Diskussionen der Rechtsgelehrten über die Feinheiten des Gesetzes zuhören.

Es gab auf diesem öffentlichen Platz immer zahllose Besucher, sowohl Juden wie Heiden, von denen viele aus fernen Ländern kamen. In den riesigen Mauern des Tempelberges befanden sich große Tore, die von der Stadt im Westen und vom Land im Osten leichten Zugang boten.

***Die Höfe des Tempels** stellten Stufen der Heiligkeit dar und gruppierten sich um das Allerheiligste herum. Der Tempelbezirk war in terrassierte Höfe eingeteilt, von denen jeder höher und exklusiver war, je mehr man sich dem Heiligtum näherte.*

Nach dem am Rande gelegenen Vorhof der Heiden waren die inneren Höfe nur den rituell reinen Juden zugänglich. Der hier dargestellte Hof der Frauen war von beeindruckender Größe, aber dennoch viel kleiner und intimer als der größere Vorhof der Heiden. In jeder Ecke ragte ein Saal hervor, aber den Schwerpunkt des Hofes bildete das massive Nikanortor. Durch dieses beeindruckende Bronzetor führten Stufen in den Hof Israels, hinter dem der Hof der Priester lag. Frauen durften diese Höfe nicht betreten. So bot ihnen dieses Tor den einzigen Blick auf den Tempel und seinen Altar.

***Das Allerheiligste** des zweiten Tempels war leer. In dem früheren Tempel Salomos hatte dort die Bundeslade gestanden. Im Tempel des Herodes gab es stattdessen nur einen flachen, quadratischen Grundstein.*

***In dem beeindruckenden Bau des Heiligtums** befanden sich nur drei Gegenstände: der goldene Tisch mit dem Schaubrot, ein gigantischer Leuchter mit sieben Armen, die Menora, und in der Mitte stand der Räucheraltar, der das Allerheiligste bewachte. Sie standen in dem sogenannten „Heiligen“. Ein zweiter doppelter Vorhang hinter dem Räucheraltar trennte das Heilige von dem heiligsten Ort, dem Allerheiligsten.*

***Das Waschbecken** befand sich zwischen dem Tempel und dem Altar. Dieses imposante Becken aus Messing ruhte auf dem Rücken von zwölf Ochsen und enthielt das Wasser, mit dem sich die Priester während ihrer Tempelpflichten reinigten.*

Im Hof der Priester *stand das Haus des lebendigen Gottes. Für die Juden war der Tempel das sichtbare Zeichen der Gegenwart Gottes; er allein bewohnte es.*

Der prachtvolle Bau des Tempels überragte alles Umliegende. Er war aus reinem, weißen Stein erbaut und teilweise mit Goldplatten bedeckt. Diejenigen, die ihn im Sonnenlicht sahen, beschrieben ihn als „einen goldenen, mit Schnee bedeckten Berg".

Im Hof der Priester standen das überaus große Waschbecken, die Schlachttische zur Zubereitung der Tiere für das Opfer und ein massiver Steinaltar.

Am Eingang zwischen der Vorhalle des Tempels und dem Heiligtum gab es keine Tür, sondern nur einen schönen Vorhang. Der babylonische Stoff in Blau, Rot, Weiß und Purpur, bestickt mit den Gestirnen des Himmels, hing am Eingang des Heiligtums. Auf der Mauer über dem Vorhang war ein goldener Weinstock mit goldenen Weintrauben eingraviert.

Der Brandopferaltar, *ein riesiges Quadrat aus unbehauenem Stein, war der einzige zur Verfügung stehende Platz, an dem dem Allmächtigen Opfer dargebracht werden durften. An seiner höchsten Stelle brannten drei Feuer, eines zum Verbrennen der Opfer, das zweite zum Verbrennen von Weihrauch und ein kleines Feuer zum Entzünden der anderen zwei. Um die Mitte des Altars kennzeichnete eine rote Linie den Platz, wo das Blut der Opfer, die gegessen wurden, versprengt werden sollte und wo das Blut jener Opfer, die man den Flammen übergab, ausgegossen wurde.*

Der Tempelkomplex *war für unterschiedliche Menschen von unterschiedlicher Bedeutung. Für die Juden war der Tempel das Haus des lebendigen Gottes, der Ort für Gebet und Opfer. Für die anderen waren die Außenhöfe der Anlage ein Treffpunkt, ein Ort, an dem Juden und Heiden sich begegneten. Für manche war der Tempel ein beliebtes Touristenziel, zu dem Reisende aus der ganzen Welt kamen, um die Pracht dieses großen Gebäudes zu betrachten.*

Die Säulengänge dienten als Schulen, wo man von den vielen improvisierten Diskussionen und Vorträgen lernen konnte. Der Vorhof der Heiden beherbergte ein Geschäftszentrum, wo ausländisches Geld in die Tempelwährung umgetauscht und die zum Opfer benötigten Dinge und sogar Souvenirs gekauft werden konnten.

Wenn alle Besucher die beschränkt zugänglichen Innenhöfe hätten betreten können, hätten sie in dem Hof der Priester einen Bereich gesehen, wo man Opfertiere zubereitete, einen Bereich, der einem Schlachthaus sehr ähnlich war.

Die Leviten – Diener am Tempel

Die Bezeichnung „Leviten“ wurde für die Juden vom Stamm Levi gebraucht. Obwohl die Leviten am Tempeldienst Anteil hatten, verrichteten sie keine priesterlichen Aufgaben und standen in keinem priesterlichen Zusammenhang mit dem Altar und seinen Opfern. Obwohl sie zum permanenten Personal des Tempels zählten, galten die Leviten als die einzigen Diener der Anlage. Sie übten alle möglichen Hilfsfunktionen aus. So dienten sie als Verwalter, Sänger und Musikanten sowie als Torhüter. Außerdem verrichteten sie die wesentlichen Haushalts- und Polizeipflichten. Im ersten Jahrhundert hatten die Leviten viel von ihrem früheren Status verloren und wurden als Mitglieder einer zweitrangigen Gruppe in der Hierarchie betrachtet.

Die festgelegte Ordnung des Gottesdienstes *begann nach der üblichen Begrüßung mit einem Gebet, wobei die Leute stehenblieben und ihr Gesicht der heiligen Thorarolle zuwandten. Dann wurde das Gesetz des Mose verlesen. Die Thorarolle wurde aus dem Schrein genommen und vor einem Leser niedergelegt, der in der althebräischen Sprache las und sofort ins Aramäische, der Sprache jener Zeit, übersetzte. Nach der Lesung folgte immer eine Auslegung.*

Dann wurde ein Abschnitt aus den Büchern der Propheten gelesen und wieder sofort Vers für Vers übersetzt. Nach einem Schlußgebet war der Gottesdienst zu Ende. An Wochentagen konnte es allerdings noch eine Sammlung zugunsten unterstützungsbedürftiger Armer geben.

Eine Schriftrolle *war ein auf besonders präpariertem Pergament, Tierhaut oder Papyrus geschriebenes Buch. Die Bögen enthielten einen mit Tinte handgeschriebenen Text und waren zu einem langen Streifen zusammengenäht und dann um einen Stock herum aufgerollt worden. Weil das Hebräische und Aramäische von rechts nach links und daher im Gegensatz zu unseren heutigen Büchern von hinten nach vorne gelesen wird, wurde die Rolle mit der linken Hand ab- und mit der rechten Hand aufgerollt. Die Rollen wurden von pflichtbewußten Berufsschreibern abgeschrieben und in Stoffhüllen, Krügen, Behältern oder Holzkästen aufbewahrt.*

Die Synagoge war ein Gotteshaus, *das zum Gebet, zum Lesen und Studieren des mosaischen Gesetzes diente.*

Das Gebet und die Unterweisung in der Synagoge hatten großen Einfluß auf das tägliche Leben der Menschen in Palästina. Dieser Einfluß gab ihrem Leben Sinn und unterschied dadurch die Synagoge erheblich vom Tempel in Jerusalem. Im Tempel ging es vornehmlich um das Opfer, das von den Priestern als vermittelnde Handlung zwischen Volk und Gott dargebracht wurde. Die Tatsache, daß sie in den örtlichen Synagogen die heiligen Schriften studieren und ihre Gebete verrichten konnten, gab den Menschen das Gefühl, daß sie für die Aufrechterhaltung der Beziehung zu Gott nicht mehr von dem entfernten Tempel abhängig waren.

In allen Synagogen Palästinas und der jüdischen Gemeinschaften auf der ganzen Welt wurde das religiöse Leben auf dieselbe Art organisiert und gab es die gleiche festgesetzte Gottesdienstordnung. Die Synagoge war täglich zum Gebet geöffnet. Am Sabbat kam die gesamte jüdische Gemeinschaft zum Gebet und zum Studium des Gesetzes und der Propheten zusammen. Gelehrte oder die Ältesten der Gemeinde übernahmen die Lesungen und kommentierten sie. Der Ausschluß von diesen Gottesdiensten wurde als sehr schwere Strafe empfunden.

Die Synagoge war jedoch nicht nur ein Haus des Gebetes, sondern auch ein Gemeinschaftszentrum, eine Schule, eine Unterkunft für Reisende und gelegentlich ein Gericht für Zivilfälle. Sie war in der Tat der zentrale Punkt der Gemeinschaft.

Die Ältesten *waren die ordnungsgemäß bestellten Amtsträger der Synagoge. Sie wurden von der Gemeinde aus erfahrenen und respektierten Mitgliedern der Gemeinschaft gewählt. Die Ältesten, von denen einer die Funktion des Vorstehers ausübte, leiteten die Versammlung und die Synagogenschule. Die Synagoge bedachte und behandelte die allgemeinen Bedürfnisse der Gemeinschaft.*

Der Versöhnungstag (Jom Kippur) *fand am fünften Tag vor dem Laubhüttenfest am zehnten Tag des Monats Tischri (September-Oktober) statt. Dieses wichtigste Fest war ein Tag des Fastens und ernsthaften Betens um die Vergebung der Sünden gegen Gott. An diesem heiligsten Tag des Jahres versammelte sich das Volk im Tempel, um der heiligen Handlung des Hohepriesters im Heiligtum und danach seinem Betreten des Allerheiligsten beizuwohnen.*

Am vorangehenden Tag trennte sich der Hohepriester zur Vorbereitung auf dieses Betreten des Allerheiligsten von den anderen und begab sich in einen besonderen Raum, um rituelle Unreinheit zu vermeiden. Beim Gottesdienst wurde ihm eine Schöpfkelle und eine Feuerschale gegeben. In der Kelle befand sich Weihrauch. Er ging durch das Heiligtum auf die zwei Vorhänge, die das Allerheiligste vom Heiligtum trennten, zu und betrat es dann auf der linken Seite des vorderen Vorhanges. Dann schritt er zwischen den beiden Vorhängen durch, bis er das andere Ende erreichte, schlug den inneren Vorhang auf die Seite und begab sich in den heiligen Raum.

Nach dem Eintreten schüttete er den Weihrauch auf die brennenden Kohlen in dem Feuergefäß, das er auf den Grundstein in der Mitte des Bodens gestellt hatte. Während er betete, füllte sich der Raum schnell mit dem Rauch des Weihrauchs. Wenn er fertig war, verließ er das Allerheiligste auf demselben Weg.

Das Laubhüttenfest (Sukkot) *war ein Fest der Pracht und der Danksagung. Zu Ehren der Weinlese und der Ernte der ersten Früchte kennzeichnete dieses besonders fröhliche Fest das Ende der bäuerlichen Arbeiten der Saison. Als Anerkennung der Gabe Gottes wurde eine Auswahl der ersten Früchte gezeigt und für jedermann sichtbar herumgetragen.*

Das Freudenfest begann bei Sonnenuntergang des ersten Festtages und dauerte eine Woche. Die Menschen tanzten beim Schein der Fackeln und Freudenfeuer in den Höfen des Tempels. Eigentlich ergriffen sie bei diesem Fest Besitz vom Tempel und beteiligten sich zusammen mit den Priestern an den meisten priesterlichen Aufgaben bei diesem Fest.

Das Fest erinnerte außerdem an die Wüstenwanderung Israels. Die Feiernden errichteten Hütten, in denen sie während des Festes lebten, um der Tatsache zu gedenken, daß ihre Vorfahren vierzig Jahre lang in provisorischen Wohnungen gelebt hatten.

Das Passa (Pesach) *war eingesetzt worden, um die Erinnerung an die Befreiung der Israeliten aus der ägyptischen Knechtschaft zu bewahren. Das Fest hatte seinen Namen erhalten, weil der Gott der Israeliten an ihren Häusern vorbeigegangen war, als er die Erstgeborenen Ägyptens tötete. Zum Gedenken an den Auszug ihrer Vorväter unter Mose aßen die Juden in der ganzen Passawoche ungesäuertes Brot und brieten ein Zicklein oder Lamm zum Passamahl.*

Kurz nach dem Schlachten wurde das Blut der Tiere auf den großen Altar im Tempel gesprengt, wohingegen das Blut bei dem ursprünglichen Ereignis an den Türpfosten gestrichen wurde, damit der „Engel des Todes“ vorüberging. Das Passafest begann am fünfzehnten Tag des Monats Nisan (März-April) und dauerte bis zum einundzwanzigsten Tag. Es war eines der wichtigsten und fröhlichsten aller jüdischen Feste.

Der Sabbat oder Ruhetag *begann bei Sonnenuntergang am Freitag mit dem Blasen des Shofar (Widderhorn) und endete mit einem Segensspruch bei Sonnenuntergang am Samstag, dem siebenten Tag. Dieser besondere Tag diente dem Bekenntnis, daß nur Gott, als Schöpfer des Universums, allein Anbetung gebührte. Der Sabbat wurde bei der Schöpfung eingeführt, damit der Mensch von seiner Arbeit ruhte, sich erholte und sich an der Güte Gottes erfreute. Er war auch ein Tag des Gebetes.*

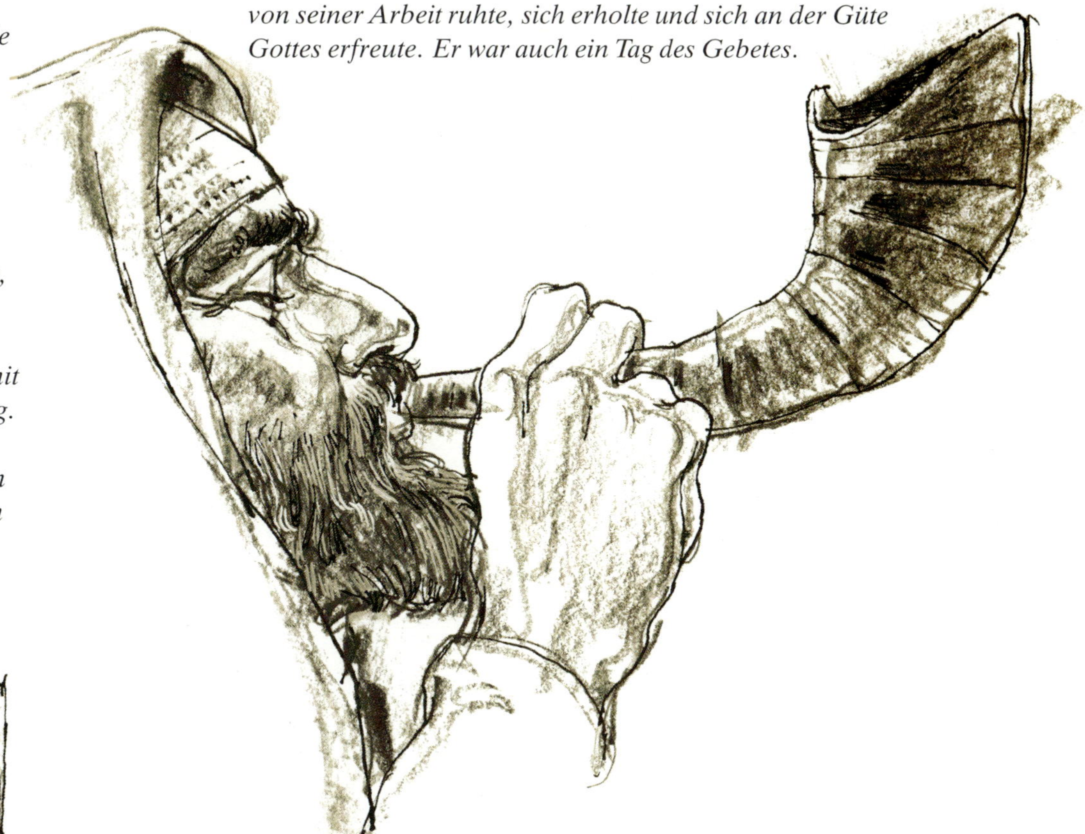

Das Pfingstfest (Shavuot) *oder Wochenfest war ein Fest der Danksagung, das fünfzig Tage nach dem Passafest am Ende der Kornernte gefeiert wurde. Jeder brachte Gott, dem Geber aller Gaben, ein Opfer dar, gemäß dem empfangenen Segen.*

Feinmehlbrote, aus bei der Ernte gesammeltem Korn, gehörten zu den Erstlingsfrüchten, die zum Dank für die reichliche Ernte dargeboten wurden. Viele Juden kamen zu diesem fröhlichen Fest aus dem Ausland heim nach Jerusalem.

Der Schlüssel zur Synagoge

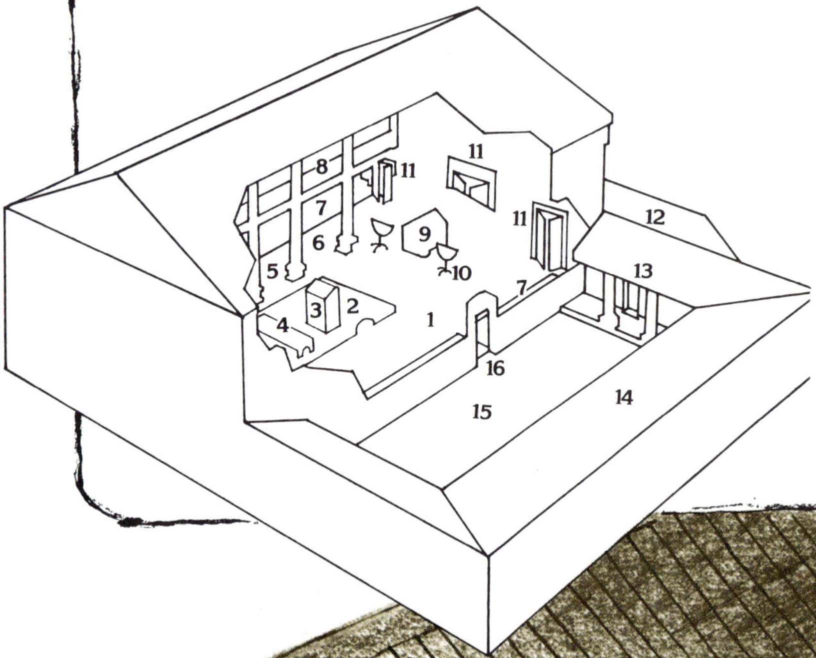

Um den Bedürfnissen der Gemeinschaft zu entsprechen, unterschieden sich die Gebäude in Größe und Form, obwohl viele Grundzüge dieselben blieben.

Zu den wichtigen Einrichtungen der Synagoge gehörten (1) ein großer Hauptsaal mit (2) einer erhöhten Plattform samt (3) einem Lesepult und (4) speziellen Sitzen für die Ältesten und Ehrengäste. Oft befanden sich rings um den Hauptsaal (5) Säulen, (6) Seitenschiffe und (7) Sitzbänke. Über diesen Seitenschiffen befand sich häufig (8) eine Empore. Das war vermutlich der Ort wo die Frauen dem Gottesdienst beiwohnten. Im Mittelpunkt der Synagoge standen (9) der Schrein, eine tragbare Truhe zur Aufbewahrung der heiligen Thorarollen, und (10) die Menora, der siebenarmige Leuchter.

Das Gebäude konnte man durch (11) drei Vordertüren betreten – durch einen Haupteingang und zwei kleine Eingänge in der (12) Vorhalle. Die Synagoge hatte oft einen (13) Außeneingang zu (14) Kammern, die um einen (15) gepflasterten Hof herum lagen, wo es einen (16) Seiteneingang zum großen Hauptsaal gab.

Die Synagogenschule *bot die einzige zur Verfügung stehende formale Unterweisung. Unter der Leitung eines qualifizierten Lehrers studierten die Knaben die Heilige Schrift. Sie übten sich zu Füßen des Lehrers im Lesen und lernten große Teile der Schrift im Singsangton auswendig vorzutragen. Die Synagogenschule vermittelte den Kindern die Traditionen und das geistliche Erbe ihrer Vorväter.*

Die klassische Synagoge *war rechteckig und hatte oftmals einen geschlossenen Hof mit Kammern. In dem großen Lesesaal war sie gewöhnlich mit Bänken ausgestattet und hatte häufig eine Empore. Das Bauwerk war meistens nach Jerusalem hin ausgerichtet und wurde auf der höchstmöglichen Stelle errichtet. Wenn die Gläubigen eintraten, wandten sie ihr Gesicht sowohl dem Schrein wie Jerusalem zu. Manche Gelehrte nehmen an, daß die Synagogen vor der Zerstörung des Tempels im Jahre 70 n.Chr. wie der Tempel selber nach Osten ausgerichtet waren. Erst nach dem ersten Jahrhundert wurden sie in Richtung des verschwundenen Tempels gebaut. Die Durchschnittssynagoge war vermutlich kleiner und weniger ausgearbeitet als die hier dargestellte.*

Die Essener *lebten in der isolierten Gemeinschaft von Qumran am Westufer des Toten Meeres. Hier kopierten Schreiber alte hebräische Schriften und schrieben andere Werke, einschließlich einer Gesetzessammlung. Weil diese Schriften in einem trockenen Klima in Tonkrügen gelagert wurden, blieben sie erhalten und sind heute bekannt als die Schriftrollen vom Toten Meer.*

Die Essener, die von Geburt Juden waren, liebten ihre Glaubensgenossen sehr. Sie führten ein einfaches Leben in Armut, Keuschheit und Gehorsam und lehnten weltliche Freuden und Reichtümer ab. Weil sie alles miteinander teilten, besaß keiner von ihnen mehr als der andere. Das endgültige Schicksal dieser Sekte ist unbekannt. Man weiß jedoch, daß die Römer im Jahre 68 n. Chr. die große Gemeinschaft von Qumran überfielen.

Die Zeloten und die Samariter

Die Zeloten waren patriotische Extremisten – oftmals Aktivisten, Terroristen und Meuchelmörder, die glaubten, das Reich Gottes könne durch Gewalt errichtet werden. Sie hetzten die Leute beständig gegen die Machthaber auf, besonders gegen die Ausländer, und gegen jeden, der jene Mächtigen anerkannte.

Die religiösen Auffassungen der Zeloten ähnelten denen der Pharisäer. Tatsächlich waren sie aus dieser Gruppe heraus entstanden, anerkannten aber im Gegensatz zu ihren früheren Gefährten keinen Herrn über sich als Gott. Als Aktivisten gewannen die Zeloten die Unterstützung der Massen zu vereinzelten blutigen Aufständen gegen die römische Herrschaft. Sie wurden schließlich im Kampf mit Rom in Jerusalem und Masada vernichtet.

Viele Jahre lang wurden die Samariter von ihren jüdischen Nachbarn sozial geächtet. Aufgrund lange andauernder religiöser und politischer Ressentiments gab es kaum Kontakt zwischen den Samaritern und den anderen Juden Palästinas. So akzeptierten die Samariter zum Beispiel nicht alle Bücher des Alten Testamentes als heilig, noch hielten sie den Tempel in Jerusalem für den richtigen Ort zum Opfern und zum Gebet.

Obwohl die Samariter den Glauben der Juden oder wenigstens den Großteil ihrer Glaubensauffassungen akzeptierten und alle legalen Rechte und Privilegien eines Juden besaßen, wurden sie noch mehr verachtet als die Heiden. Einen Juden einen Samariter zu nennen, war die größte Beleidigung, die man einem Juden zufügen konnte.

Das Leben der ersten Jünger Jesu *spiegelte ihre Überzeugung wider, daß sie den besonderen Auftrag ausführten, den Jesus ihnen gegeben hatte. Sie wanderten von Stadt zu Stadt, um durch ihren Predigtdienst die „gute Nachricht" zu verkündigen.*

Diese Jünger Jesu predigten den Massen oft draußen auf dem offenen Land in der Nähe des Galiläischen Meeres. Wie die meisten Juden zur Zeit Jesu waren sie vertraut mit den Verheißungen des Alten Testaments und legten dar, warum sie davon überzeugt waren, daß Jesus viele dieser Verheißungen erfüllte, besonders die, welche den Messias betrafen.

Nur wenige erkannten damals, daß diese kleine Gruppe von „Nazarenern" mehr war als nur eine weitere jüdische Sekte, mehr als eine der vielen Parteien, die in jener turbulenten Zeit entstanden. Tatsächlich entwickelte sich hier eine neue Ordnung, eine Ordnung, die zu einer weltweiten Religion werden sollte – dem Christentum.

In missionarischem Geist *verkündeten die Jünger Jesu das Evangelium überall dort, wo man ihnen zuhörte. Wohin sie auch kamen, zu den Juden Palästinas oder zu den Heiden in anderen Teilen der römischen Welt, versammelten sich kleine Gruppen zum Studium der Schrift und zum Gebet. Diese geisterfüllten Christen hielten Versammlungen, um jung und alt gleichermaßen „den neuen Weg" zu erklären. Manchmal taten sie das in den örtlichen Synagogen, aber besonders in den Privathäusern ihrer Brüder. Das waren die ersten Gottesdienste der Christenheit.*

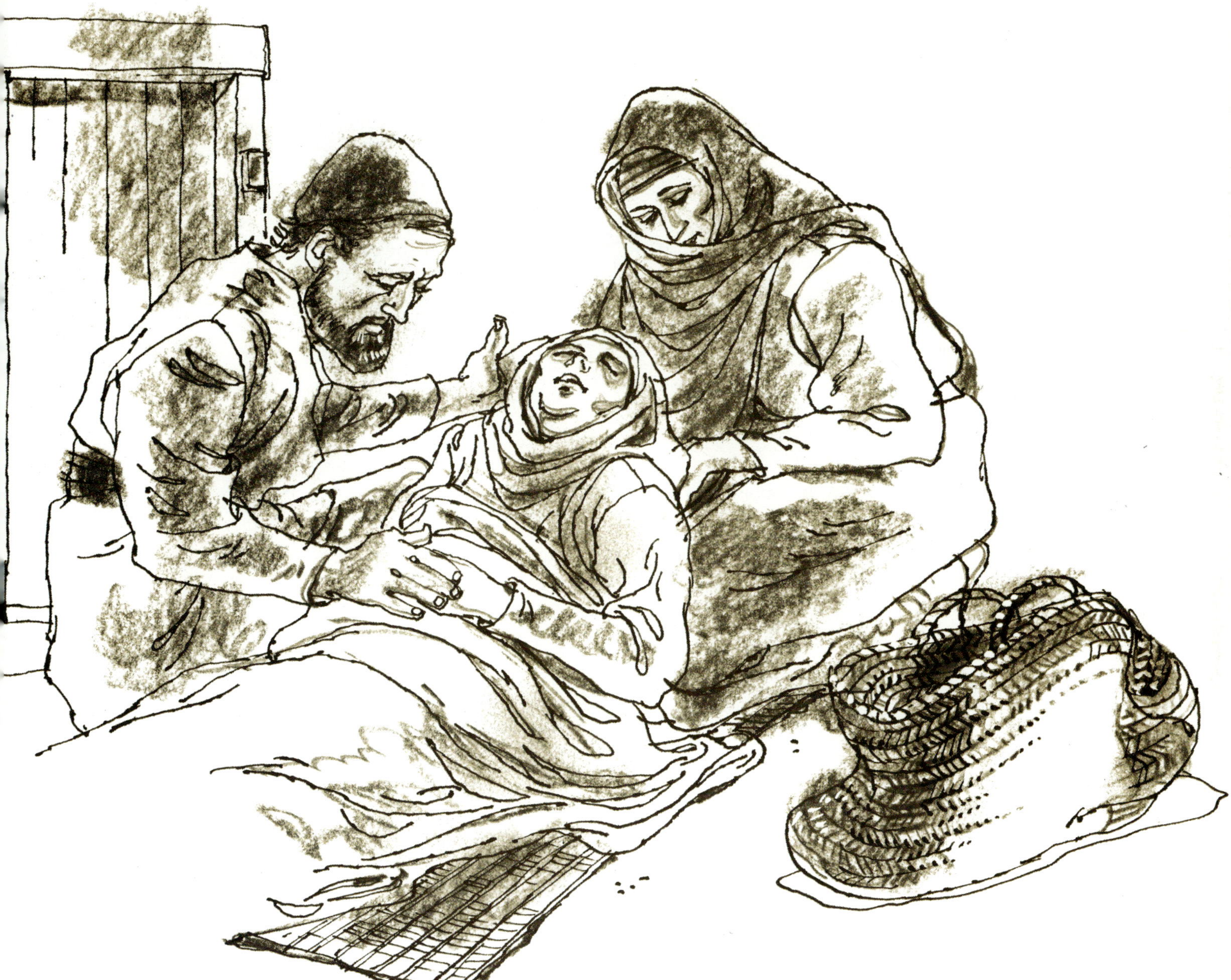

In jedem Dorf und jeder Stadt *versammelten sich die Kranken und Verkrüppelten um die Jünger Jesu in der Hoffnung auf Heilung. Gott wirkte viele Wunder durch diese hingebungsvollen Männer. Er heilte nicht nur die Kranken, sondern er ließ auch Tote auferstehen.*

Phylakterien *waren kleine Kästchen, in denen man bestimmte Teile des mosaischen Gesetzes am Körper tragen konnte. Sie sollten an die Liebe Gottes und an seine Gebote erinnern. Manche fromme Männer trugen sie immer, aber die meisten trugen sie nur beim Gebet.*

Es gab zwei Arten von Phylakterien. Die eine wurde auf der Stirn getragen und die andere auf dem Arm. Das Arm-Phylakterion, ein Kästchen aus Kalbsleder, das winzige Pergamentrollen mit Texten aus der heiligen Schrift enthielt, wurde unmittelbar über dem Ellbogen auf den Oberarm gebunden. Die Riemen, die es an seinem Platz hielten, wickelte man um den Arm und um die Finger. Das Stirn-Phylakterion hatte ebenfalls ein solches kleines Kästchen mit Bibeltexten und wurde um den Kopf gebunden, so daß das Kästchen auf der Stirn ruhte.

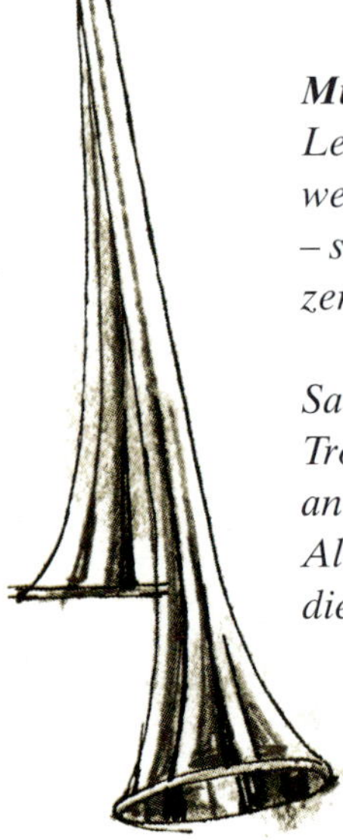

Musik und Gesang *haben immer eine wichtige Rolle im Leben des jüdischen Volkes gespielt. Ihre religiösen und weltlichen Tätigkeiten wurden immer von Musik begleitet – sei es vom Ton der einfachen Hirtenflöte oder von der zeremoniellen Musik der Tempelmusiker.*

Im Tempel spielten die Musiker auf Zimbeln und Saiteninstrumenten, wie der Harfe, während silberne Trompeten den Beginn der religiösen Handlungen ankündigten. Wenige alte Völker machten bei ihren Alltagsbeschäftigungen so viel Gebrauch von Musik wie diese Menschen.

***Das Opfer** war für die Juden eine Zeremonie, in der Gott ein Ersatz angeboten wurde, der verbrannt oder ausgegossen wurde, um Vergebung der Sünden zu erhalten.*

Entsprechend dem mosaischen Gesetz konnte dieses Opfer nur auf dem Altar des Tempels dargebracht werden. Makellose reine Tiere – zum Beispiel ein Ochse, ein Schaf, eine Ziege oder auch Vögel, etwa Tauben oder Turteltauben – waren annehmbare Opfer. Das Gesetz bestimmte das erforderliche Opfer, aber die finanziellen Möglichkeiten der Gläubigen entschieden über die Art des Tieres. Beim Tieropfer war die erste Handlung, das „Auflegen der Hände", die Aufgabe des Opfernden, während das Schlachten, Häuten, Zerlegen, Versprengen des Blutes sowie das Herrichten des Opfers auf dem Altar Aufgaben des Priesters waren.

Als blutloses Opfer konnte man Wein, feines Mehl oder Öl darbringen. Von dem Mehl konnte man auch Kuchen, Brot oder Oblaten backen, die alle gleichermaßen akzeptiert waren. Salz als Symbol der Unverweslichkeit wurde allen Opfern, sowohl den blutigen wie den unblutigen, beigefügt.

Der jüdische Kalender

Im Gegensatz zu den anderen Kalendern, die auf der Drehung der Erde um die Sonne beruhen, wurde der jüdische Kalender durch die Mondphasen bestimmt. Dieser Mondkalender hatte 354 Tage, wobei etwa in jedem dritten Jahr ein zusätzlicher Monat erforderlich war. In einem Schaltjahr wurde ein zweiter Monat Adar („Adar Sheni") nach dem normalen zwölften Monat Adar in den Kalender eingefügt.

Nach dem Neumond bestand jeder Monat entweder aus 29 oder aus 30 Tagen. Der Neumond diente nicht nur als Grundlage für die Festlegung des Endes und Anfangs eines Monats, sondern bestimmte auch die richtigen Tage für die religiösen Feiern. Ein Jahr hatte niemals weniger als vier und nicht mehr als acht Monate von dreißig Tagen.

Der jüdische Tag war aufgeteilt in zwölf Stunden, die Nacht in drei Nachtwachen. Gewöhnlich entsprach die erste Stunde am Morgen unserer sechsten Stunde (6.00 Uhr), und die sechste Stunde entsprach unserer Mittagszeit (12.00 Uhr). Der Tag endete abends um 6.00 Uhr oder bei Sonnenuntergang. (Die Römer begannen die erste Tagesstunde um Mitternacht, was die unterschiedlichen Tageszeiten erklärt.) Die Länge des Tages hing stark von der Jahreszeit ab; der längste Tag des Jahres hatte mehr als vierzehn Stunden.

Zusätzlich zu den folgenden Feiertagen war jeder siebente Tag, der Sabbat, ein Feiertag.

Monat	Festtag
Tishri	*1.–5. Oktober* Rosh Hashanah Neujahrsfest *13. Oktober* Yom Kippur Großer Fastentag – Versöhnungsfest, großer wichtiger Tag *18.–23. Oktober* Succoth Laubhüttenfest *26. Oktober* Simchat Torah Tag des Gedenkens der Thoraübergabe an Mose
Cheshvan	
Kislev	*27. Dezember bis 4. Januar* Lichterfest – Gedenktag an die Reinigung des Tempels
Tevet	*11. Januar* Tzom 10th Tevet Fastentag zum Gedenken an die Belagerung Jerusalems
Shevat	*14. Februar* Tu Bishrat Neujahr der Bäume – Fest zur Erneuerung des Landes Israels (Pflanzen und Land)
Adar	*15. März* Purim Purimfesttag – Fest der

Monat	Festtag
	Bewährung gegen die Verächter (besondere Bedeutung III. Reich)
Nissan	*14.–21. April* Pessah Passafest – Fest der Befreiung mit Passaopfer
Iyar	*3. Mai* Yom Hazikoron Tag der Erinnerung an die Ermordung der europäischen Juden (III. Reich) *4. Mai* Yom Ha'atzmanath Gedenktag an die Neugründung des (vormessian.) Staates Israel
Sivan	
Tammuz	
Av	*27. Mai* Jerusalem Day Tag von Jerusalem *4. August* Tzom Tisha B'av Erinnerung an die Zerstörung beider Tempel
Elul	

Diese Übersicht bezieht sich auf das Jahr 5747 (Okt. 86 – Aug. 87), da sich die Daten jährlich oft sehr stark verschieben.

Kapitel 11

Die Bräuche jener Zeit

Den wahren Charakter eines Volkes und seiner Kultur kann man am besten einschätzen, wenn man seine Sitten und Gebräuche erforscht. In den biblischen Ländern empfand es zum Beispiel ein Gastgeber als seine heilige Pflicht, diejenigen zu beschützen, die er in seinem Haus zum gemeinsamen Mahl – und wenn es nur eine Brotkruste war – empfangen hatte, und er verteidigte sie, wenn nötig, mit seinem Leben.

Diese Art der Freundschaft und Gastfreundschaft war charakteristisch für das Pflichtgefühl der Menschen im Osten. Sie sagt viel aus über jene Zeit und, was noch wichtiger ist, über das, was in den Köpfen und Herzen der Menschen vorging.

In jeder Kultur und in jedem Zeitalter gibt es feste Verhaltensweisen, Sitten, die man für ein erfolgreiches Zusammenleben in Familie, Gesellschaft und religiösem Tun für angemessen hielt. Die Juden im Palästina des ersten Jahrhunderts bildeten da keine Ausnahme. Ihr Dasein war eingesponnen in ein großes Netzwerk von Bräuchen und Traditionen, die den Rahmen ihres religiösen Lebens festsetzten und jeden Aspekt ihres Alltagslebens bestimmten.

Zur Zeit Jesu befolgten die Juden viele Bräuche, die sich erheblich von denen in der heutigen westlichen Kultur unterschieden. Im Westen zum Beispiel setzt man sich zum Essen hin; in jener Zeit legte man sich jedoch zu Tisch. In unseren Häusern gibt es zur Straßenseite hin Fenster; aber in Palästina gab es sie nur zur Hofseite hin (eine Ausnahme bildeten hier nur die Einzimmerhäuser). Bei uns geht man hinaus oder macht einen Spaziergang, um frische Luft zu schnappen; die Leute von damals gingen dazu jedoch in den Hof oder stiegen auf das Dach.

Einer der bemerkenswertesten Züge der meisten Juden im Palästina des ersten Jahrhunderts war die Hartnäckigkeit, mit der sie an den Gewohnheiten der vorangegangenen Generationen festhielten. Die Bräuche und Sitten ihrer Vorfahren dienten als Richtschnur für den korrekten Lebensstil.

Nicht alle Sitten und Bräuche aus der Zeit Jesu können in dem begrenzten Rahmen dieses Buches dargestellt werden, aber schon einige wenige vermitteln einen Eindruck von jenen Gepflogenheiten in Palästina, mit denen Jesus und die ersten Christen sehr vertraut waren. Sie gebrauchten viele davon zur Verdeutlichung ihrer Geschichten.

Die Familie war der Eckstein des jüdischen Lebens in Palästina; das eigene Fleisch und Blut war ein überaus wichtiger Teil der Welt, in der man lebte. Durch die Familie wurden die meisten Bräuche weitergegeben, und wenn diese treu aufrechterhalten wurden, stellte die Familie eine starke soziale und religiöse Einheit dar.

Der Vater oder Älteste war der Schlüssel einer starken Einheit und besaß große Macht über die Familie. Wenn er starb, gingen der Familienname und die Verantwortung für den Zusammenhalt der Familie auf den ältesten Sohn, den Erstgeborenen, über. Wenn eine Familie das Glück hatte, viele Söhne zu haben, dann wuchs und blühte sie, da sich die jungen Familien der verheirateten Söhne der bestehenden ursprünglichen Familieneinheit anschlossen. Nur selten trennten sich die Söhne und gründeten einen eigenständigen Familienverband. Das erklärt die große Freude der Eltern bei der Geburt eines jeden Sohnes.

Die Einrichtung der Ehe spielte im Judentum ebenfalls eine wichtige Rolle. Die Ehe wurde durch strenge rechtliche und religiöse Bedingungen bestimmt, wie auch durch jahrhundertealte Bräuche. Das Familienoberhaupt suchte gewöhnlich die Frau für den Sohn und den Mann für die Tochter aus. In beiden Fällen schlossen die Familien ein Übereinkommen, das unter anderem auch die Mitgift der Braut festlegte. Dieser Vertrag besiegelte die Verlobung und wurde als endgültig betrachtet, da nun die rechtlichen Voraussetzungen erfüllt waren.

Nach der Zeremonie der Verlobung konnte sich

die Braut direkt in das Haus des Bräutigams begeben. In der Regel blieb sie jedoch während der einjährigen Verlobungszeit im Haus ihres Vaters. In dieser Zeit hatte sie meistens nur wenig oder gar keinen Kontakt mit ihrem Bräutigam. Rechtlich gesehen, konnten nur der Tod oder die Scheidung die Verlobten trennen. Die Ehe wurde vollzogen, wenn die Braut das Haus ihres Vaters verließ, um im Haus des Bräutigams zu leben.

Durch die Jahrhunderte hindurch übten die Juden freiwillige Gastfreundschaft gegenüber praktisch jedem, der dieser bedurfte. Das Ausüben der Gastfreundschaft wurde als eine höchst ehrenvolle Angelegenheit angesehen. Aufgrund der Besetzung Palästinas durch Ausländer ging die Gastfreundschaft zur Zeit Jesu gegenüber Auswärtigen, besonders Heiden, jedoch spürbar zurück.

Jede alte Kultur hatte ihre eigenen besonderen Bräuche und Artigkeiten, was den höflichen Umgang mit den Nachbarn anbetraf. Gemessen an unseren Vorstellungen erscheinen viele der Umgangsformen aus dem Palästina des ersten Jahrhunderts als übertrieben. So warf man sich zum Beispiel vor dem anderen auf den Boden, oder man redete ihn mit den Worten „mein Herr" an, wenn die tatsächlichen Gefühle mit einem freundlichen Nicken oder nur mit einem höflichen Wort ausgedrückt werden konnten.

Was die Beerdigung der Toten anbetrifft, so gab es viele unterschiedliche Zeremonien in den Ländern der Bibel. Ohne Ausnahme war es jedoch ein Zeichen großer Verachtung, wenn man dem Toten ein angemessenes Begräbnis verweigerte.

In Nachahmung der alten Perser beerdigten die Juden Palästinas ihre Toten gewöhnlich sehr bald nach dem Eintreten des Todes, wenn möglich noch am selben Tag. Sofort nach Eintreten des Todes wurde der Leichnam zum Begräbnis hergerichtet. Dann wurde er auf eine Bahre gelegt und in einem Grab beigesetzt. Die Trauernden folgten dem Trauerzug, wobei sie der Trübsal ihres Herzens durch Schreien und Weinen Ausdruck verliehen. Verstorbene Männer von Rang und Namen, die beim Volk sehr geschätzt und beliebt gewesen waren, wurden durch die Teilnahme zahlreicher Menschen geehrt. Es war üblich, daß die Familie und enge Freunde das Grab nach dem Begräbnis besuchten, um ihrem Kummer und ihrem Verlust Ausdruck zu verleihen. Das Wehklagen dauerte tagelang.

Zur Zeit Jesu waren zwei starke Kräfte wirksam: die griechisch-römische Kultur und der jüdische Traditionalismus. Aufgrund dieser Kräfte änderten sich viele der alten Sitten und Bräuche. Das erste Jahrhundert war infolgedessen eine Zeit der Gärung. Viele glaubten, daß die Gedanken und Ideale der griechisch-römischen Kultur die stärkste Kraft waren. Diese Kultur stellte eine alternative Lebensweise dar und zog diejenigen an, die nach neuen Wegen des Denkens und Lebensstils suchten. Die andere nicht weniger starke Kraft, war die fromme Bewegung der Schriftgelehrten und Pharisäer, die das Judentum, sein Gesetz, seine Bräuche und Traditionen, durch völlige Absonderung von der heidnischen Welt und ihren Einflüssen erhielten.

Wenn man alte Sitten und Bräuche, besonders die fremder Kulturen, studiert, muß man sich bewußt sein, daß mangelndes Verständnis einem leicht den Blick verstellen und selbst die ältesten und langlebigsten Sitten und Bräuche als töricht und oftmals absurd erscheinen lassen kann. Man sollte nach einem angemessenen Verständnis streben und bei der Beurteilung Zurückhaltung üben.

***Der Erstgeborene** erhielt große Zuneigung und besondere Aufmerksamkeit, denn es war üblich, daß der männliche Erstgeborene bestimmte Rechte und Privilegien erbte. Wie sein Vater erbte er die Autorität in der Familie über die jüngeren. Nach dem Tod des Vaters erhielt er einen doppelten Anteil vom Nachlaß und wurde außerdem der Älteste – das Familienoberhaupt.*

Gewöhnlich wählte der Vater eine Braut *für seinen Sohn. Die ganze Familie war natürlich an dieser Wahl interessiert, da die Braut damit zum engsten Familienkreis gehörte.*

Wenn vor einer Mahlzeit der Segen gesprochen wurde, *ob das nun auf Aramäisch (der Sprache zur Zeit Jesu), in altem Hebräisch oder sogar auf Griechisch geschah, waren die verwendeten Worte allgemein bekannt und wurden von allen benutzt: „Gesegnet bist du, Herr, unser Gott, König der Welt, der das Brot aus der Erde wachsen läßt.“*

Als oberster Herrscher *über seine Familie besaß der Älteste (gewöhnlich der Vater) unbestrittene Macht und Autorität sowie die Freiheit, im Rahmen des Gesetzes jede Maßnahme zu ergreifen, jede Strafe auszuteilen oder jede Belohnung zuzuerkennen, die er für richtig hielt.*

***Das Bestreuen mit Salz bei einem Neugeborenen** war ein jahrhundertealter Brauch. Der Körper wurde mit Salz und Olivenöl eingerieben, um die Haut zu straffen und zu stärken. Man glaubte, daß dies die Entwicklung zu einem starken, gesunden Kind sicherstelle.*

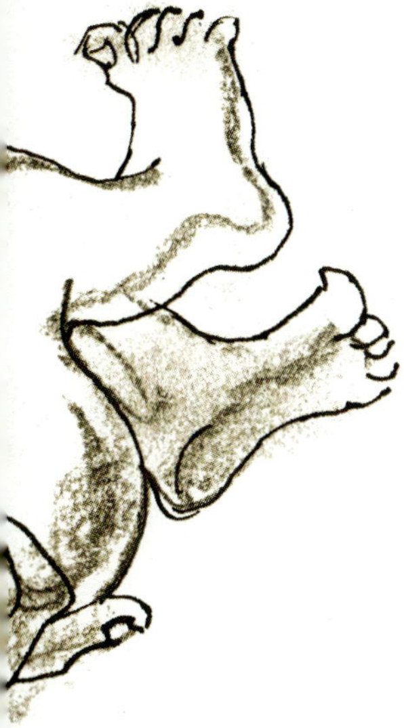

Die Namensgebung eines Kindes

In der jüdischen Tradition war der Name eines Menschen immer sehr wichtig. Er war nicht bloß ein Namensschild, sondern stellte einen wesentlichen Teil der Person dar. Im ersten Jahrhundert wurden oft die Namen geliebter Vorfahren oder biblischer Helden gewählt. Ein anderer Brauch, der die Erinnerung an die Vorfahren wachhielt, war folgender: Man fügte dem Namen des Sohnes den Namen seines Vaters hinzu – zum Beispiel Simon Bar-Jona, was „Simon, Sohn des Jona“ bedeutet.

Oft hatten die Juden einen zweiten Namen wie „Thomas, der Didymus genannt wird“ –Thomas war Aramäisch, die Sprache jener Zeit, und Didymus war Griechisch; beide Namen hatten jedoch dieselbe Bedeutung. Wenn Männer von Rang eine neue Aufgabe übernahmen, änderten sie zu Ehren dieser Tatsache oft die Namen derer, für die sie verantwortlich waren.

Der Name Jesus lautete auf Aramäisch Jeschua. Mit diesem Namen hat man ihn wohl angesprochen. Es war damals ein sehr gebräuchlicher Name. Der Name Jesus stammt von Iesus, dem griechischen Wort für Jeschua.

Jüdische Mädchen erhielten oftmals Namen von Dingen aus ihrer Umwelt, wie etwa von Blumen oder Tieren. Gelegentlich ging ihr Name auf eine Besonderheit in Zusammenhang mit ihrer Geburt zurück.

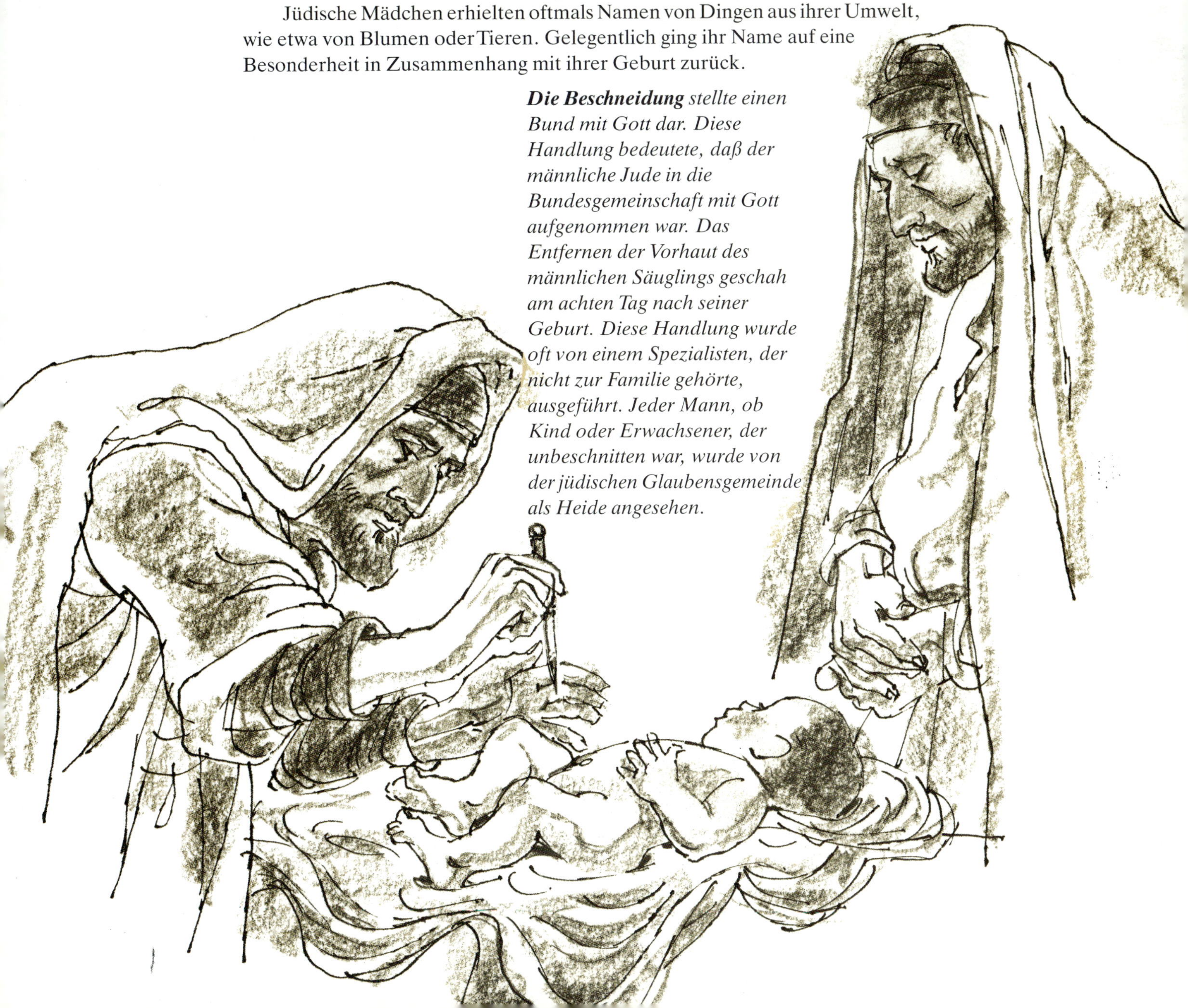

***Die Beschneidung** stellte einen Bund mit Gott dar. Diese Handlung bedeutete, daß der männliche Jude in die Bundesgemeinschaft mit Gott aufgenommen war. Das Entfernen der Vorhaut des männlichen Säuglings geschah am achten Tag nach seiner Geburt. Diese Handlung wurde oft von einem Spezialisten, der nicht zur Familie gehörte, ausgeführt. Jeder Mann, ob Kind oder Erwachsener, der unbeschnitten war, wurde von der jüdischen Glaubensgemeinde als Heide angesehen.*

Eine Hochzeitsprozession *zieht zum Haus des Bräutigams. Der Weg wird durch Öllampen erhellt. Kurz nach der Hochzeitszeremonie begleiten der Bräutigam und seine Freunde die Braut zu ihrem neuen Heim und zur Hochzeitsfeier. Bei dieser Prozession gesellen sich andere Jungfrauen zur Braut. Sie sind im gleichen Alter wie sie und tragen alle eine Öllampe und einen Ölvorrat mit sich. Die Freunde in der Prozession singen und tanzen, während sie durch die engen, dunklen Straßen ziehen. Es war die Pflicht des Bräutigams, mit Hilfe seiner Familie alle Vorbereitungen für die Feier, die wahrscheinlich die wichtigste in seinem Leben war, zu treffen.*

Zur Begrüßung einer Person *wurden oft übertriebene Gesten und Redewendungen benutzt, um dem anderen angemessenen Respekt zu zollen, oder man wollte auf diese Weise Artigkeiten mit einem Freund austauschen. Es war zur Zeit Jesu üblich, diejenigen, die man ehren wollte, mit dem Wort „Rabbi" anzusprechen.*

Wenn man Gäste empfing, *war das Waschen ihrer Füße die erste Handlung der Gastfreundschaft. Die Waschung war notwendig und praktisch, da die Füße schmutzig wurden, wenn man nur Sandalen trug. Die Fußbekleidung wurde immer abgenommen, bevor man über die Schwelle eines Hauses trat.*

Eine andere Art und Weise, einen Gast zu ehren, war das Anbieten des besten Bissens, den der Gastgeber im Hause hatte. Das eingetauchte Brot, das als Kelle für den Leckerbissen diente, wurde dem, der geehrt werden sollte, direkt in den Mund geschoben.

Wenn man einflußreiche oder hochgestellte Personen besuchte, *war es jahrhundertelang Sitte, ihnen Geschenke zu überreichen. Selbst bei einem Besuch bei Leuten von gleichem Rang oder mit demselben sozialen Status war das Überreichen von angemessenen Geschenken durchaus üblich.*

Das Schwenken von Palmzweigen *war Brauch bei Herbstfesten. Die Palme, ein bemerkenswerter Baum, wuchs fast überall in Palästina. Ihre Zweige benutzte man, um eine beim Volk allgemein beliebte Person zu ehren. Das geschah zum Beispiel, als die Volksmassen Jesus beim Einzug in Jerusalem sahen.*

Jemanden zu ohrfeigen *war Ausdruck höchster Verachtung. Es war die größte Beleidigung, die man einem anderen Menschen zufügen konnte.*

Ein Tag *dauerte von Sonnenuntergang bis Sonnenuntergang. Im jüdischen Palästina begann der neue Tag immer mit dem Untergehen der Sonne.*

Das Salben der Kranken *mit Öl war eine der vielen Mittel, die bei körperlichen Beschwerden angewendet wurden. Die lindernde Wirkung dieses natürlichen Heilmittels, das oft mit Kräutern oder Wein vermischt wurde, machte das Öl zu einem geschätzten medizinischen Präparat.*

Wenn man die Schrift laut vorlas, *war es üblich, die Worte im Singsang vorzutragen, wobei der (Ober-)Körper hin- und herbewegt wurde.*

Wenn man eine besondere fromme Verpflichtung auf sich genommen hatte *oder eine Zeitlang fastete, wurde dies dadurch kenntlich gemacht, daß man Asche aufs Haupt streute. Asche wurde auch gebraucht als Ausdruck tiefer Trauer beim Tod einer geliebten Person.*

Die ersten Früchte *von jeder Ernte gab man Gott als Ausdruck des Dankes für den in der Ernte empfangenen Segen. Nur die erlesensten Teile, die besten der ersten Früchte wurden geopfert. Diese Opfergaben wurden zum Unterhalt der Priester Gottes verwendet.*

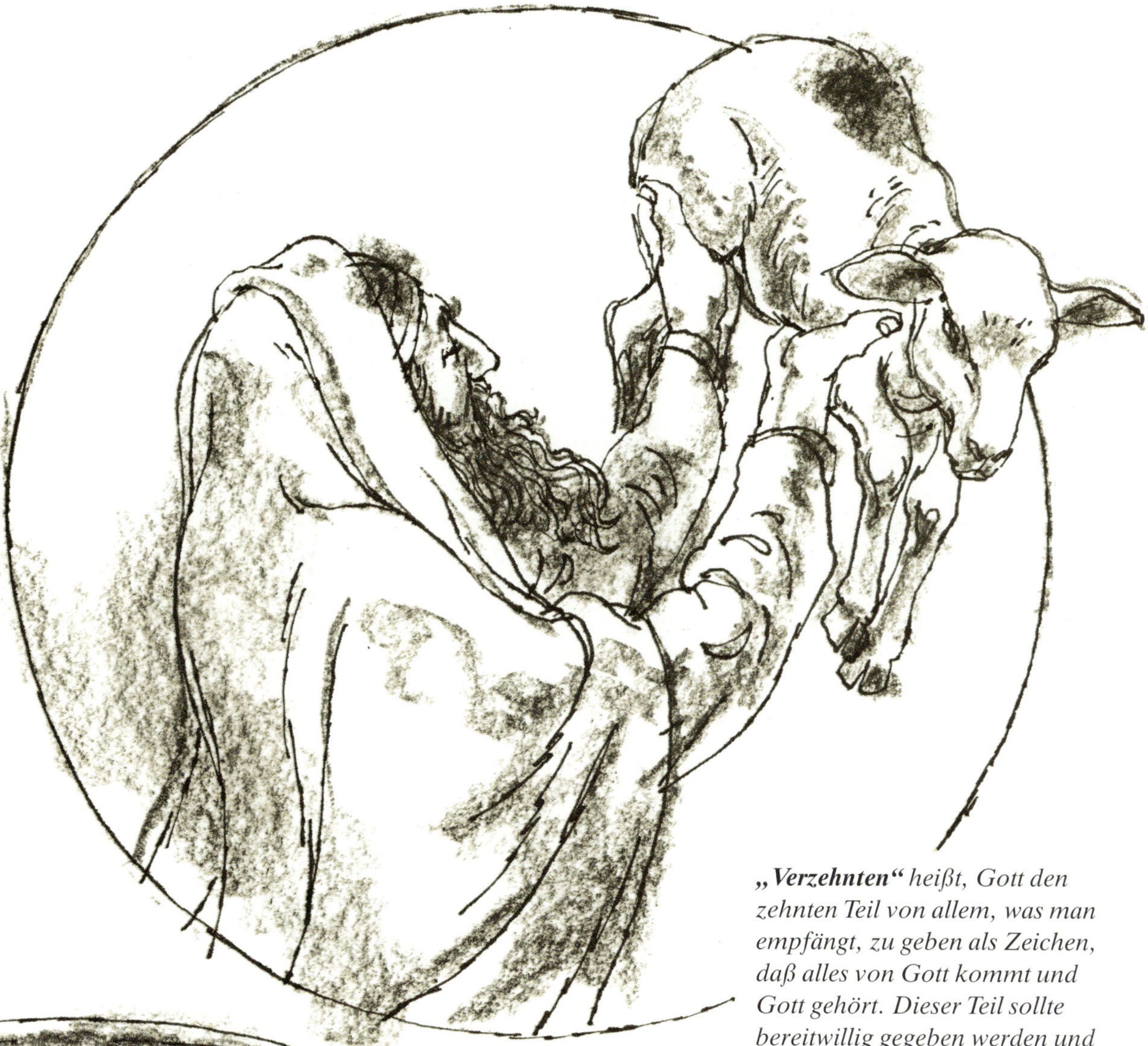

„Verzehnten" *heißt, Gott den zehnten Teil von allem, was man empfängt, zu geben als Zeichen, daß alles von Gott kommt und Gott gehört. Dieser Teil sollte bereitwillig gegeben werden und wurde zum Unterhalt des Hauses Gottes, des Tempels, verwendet.*

Der zehnte Teil von Obst und Korn wurde durch das Maß bestimmt. Tiere gingen unter einer Keule hindurch, die in Farbe getaucht worden war. Jedes zehnte Tier wurde durch ein Zeichen auf dem Rücken gekennzeichnet, dann gesammelt und Gott dargebracht.

***Ein Gelübde war ein Versprechen** an den allmächtigen Gott. Es wurde freiwillig gegeben und laut ausgesprochen. Gelübde wurden häufig abgelegt, um Heilung von Krankheit oder Befreiung aus Gefahr oder Unglück zu erlangen oder um Gottes Gnade und Gunst zu erwerben. Es war ein ernsthaftes Versprechen, Gott etwas zu weihen, zum Beispiel Geld, Besitz, eine Gabe oder sogar ein Kind, oder etwas im Dienst für Gott oder zu seiner Ehre zu tun. Ohne das Gelübde würde man später vielleicht keine Verpflichtung zur Erfüllung mehr verspüren.*

***Das Salben des Hauptes** eines Gastes war ein alter Brauch, der auch zur Zeit Jesu noch geübt wurde. Eine geringe Menge Olivenöl, vermischt mit Kräutern, wurde über den Kopf ausgegossen als Zeichen der Gastfreundschaft.*

***Der Brauch des Händewaschens** vor dem Essen war eine Zeremonie, die gewöhnlich von Gebet begleitet wurde. Nach Beendigung des Mahles wurden die Hände auf die gleiche Art gereinigt. Da man mit den Fingern aß, war dies eine notwendige Sitte.*

***Ein gemästetes Kalb oder Lamm** war ein Tier, das als Mahlzeit für eine anstehende Feier ausgewählt worden war oder zu Ehren eines besonderen Gastes reserviert wurde. Zum Sommeranfang wurde dieses Lamm oder Kalb im wahrsten Sinne des Wortes von den Frauen des Hauses jeden Tag mit Nahrung vollgestopft. Aufgrund dieser ständigen Fütterung erreichte das Tier ein enorm hohes Gewicht.*

***Auf den Schultern der Träger** wurde die Bahre zum Grab getragen, wo der Leichnam bestattet wurde. Nur Stunden vorher hatte ein Wehgeschrei der Allgemeinheit verkündet, daß ein Todesfall eingetreten war. Von diesem Moment an zeigten die Familie, die Freunde und die Nachbarn des Verschiedenen ihr Leid durch Weinen, Zerreißen ihrer Kleider, Schlagen an ihre Brust oder Tragen von Trauerkleidung aus Sackleinen. Weil die Beerdigung praktisch immer am gleichen Tag stattfand, konnten nur wenige Vorbereitungen getroffen werden. Dazu gehörte die Anmietung von Klageweibern zur Begleitung der Bahre auf dem Weg zum Grab.*

Das intensive Klagen dauerte drei bis sieben Tage. In dieser Zeit verliehen die Angehörigen ihrem Kummer oftmals am Grab selber Ausdruck. Die Trauer dauerte, wenn auch weniger intensiv, ein ganzes Jahr.

***Das Begräbnis** fand in Grabanlagen und Grabkammern statt oder in natürlichen Höhlen. Für diejenigen, die sich nicht einmal ein Höhlengrab leisten konnten, wurde ein einfaches Grab benutzt. Die Grabanlagen waren oft von Hand in die weichen Kalksteinhügel gehauen, die es in Palästina reichlich gab. Die meisten Grabstätten hatten mehr als eine Kammer, und der Vorhof diente den trauernden Verwandten als Halle. Wie der Querschnitt einer Grabanlage zeigt, gab es in dem anderen Raum beziehungsweise in den anderen Räumen kleine, erhöhte Nischen, die wie ausgestreckte Finger in die Wände gegraben waren. Dort wurden die Leichname bestattet. Die Tür zu einer solchen Grabkammer bildete ein beweglicher, großer, runder, etwa dreißig Zentimeter dicker Stein. Er wurde vor den Eingang gerollt und verschloß so das Grab.*

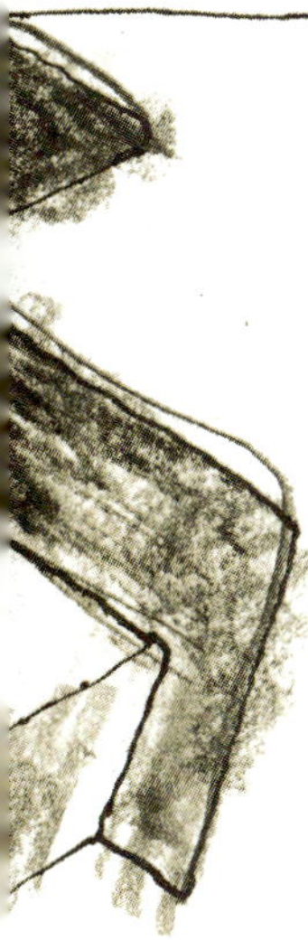

Wenn das Fleisch verwest war, wurden die im Grab verbliebenen Knochen in eine Kalksteinurne, ein Ossuarium, gelegt. Dadurch schuf man Platz für weitere Bestattungen.

Außerhalb von Jerusalem konnte man große monumentale Gräber und Grabstätten von Reichen sehen. Im Kidrontal lagen die Gräber von Zacharias (oben rechts) und Bene-Hezir (oben links), Gräber, die Jesus sicherlich gesehen hat.

Die Herrichtung des Toten

Sofort nach Eintreten des Todes richteten die Familie, Freunde oder Nachbarn den Leichnam her für die Beerdigung. Die Augen wurden geschlossen, der gesamte Körper wurde gewaschen und gesalbt, und die Hände und Füße wurden mit Leinenbinden umwickelt. Der Körper, der mit einem Lieblingsgewand bekleidet war, wurde dann in Tücher eingewickelt. Kräuter wie Myrrhe und Aloe legte man zur Parfümierung des Körpers in die Falten des Gewandes. Um den Kopf band man ein Tuch. Dann wurde der Leichnam in einem Obergemach aufgebahrt.

Kapitel 12

Kaufleute, Händler und Hausierer

Die in diesem Buch besprochene Periode war eine Zeit der wachsenden Kontakte zwischen Ost und West, Juden und Heiden. Zu dieser Zeit hatten die Juden seit der Hellenisierung der biblischen Länder durch Alexander den Großen inmitten einer vom Handel bestimmten griechischen Welt gelebt. Dann kamen die Römer und erweiterten diese Grundlage, indem sie zusätzlichen Handel mit Rom und seinen Provinzen einführten. Der gesamte Mittelmeerraum wurde ein einziger Marktplatz.

In diesen Jahren lebten Juden auch in den griechischen Küstenstädten. Wie Jahre zuvor von den Phöniziern lernten diese Juden von den griechischen Kaufleuten viel über die Kunst des Handels, besonders was den internationalen Handel anbetraf. Sie wurden bald zur ernsthaften Konkurrenz für ihre Lehrmeister. Der Handel in Palästina wurde wie überall von relativ wenigen beherrscht und war sehr lohnend.

Für den in Palästina lebenden Durchschnittsbürger bedeutete der Handel das Kaufen und Verkaufen auf dem örtlichen Markt, ohne viel darüber nachzudenken, wie die Ware dorthin gelangte. Neue Produkte, besonders auswärts hergestellte, wurden von strebsamen Kaufleuten auf dem Rücken von schwerbeladenen Eseln und Kamelen herbeigeschafft. Diese Kaufleute waren im Grunde Hausierer, die Hunderte von Dörfern und Städten besuchten. Sie brachten Palästina die große Außenwelt direkt „ins Haus", und die neuen, teuren und verlockenden Luxusgegenstände, die sie brachten, konkurrierten gewaltig mit den bereits im Land gehandelten Waren.

Mit zunehmender Entwicklung der Landwirtschaft begannen Bezirke wie Galiläa mehr zu produzieren, als für den eigenen Bedarf gebraucht wurde. Wenn dieser Bedarf gedeckt war, konnte der Überschuß exportiert werden. Mit der Erschließung ausländischer Märkte nahm das Einkommen zu.

Schon immer wurde Palästina kreuz und quer von bedeutenden Handelsstraßen durchzogen. Manche mit Steinen gepflasterten Wege stammten aus früherer Zeit. Auch wenn die Römer noch zusätzliche gepflasterte Straßen angelegt hatten, war es trotzdem nicht einfach, durch Palästina zu reisen. Das galt besonders für ländliche Gebiete, wo die Straßen oft nicht mehr als Fußwege waren. Holprige Lehmstraßen waren schon bei günstiger Witterung schwierig zu bereisen. Bei nassem Wetter war das jedoch praktisch unmöglich. Abgesehen von den gepflasterten römischen Straßen waren die meisten Straßen, besonders die Straßen im Bergland von Judäa, nicht für Wagen mit großen Rädern geeignet.

Die römischen Straßen wurden gebaut, um die Zeit zu überdauern, und das taten sie auch. Der Straßenbelag bestand aus behauenen Steinen, die in eine mehrschichtige und bis zu einem Meter tiefe Bettung eingesetzt waren. Einige dieser Straßen sind bis heute zu sehen. Die Wege oder „Heerstraßen", wie man sie nannte, wurden von Meilensteinen und an manchen Stellen von Bordschwellen und Abflußgräben markiert. Diese Wunder der Architektur waren gebaut worden, um die verschiedenen Teile des Reiches sowohl für den Handel wie für die Sicherheit miteinander zu verbinden.

Das Reisen durch Palästina konnte im ersten Jahrhundert sehr gefährlich sein. Ungeachtet der Bemühungen der Römer, die einzelnen Gebiete von Gesetzlosigkeit zu befreien, gab es in den Wüstenregionen zahlreiche Stätten, wo Räuber auf der Lauer lagen. Sie überfielen harmlose Pilger und Händler, deren Tiere schwer mit kostbaren Gütern beladen waren, und zogen sich dann in ihre Verstecke in den nahegelegenen Bergen und Höhlen zurück. Eine Reise war in jenen Tagen nicht nur gefährlich, sondern auch unbequem und wurde nur unternommen, wenn es unbedingt notwendig war. Auch reiste man niemals allein.

Seereisen waren begrenzt auf die Fahrten mit den Handelsschiffen entlang festgelegter Handelsrouten. Die entlang der Küste zwischen Alexandrien und Rom verkehrenden Segelschiffe mit Korn waren die Hauptmöglichkeit, über das Meer von und nach Palästina zu reisen. Die Seeleute konnten nur zwischen Mai und September gutes Segelwetter erwarten. So vermieden sie Fahrten zwischen November und März. Das Frühjahr und der Herbst waren ebenfalls gefährliche Zeiten für Seereisen, und zwar sowohl für die Menschen wie für die Waren.

Auch nachdem Münzen von festgesetztem Wert geprägt worden waren, konnte die Bezahlung noch durch gleichwertige Güter oder eine bestimmte Menge kostbaren Metalls erfolgen. Es war üblich, die Metallmünzen nachzuwiegen, um ihren tatsächlichen Wert festzustellen. Die Waage der Kaufleute garantierte Münzen, die nicht beschnitten oder abgefeilt worden waren. Die Prüfung der Echtheit der Währung war natürlich nicht förderlich für den Handel. So war dies eine der wichtigen Leistungen der Bankiers und Geldwechsler.

Zu den anderen Aufgaben der Bankiers gehörte das Wechseln der ausländischen Währungen und die Bereitstellung eines Sparsystems, wo man durch Einlagen Zinsen erzielen konnte. Im ersten Jahrhundert wurden für Einlagen durchschnittlich 8 % Zinsen gezahlt, und das „Konto" konnte jederzeit aufgelöst werden. Reich und arm vertrauten ihre Ersparnisse gleichermaßen dem einen oder anderen jüdischen Bankier an. Private und Geschäftsanleihen bildeten den Hauptanteil des Bankgeschäftes. Die heilige Schrift erlaubte es nicht, Zinsen von einem Mitjuden zu verlangen, aber die Zinsen, die die jüdischen Bankiers von den Nicht-Juden erhoben, waren hoch genug, um den Verlust auszugleichen. Es ist höchst unwahrscheinlich, daß diesem Gesetz immer Folge geleistet wurde. Die Bankiers bildeten Handelsgesellschaften, um sowohl in Palästina wie international große Handelstransaktionen zu finanzieren.

Die religiösen Gesetze der Juden legten den Gebrauch von Maßen und Gewichten bei den geschäftlichen Transaktionen genau fest. So durften nur anerkannte Gewichte benutzt werden, obwohl es Leute gab, die versuchten, diese durch selbstgemachte Maße und Gewichte zu ersetzen. Es gab Bestimmungen, die besagten, wie diese wichtigen Geräte in Ordnung und sauber gehalten wurden. Die einzigen erlaubten Gewichte, die verwendet werden durften, waren diejenigen, die mit dem Namen des Inspektors, der sie als genaue Gewichte anerkannt hatte, versehen waren. Diese Bestimmungen waren notwendig, denn Gewichte, Waagen und Maße waren die Grundlage der meisten gewerbsmäßigen Geschäfte jener Zeit.

Der Sklavenhandel war ein gutes Geschäft und wurde praktisch überall als selbstverständlich angesehen. Sklaven galten als Eigentum: Waren, die nach Wunsch gekauft und verkauft werden konnten. Nicht nur die Sklaven selber galten als Besitz. Alles, was den Sklaven gehörte, gehörte ebenfalls ihren Herren. Genaue Bestimmungen kontrollierten den Besitz von jüdischen Sklaven, besonders einer Jüdin. So verbot zum Beispiel das jüdische Gesetz einem Juden, einen anderen Juden als Sklaven zu kaufen. Das bedeutet jedoch nicht, daß es keine jüdischen Sklaven bei Juden gab.

Die Eigentümer jüdischer Sklaven wußten, daß ihre Sklaven nicht länger als sieben Jahre dienen brauchten, da alle Sklaven im Jubeljahr, dem siebten Jahr im Zyklus, freigelassen werden mußten. Das bedeutete, daß Sklaven, die im fünften Jahr eines Zyklus verkauft wurden, nicht so wertvoll waren wie Sklaven, aus dem ersten Jahr, die somit noch sechs Jahre dienen konnten.

Im Osten war Tyrus das Zentrum des heidnischen Sklavenhandels. Sowohl männliche wie weibliche Sklaven wurden auf diesem Markt angeboten. Man darf nicht vergessen, daß die Hälfte der ungefähr sechzig Millionen Menschen, die unter dem römischen Adler lebten, Sklaven waren. Dessen ungeachtet spielte die Sklaverei keine bedeutsame Rolle im Leben der Menschen in Palästina, besonders in ländlichen Gebieten nicht. Nur in den Städten fand man Sklaven, die dort meistens als Hausdiener arbeiteten.

Die Juden Palästinas lernten die Kunst des Handels schnell und sehr gut. Zur Zeit des ersten Jahrhunderts waren viele Juden erfolgreiche Händler und internationale Kaufleute geworden, die die Wechselwirkung zwischen Palästina und der Außenwelt für immer veränderten.

Das Feilschen *war für die Beteiligten immer ein vergnügliches und aufregendes Erlebnis, ob man nun seine stehende Ernte verkaufte, etwas Teures und Extravagantes kaufte oder einfach für den täglichen Bedarf einkaufte. Beide Parteien riefen aufgeregt durcheinander, wobei der Verkäufer immer das Doppelte dessen verlangte, was er erzielen wollte, und der Käufer nur die Hälfte von dem bot, was er zahlen wollte. Bald hatte man sich auf einen Preis geeinigt, und sowohl der Käufer wie der Verkäufer waren überzeugt, das bessere Geschäft gemacht zu haben.*

***Der Bankier** war mit der sicheren Verwahrung des Kapitals sowohl der Reichen wie der Armen betraut. Dafür erhielt er eine ansehnliche Zinssumme. Dieses Kapital verlieh er für geschäftliche Transaktionen zu einem beträchtlich höheren Zinssatz, als er selber seinen sparenden Kunden zahlte. Während das mosaische Gesetz verzinste Anleihen an andere Juden verbot, konnten die jüdischen Bankiers hohe Zinsen von den Heiden verlangen und taten dies auch. Alle Bankiers, die jüdischen wie die heidnischen, verlangten einen übermäßig hohen Zinssatz, der zwischen 20 und 30 % lag.*

***Ein Nomadenhändler** führt sein Kamel zu einem nahegelegenen örtlichen Markt. Seine Güter bestanden aus unterschiedlichen Gegenständen, die er irgendwo in der Wüste erstanden hatte. Er hoffte darauf, in den Dörfern am Rande der Wüste seine exotischen Waren verkaufen zu können.*

***Sowohl die theoretische wie die angewandte** Kunst und Wissenschaft des jüdischen Volkes entwickelte sich im Laufe der Jahrhunderte unter den Einflüssen der vielen hochentwickelten Kulturen, mit denen sie in Kontakt gekommen waren.*

Angewandte Technik war überall in Form von mechanischen Geräten, wie Flaschenzügen, Hebeln und Schlössern, zu finden. Das Gießen in Metall und Ton erreichte ein hohes Niveau. Medizin, Physik und Geometrie waren berühmt. Mathematik und Astronomie wurden für die Berechnung des Mondkalenders benutzt. Die landwirtschaftlichen und gartenbaulichen Erkenntnisse erweiterten sich.

Die jüdische Kunst war dadurch gekennzeichnet, daß sie die Darstellung von Männern, Frauen oder Tieren ausschloß, weil dies durch die Thora verboten war. Die Kunst bestand ausschließlich aus der Darstellung von Pflanzen und geometrischen Mustern. Oben werden Beispiele dieser Muster sowie ein Steinhalbkreis, eine Art von Sonnenuhr, gezeigt. Die Zeit wird dort angezeigt, wo der Schatten des Zeigers die eingezeichneten Linien kreuzt.

Papier, Feder und Tinte

Im Palästina des ersten Jahrhunderts schrieb man in Aramäisch, Griechisch und altem Hebräisch. Aramäisch war die Umgangssprache der Juden, wie das Griechisch die der Heiden war. Das alte Hebräisch wurde im Tempel und in der Synagoge gelesen und nur geschrieben, wenn man Kopien der alttestamentlichen Texte anfertigte. Nur wenige konnten das Alphabet ihrer Vorfahren lesen oder schreiben. (Hebräisch und Aramäisch werden von rechts nach links und von oben nach unten geschrieben und gelesen, während Griechisch von links nachs rechts geschrieben wird.)

Der Text wurde oft in engen, etwa 9,5 Zentimeter breiten Spalten auf besonders zubereitetes Leder, Papyrus oder Pergament geschrieben. Eine Rolle bestand aus zu einer Rolle zusammengenähten Bögen. Ihre Länge war unterschiedlich – manche waren bis zu zwölf Meter lang. Die eine Seite wurde abgerollt, während die andere Seite aufgerollt wurde, um mit einer so langen Rolle umgehen zu können.

Die Tinte war gewöhnlich schwarz und wurde aus Ruß mit einem Gummi- oder Ölbindemittel hergestellt. Es gab auch rote Tinte. Sie wurde aus Eisenoxid hergestellt, das in Riegel gepreßt und vor dem Gebrauch angefeuchtet wurde. Schwarze Tinte wurde in einem kleinen Gefäß aus Ton oder Bronze aufbewahrt. Die Schreibfeder aus Rohr war ähnlich beschnitten wie ein Federkiel.

Für kurzzeitige Bemerkungen oder Nachrichten wurden Wachstafeln verwendet, die oftmals mit einem herunterklappbaren Schutzdeckel versehen waren. Sie wurden niemals für dauerhafte Aufzeichnungen benutzt. Die Worte kratzte man mit einem scharfen, spitzen Griffel in das Wachs (das andere Ende war flach, um Fehler auszustreichen).

Keramikscherben oder Ostraka waren Stücke von zerbrochenem Töpferwerk, die sich zum Einritzen von Nachrichten und Quittungen eigneten und die man nach dem Gebrauch wegwarf.

Private Briefe konnten gefaltet oder gerollt und dann mit Wachs versiegelt werden, um den privaten Gebrauch sicherzustellen. Wollte man ein Papyrus- oder Pergamentdokument versiegeln, wurde es zuerst in einen schmalen Streifen und dann in Drittel gefaltet und schließlich mit einer Schnur und einem Wachssiegel versehen.

Rollen wurden aufgerollt in luftdichtverschlossenen Gestellen oder Keramikkrügen aufbewahrt.

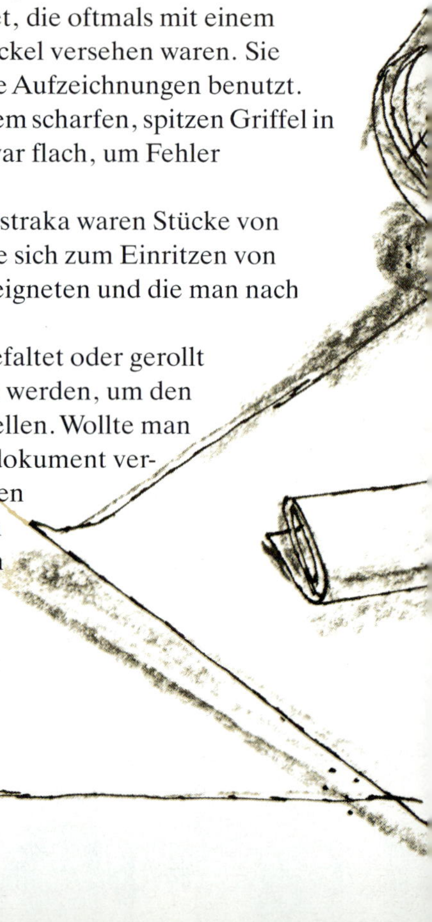

Die meisten Reisenden „auf der Straße" *waren Händler und Kaufleute, die von Dorf zu Dorf zogen. Ihre Esel waren schwer beladen mit verlockenden Waren. Sie planten ihre Route so, daß sie die größeren Städte rechtzeitig zu Festtagen und örtlichen Märkten erreichten.*

Bei einer langen Reise *wurde der Esel als Reittier benutzt. Kein Tier bewegte sich sicherer auf den steinigen und oftmals morastigen Straßen. Der Esel konnte eine beträchtliche Last tragen und bei jedem Gelände einen gleichmäßigen Schritt einhalten.*

Wenn die Nacht einen Reisenden *weit von einem Dorf oder Gasthaus entfernt überraschte, legte er sich gewöhnlich an den Straßenrand zum Schlafen. Er nahm einfach einen Stein als Kissen, wickelte sich zum Warmhalten in seinen Mantel und beklagte vermutlich sein schlechtes Schicksal.*

Wenn „die Straße" naß und schlüpfrig war, *zogen die meisten Reisenden ihre Sandalen aus, um besser laufen zu können. Außerdem schützte das ihre wertvollen Sandalen vor der Überbeanspruchung auf den primitiven Wegen.*

Fahrzeuge mit Rädern *waren in Palästina nicht unbekannt, aber sie konnten nur begrenzt eingesetzt werden. Das rauhe, hügelige Land erwies sich als ungeeignet für Wagen mit großen Rädern. So wurden sie hauptsächlich im flachen Küstenland gebraucht. Wesentlich mehr Verwendung fanden sie auf den gepflasterten römischen Straßen. Wagen wurden bei den riesigen Bauvorhaben des Herodes eingesetzt. Dieser König ließ etwa vierhundert Schwerlastwagen bauen, um die Materialien für den Tempelbau zu befördern.*

Der von Ochsen gezogene Karren mit dem gitterförmigen Aufsatz wurde für den gewerblichen Transport und wohl nur für kurze Fahrten verwendet. Der überdachte Wagen wurde von Pferden gezogen und von der Armee zum Transport des Gepäcks und der Vorräte eingesetzt. Außerdem beförderte er vermutlich Post und Reisende über die gepflasterten römischen Straßen. Der schmale Holzkarren wurde vielfältig gebraucht für den schnelleren Transport von lebenswichtigen Handelsgütern, wie Nahrungsmittel, und möglicherweise auch für die gelegentliche Beförderung von Passagieren.

Gasthöfe *waren selten und befanden sich in der Regel in oder nahe einem Dorf oder einer Stadt. Die an den wichtigen Straßen liegenden Gasthöfe waren gewöhnlich sehr primitiv. Es handelte sich dabei nur um einen von Mauern umgebenen Platz mit schmutzigen, unmöblierten Räumen entlang den Außenwänden. In der Mitte des Hofes befand sich ein Brunnen und ein Stall für die Tiere der Reisenden. Der Gasthof bot nur sehr geringen Schutz vor dem Wetter, wilden Tieren und Dieben. Die oft von Ausländern geführten Gasthöfe waren bestenfalls unangenehm.*

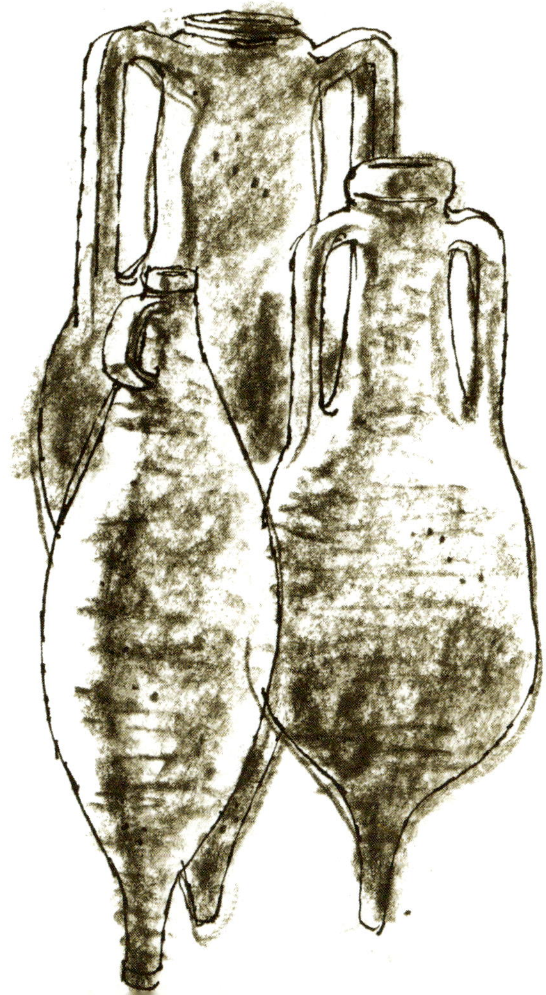

Die Tonamphore *war ein stabiler Behälter für leichtverderbliche Waren oder Flüssigkeiten. Kaufleute konnten auf einen Blick Menge und Inhalt dieser Gefäße erkennen, die nach Standardgrößen und -formen angefertigt waren. Obwohl sie groß genug waren, eine große Menge zu fassen (die gezeigte mittelgroße Amphore faßt ungefähr dreiundzwanzig Liter), waren sie klein genug, um von einer Person gehandhabt zu werden. Sie konnten an den Henkeln getragen oder auf ihrem spindelförmigen Ende gerollt werden. Dies langgezogene Ende war außerdem ein hilfreicher Griff beim Heben oder Gießen.*

***Das Kamel** war ein außergewöhnliches Lasttier, das Transportmittel jener Zeit zur Frachtbeförderung über lange Strecken. Trotz seines abschreckenden Äußeren und seines launischen Temperaments war das Kamel ein sensibles Tier. Es verlangte angemessene Aufmerksamkeit und Fürsorge, zumal sein Dienst bei Reisen über große Entfernungen absolut lebenswichtig war. Da es in der Lage ist, sowohl Nahrung wie Wasser zu speichern, kommt es tagelang ohne dieses aus. Das Kamel lebt vornehmlich von Gras, Büschen und wilden Blumen. Sein Kot wurde als Brennstoff und die Milch der weiblichen Kamele als Nahrungsmittel verwendet. Beides war wichtig für die Reise durch die Wüste.*

Pack- und Reitsättel wurden aus Leder hergestellt. Sie hatten eine Polsterung, die an einem Holzrahmen befestigt war. Der Sattelüberzug bestand aus Schafsfell mit zusätzlichen Kissen und Sattelknöpfen. Oft hingen an den Seiten Satteltaschen.

Die römischen Straßen *waren eine Lebensader zwischen den wichtigsten Handelszentren und den Städten im ganzen Reich. Sie wurden nicht nur zur Förderung des Handels gebaut, sondern auch, um die Truppenbewegungen und den Schnellkurierdienst zu erleichtern. So waren die Straßen ein wichtiges Element im Blick auf die Kommunikation und Sicherheit.*

Die Straßen unterstanden der Armee. Es gehörte nicht nur zu den Aufgaben der Soldaten, diese Straßen zu bauen, sondern auch, sie in gutem Zustand zu erhalten. Stein- und Erdrutsche, die auf die Straße fielen, mußten ständig beseitigt werden.

***Viele der großen alten Handelsrouten** führten durch Palästina, das an dem strategischen Punkt liegt, wo Europa, Asien und Afrika aufeinanderstoßen. Regelmäßig konnte man Kaufleute aus vielen Ländern mit schwerbeladenen Kamelkarawanen über diese historischen Straßen ziehen sehen.*

***Die einzige Brücke über den Jordan** wurde von den Römern gebaut und hieß „Brücke der Söhne Jakobs".*

***Die römischen Handelsschiffe** segelten mit Korn, Frachtgut und Passagieren über das Mittelmeer und verbanden Landkarawanen und Reisende mit dem großen Reich. Obwohl diese Schiffe wegen ihrer geringen Manövrierfähigkeit schwerfällig waren, erreichten sie doch eine leidliche Geschwindigkeit.*

Die meisten jüdischen Kaufleute besaßen keine Handelsschiffe, sondern mieteten griechische, phönizische und römische Schiffe, um ihre Waren zu versenden. Reisende zogen auf diesen Schiffen von Hafen zu Hafen. Die Schiffe boten Reisenden eine einigermaßen bequeme Mitreisegelegenheit über das gesamte Mittelmeer. Cäsarea und Joppe waren die Haupthäfen, von denen aus man im ersten Jahrhundert Palästina verlassen oder betreten konnte.

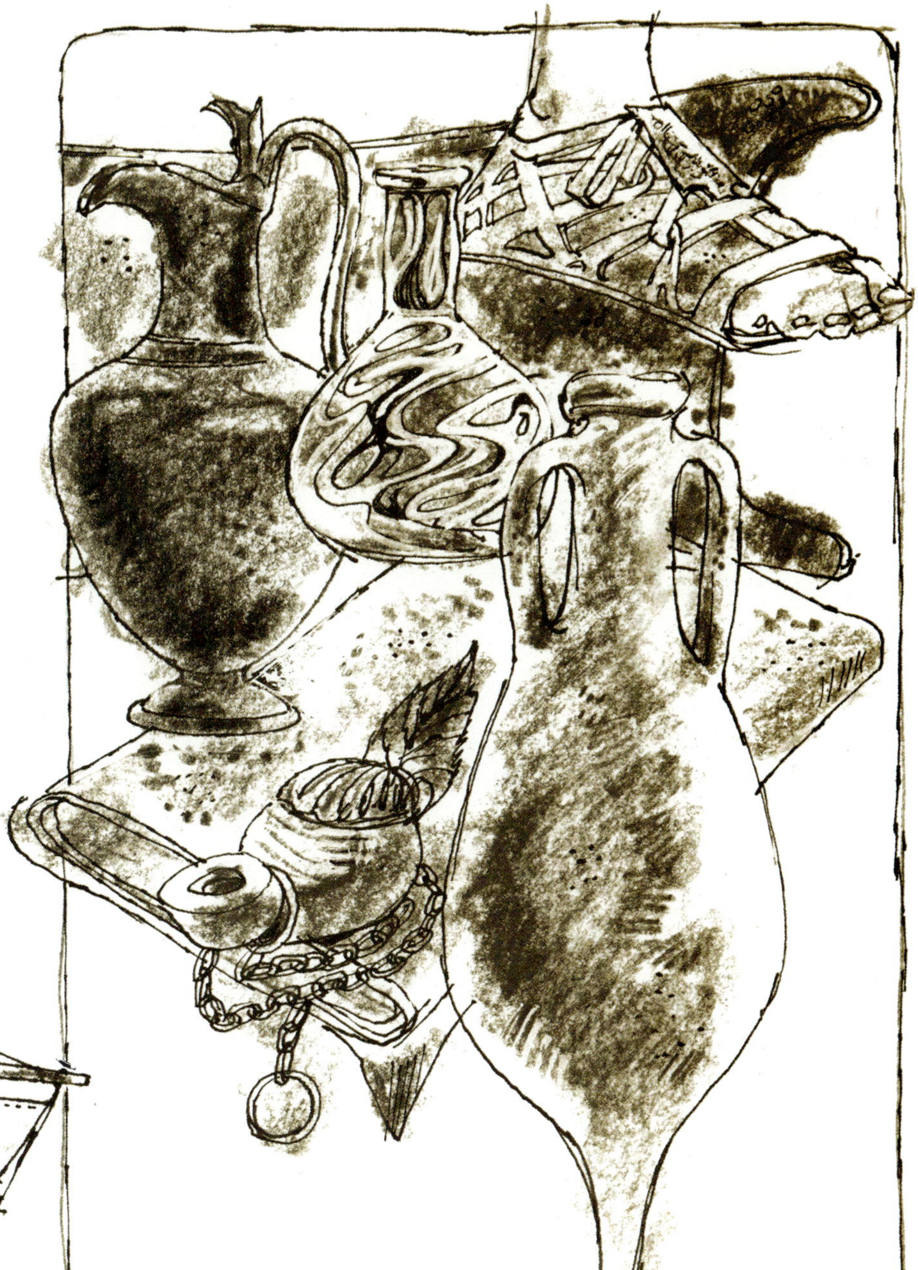

Exporte und Importe

Zwischen den Provinzen des Reiches wurden die Güter sowohl mit Karawanen wie mit Schiffen befördert. Die Exporte aus Palästina bestanden vorwiegend aus landwirtschaftlichen Erzeugnissen wie Wein, Weizen, Olivenöl, Balsam, Honig und Feigen.

Importe wie die oben dargestellten waren hauptsächlich Luxusgüter. Dasselbe galt für kostbare Metalle, die zur Herstellung von Schmuck und zur Prägung von Münzen verwendet wurden. Für die reichen Verbraucher wurden modische Sandalen, Stoffe, Glas und Metallampen oder griechische Vasen eingeführt.

Flüssige Waren wurden in Amphoren exportiert, die ihrerseits nach Palästina eingeführt worden waren.

Sklaverei *war im ersten Jahrhundert selbstverständlich. Die Anzahl der Sklaven in Palästina war nicht erheblich und spielte außerhalb der Stadtzentren keine große Rolle. In reichen Häusern arbeiteten die Sklaven meistens als Hausdiener.*

Es gab mindestens drei Wege, auf denen ein Jude Sklave werden konnte. Manchmal verkaufte sich jemand selber aufgrund seiner Schulden oder seiner extremen Armut. In anderen Fällen konnte jemand Sklave werden, weil er als Dieb überführt worden war und nun eine Entschädigung bezahlen mußte. Weniger üblich war, daß ein Vater seine junge Tochter einem anderen Juden als Hausmagd verkaufte. Der Hintergedanke dabei war, daß sie in die Familie einheiraten möge, wenn sie volljährig wurde. An ihrem zwölften Geburtstag kehrte sie in das Haus ihres Vaters zurück, wenn bis dahin keine Hochzeit stattgefunden hatte, denn kein Jude durfte eine erwachsene Jüdin besitzen.

Die Römer andererseits waren ihren Sklaven gegenüber oft grausam und verlangten gewöhnlich viel von ihnen. Selbst die römischen Damen waren berüchtigt wegen der unbarmherzigen Art, in der sie ihre Dienerinnen behandelten. Junge Negersklavinnen waren üblich. In den römischen Häusern im ganzen Reich waren sie sehr geschätzt.

Sklaven, die Anstoß erregten oder beim Stehlen erwischt wurden, wurden ausgepeitscht. Jüdische Besitzer behandelten ihre ausländischen Sklaven oft schlecht, während sie ihre jüdischen Sklaven häufig als Familienmitglieder betrachteten.

Das religiöse Gesetz der Juden *gab genaue Vorschriften für geschäftliche Transaktionen, einschließlich dem Gebrauch von Maßen und Gewichten. Die Waage mußte saubergehalten werden, und es durften nur geprüfte Gewichte gebraucht werden.*

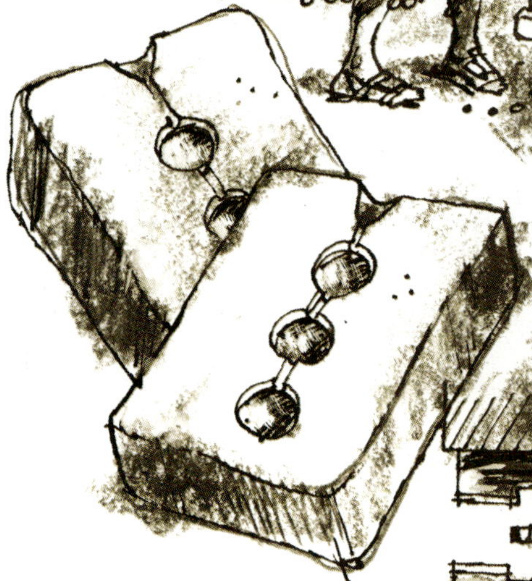

Die Münzen wurden in Palästina *auf die damals in der antiken Welt übliche Weise geprägt. Man goß geschmolzenes Metall in Gußformen, die keine Prägung hatten. Dieses neutrale Metall wurde dann aus den Formen genommen und zwischen Prägestempel mit dem gewünschten Bild gelegt, wobei je ein Prägestempel für je eine Seite bestimmt war. Ein Hammerschlag drückte die Bilder in das weiche Metall. Jede Münze wurde dann gewogen. Überschüssiges Metall wurde abgeschnitten oder abgefeilt. Dabei achtete man darauf, daß das Gewicht jeder Münze gleich war. Bevor die Münze in Umlauf kam, wurde sie noch poliert.*

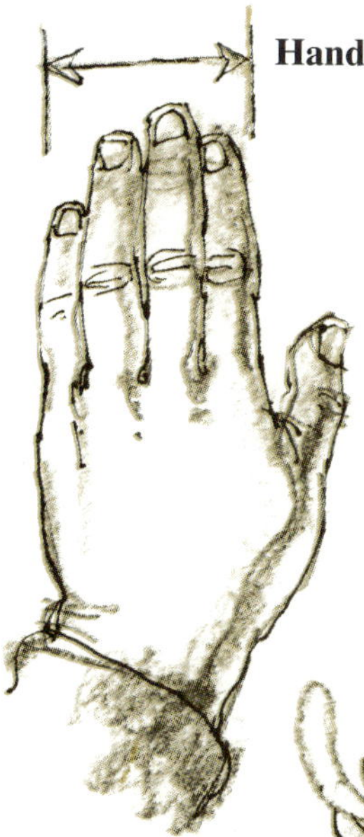

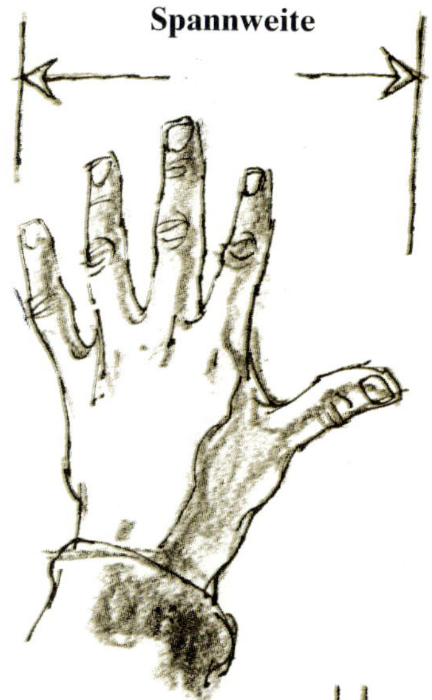

Maßeinheiten

Über dieses Maßsystem konnte man zu jeder Zeit verfügen. Es gab freilich Unterschiede, weil jeder Mensch unterschiedliche Körpermaße hat. Die kleinste Maßeinheit war der Finger. Die nächstgrößere war die Handbreite. Die Spannweite war leicht zu bestimmen. Nach manchen Gelehrten variiert die Länge einer Elle von 40,6 Zentimetern bis zu 66 Zentimetern. Die allgemein akzeptierte Länge betrug 43,7 Zentimeter. Dieses Maß wurde sowohl bei der Errichtung des herodianischen Tempels als auch im Handel gebraucht.

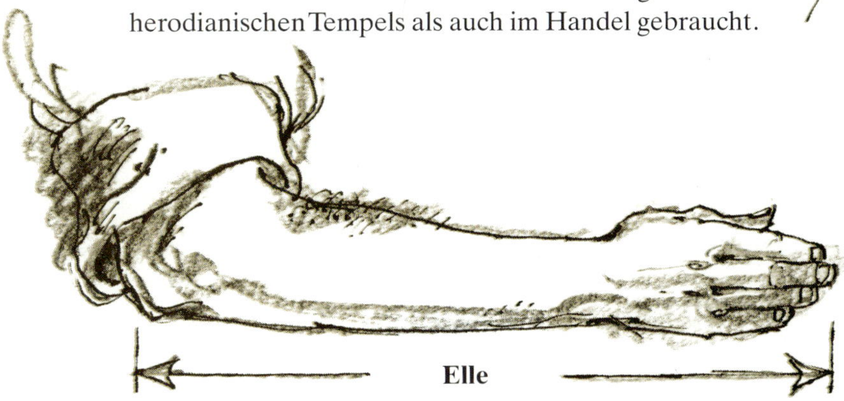

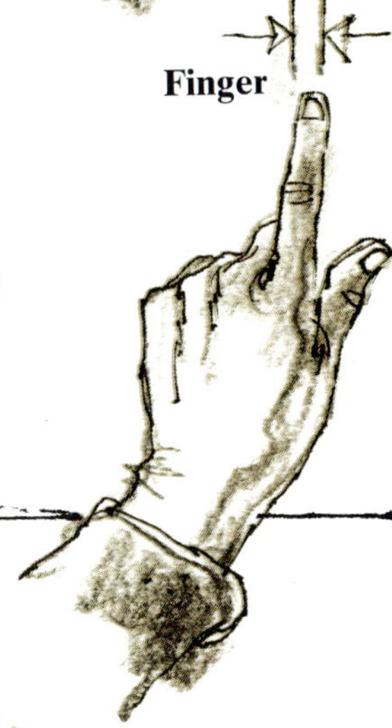

Kapitel 13

Die Besetzten und die Besetzer

Wenn man an die Welt Jesu denkt, muß man sich die grundlegende Tatsache vor Augen halten, daß Palästina ein besetztes Land war, ein winziger Teil eines riesigen Reiches, das von Asien um das gesamte Mittelmeer herum bis zum fernen Atlantischen Ozean im Westen reichte.

Die Besetzung durch Ausländer war nichts Neues in diesem Land. Im Laufe der Jahrhunderte waren die jüdischen Königreiche Israel und Judäa von einer Reihe mächtiger Völker erobert worden. Jedes von ihnen hatte versucht, seinen jüdischen Untertanen neue, fremdländische Vorstellungen aufzuzwingen. Rom bildete da keine Ausnahme. Wie abgelegen man auch lebte, man wurde doch tagtäglich mit der Anwesenheit Roms konfrontiert, da das Reich direkt oder in entfernten Gebieten durch treue Beamte regiert wurde.

Kurz vor dem ersten Jahrhundert wurde das römische Reich in Senatsprovinzen und kaiserliche Provinzen aufgeteilt. Dabei fielen die meisten in die Kategorie der Senatsprovinzen und unterstanden somit der Kontrolle des römischen Senats. Die wenigen Provinzen, die zu den kaiserlichen Provinzen zählten, waren die, die am schwierigsten zu regieren waren und daher eine starke militärische Präsenz erforderten. Diese Gebiete unterstanden der direkten Oberhoheit des Kaisers. Zu ihnen gehörte die Provinz Syrien, die wiederum für das kleine Palästina zuständig war.

Syrien wurde von einem römischen Beamten im Rang eines Senators regiert, dessen Unterstützung und Autorität direkt vom Kaiser stammte. Welchen Einfluß hatte die gewaltige Macht dieses Gouverneurs auf das Alltagsleben und das religiöse Leben der Juden in Palästina! Zuerst wollen wir feststellen, wann und wie Palästina unter den Schatten des römischen Adlers kam.

Der Adler überquerte im Jahre 63 v.Chr. mit Pompejus und seiner großen Armee das Mittelmeer und fegte über Palästina hinweg. Mit der Besetzung Jerusalems fand die jüdische Unabhängigkeit ein abruptes Ende. Palästina wurde bald der größeren Provinz Syrien angegliedert. Mit dem Segen Roms wurde Herodes als König der Juden eingesetzt. Er herrschte mit absoluter Gewalt über Juden und Heiden. Das einzige, was seine Unterdrückung und Grausamkeit bremste, war die Frage, wie Rom sein Vorgehen interpretieren würde. Nur vier kurze Jahre vor dem Beginn des ersten Jahrhunderts n.Chr. starb Herodes der Große.

Das Reich des Herodes wurde aufgeteilt unter seine drei Söhne Philippus, Archelaus und Herodes Antipas. Antipas war der bekannteste dieser Söhne und regierte als Tetrarch über Ober- und Untergaliläa sowie über ein weiteres, nicht damit verbundenes Gebiet im Osten, das als Peräa bekannt war. Es war dieser neue Herrscher, der Johannes den Täufer ins Gefängnis warf und später hinrichten ließ. Das war eine seiner niederträchtigsten Taten. Jesus ließ durchblicken, daß er um die Grausamkeit und Verschlagenheit von Herodes wußte, als er ihn einen Fuchs nannte.

Philippus regierte die Gebiete, die nordöstlich von Galiläa und somit eigentlich außerhalb Palästinas lagen. Im Gegensatz zu seinem Vater war er ein ehrbarer Mann und regierte seine vorwiegend griechische Bevölkerung mit Gerechtigkeit. Es war eine friedliche Regierung, die im Jahre 34 n.Chr. mit dem Tod von Philippus endete.

Archelaus schoß den Vogel ab: Judäa mit seiner großartigen Stadt Jerusalem, sowie Samarien mit der Hafenstadt Cäsarea, und im Süden Idumäa, die Heimat seines Vaters. Trotz der Aussicht auf mehr Macht, falls er erfolgreich war, regierte er schlecht. Seine tyrannische und blutige Regierung brachte ihm in Rom einen denkbar schlechten Ruf ein. Er wurde bald zur Verantwortung gezogen, abgesetzt und nach Gallien in die Verbannung geschickt. Die Region Judäa – so wurde sie in Rom genannt – wurde dem Kaiser direkt unterstellt und von einem

Prokurator verwaltet. Aufgrund dieser drastischen Veränderung der politischen Lage sah sich die Bevölkerung Judäas der direkten Herrschaft Roms gegenüber, die in nichts dem bisher Gewesenen gleich war.

Die Römer führten in Judäa ihre übliche Provinzpolitik der Unterwerfung durch Einschüchterung ein, eine Politik, die in keinem größeren Gegensatz zu der jüdischen Religion und Philosophie hätte stehen können. Herodes und seine Söhne hatten die Juden und das Judentum zumindest verstanden. Aber der neue römische Statthalter besaß kein solches Verständnis und vermochte Land und Leute nicht angemessen zu beurteilen. Aus diesem Grunde befand er sich bald in erheblichen Schwierigkeiten.

Die meisten Statthalter sahen die jüdische Religion und ihre Traditionen nur als Instrument zur Erreichung der Ziele Roms an. Dadurch entstand zwischen der jüdischen Bevölkerung einerseits und den regierenden Statthaltern andererseits bald ein gespanntes und überaus feindliches Verhältnis.

Obwohl die Römer ihre Macht mißbrauchten, konnten sie ihren Untertanen gegenüber manchmal sehr rücksichtsvoll sein. Im Falle der Juden erlaubten sie die freie Ausübung ihrer Religion. So wurde zum Beispiel weder die Anbetung des Kaisers verlangt noch das Ableisten des Militärdienstes gefordert. Auf diese Vergünstigungen reagierten die Juden mit einem täglichen Opfer im Tempel für den Kaiser und das römische Volk. Römische Münzen und die Standarten der Armee mit ihren Abbildungen von Göttern und vom Kaiser waren ein Problem, das jedoch mit Toleranz angegangen wurde. Auf römische Veranlassung war es den Truppen nicht erlaubt, Standarten mit Abbildern innerhalb die Mauern der heiligen Stadt Jerusalem zu bringen, und Münzen konnten bei einem Geldwechsler im Tempelhof leicht gegen „reine" Münzen eingetauscht werden. Ein weiteres Problem bestand darin, daß die Namen der Bürger in die römische Zensusliste eingetragen wurden, denn das Gezählt- und Registriertwerden hatte etwas Beleidigendes und Bedrohliches an sich.

Rom selber machte dieser kleinen Provinz noch andere bedeutsame Zugeständnisse. Erstens erlaubte die Regierung, daß Jerusalem die Hauptstadt der Juden und sein Tempel ihr religiöses Zentrum blieb. Der Tempeldienst durfte wie bisher durchgeführt werden mit seinem täglichen Gottesdienst und der Beachtung der Feste. Das Gesetz durfte wie bisher in allen Synagogen Palästinas gelehrt werden.

Auch wurde die jüdische Führerschaft anerkannt. Sie erhielt innerhalb bestimmter Grenzen die Vollmacht zur Anwendung ihrer eigenen Gesetze. Die Verwaltung dieses zivilen und religiösen Gesetzes lag in der Hand des obersten jüdischen Gerichts – des Sanhedrin. Dieser war eine aristokratische Einrichtung, die von der Tempelpriesterschaft beherrscht wurde. Der Sanhedrin war eine mächtige Kraft im jüdischen Leben des ersten Jahrhunderts.

An den menschenfreundlichen jüdischen Gerichten bestand immer die Hoffnung, daß, wenn ein Fehler in der Beurteilung auftrat, dieser zugunsten des Angeklagten ausgelegt wurde. Wenn jemand jedoch verurteilt wurde, so wurde die Strafe unmittelbar nach dem Prozeß und in Gegenwart des Richters und der Zeugen an dem Angeklagten vollstreckt. Die Kreuzigung war keine Strafe des jüdischen Gerichtes, sondern eine alte Form der Hinrichtung, die von den Römern praktiziert wurde. Für ein scheußliches Verbrechen war die Kreuzigung eine wirksame Strafe, besonders wenn ein schmerzhafter, schleppender Tod beabsichtigt war. In den biblischen Ländern wurde diese Hinrichtungsart in erschreckendem Maße zur Normalität.

Die Hinrichtung am Kreuz begann sofort, nachdem der Schuldspruch und das Urteil verkündet worden waren. Der Prozession zu den Außenbezirken der Stadt ging gewöhnlich die Auspeitschung voran. Für die Prozession wurde ein Weg gewählt, der möglichst viel Aufmerksamkeit erregte, denn die Volksmenge lief oft hinterher, um der Hinrichtung beizuwohnen. Ein weißes Holzbrett, auf dem die Art des Verbrechens geschrieben stand, wurde vor der Prozession hergetragen und später über dem Kopf des Opfers befestigt. Befand man sich dann an dem Hinrichtungsort außerhalb der Stadtmauern, begannen die Soldaten die grausame Prozedur, indem sie das Opfer an das Kreuz nagelten, an dem es aufgehängt werden sollte. Der Todeskampf war bis zuletzt eine einzige, sich hinziehende Qual. Die Abteilung Soldaten hielt Wache, bis der Leichnam abgenommen und zur Bestattung weggeschafft worden war.

Rom hatte eine stehende Armee aus Berufssoldaten. Ihre Offiziere und Soldaten standen zwei Hauptaufgaben gegenüber: der Erhaltung des Friedens und dem Schutz des Reiches auf jede erforderliche Weise.

Den militärischen Apparat im Osten kann man in drei Hauptgruppen aufteilen. Die erste war die Legion selber, eine gut ausgebildete und gut ausgestattete Kriegsmaschinerie, die hauptsächlich zur Bewachung der parthischen Grenzen in Syrien stationiert war. Die zweite waren die Einheiten, die die Legion unterstützten – die Hilfstruppen. Diese Truppen bestanden aus Bogenschützen, Schleuderwerfern und Kavalleristen, die an Ort und Stelle in den östlichen Provinzen rekrutiert worden waren. Die dritte war eine besondere Gruppe von 3000 Soldaten, die als Garnison in Judäa stationiert waren. Die Garnison sorgte für die Aufrechterhaltung der Ordnung, focht kleinere Scharmützel aus und arbeitete im Alltag vor allem als Polizei. Diese leichtbewaffneten Söldnertruppen, die von Herodes übernommen worden waren und von regulären Legionsoffizieren befehligt wurden, genossen in jeder Hinsicht weniger Ansehen als die Legion oder ihre Hilfstruppen.

Im allgemeinen bestand eine Legion aus Freiwilligen aus den westlichen Provinzen. Die Mehrheit dieser Männer waren einfache Bauern, die wenig Ähnlichkeit hatten mit der stattlichen Prätorianergarde, die in Rom stationiert war. Die Legionäre waren meistens Bauernsöhne, die sich besonders eigneten für die langen Tage harter Arbeit, die Zwangsmärsche und die blutigen Schlachten, die das Reich von seinen heimwehkranken, an den Grenzen des Reiches stationierten Söhnen verlangte. Diese gut geschulte Streitmacht behielt die Flexibilität, die notwendig war, um entweder als selbständiger Verband oder zusammen mit anderen Legionen zu operieren.

Die Armeen des Reiches eroberten viele Länder, und in jedem eroberten Land führten sie das römische Staatswesen in Miniaturform ein. Dies galt auch für Syrien und Palästina, wo die Arbeiten der Soldaten – Bauleute überall sichtbar waren. Es gab zahlreiche breite, gepflasterte Heerstraßen, öffentliche Bäder und Theater, besonders in den hellenisierten Städten und Städtchen. Die Randgebiete des Reiches zogen ebenfalls ihren Nutzen aus der römischen Präsenz, denn die Römer erschlossen neue Märkte, kauften Rohstoffe auf und förderten ihre griechisch-römische Kultur.

Die Militärpräsenz diente außerdem der ständigen Erinnerung an die Macht Roms, da die Truppen das ausgearbeitete Verteidigungssystem zum Schutz der kulturellen, militärischen und politischen Errungenschaften aufrechterhielten. Zu diesem System gehörte eine Kette von Festungen und Bollwerken an den strategischen Stellen, die hauptsächlich von örtlichen Garnisonen gehalten wurden.

Der Import der hellenistischen Kultur nach Palästina hatte einen starken Einfluß auf das Volk und entwickelte sich bald zu einem anerkannten Lebensstil. Reiche Juden wurden von dem Handel und dem Materialismus dieses neuen Lebensstiles angezogen. Griechisch war bald die offizielle Handels- und Geschäftssprache. Durch die Annahme der neuen Sprache und ihrer kulturellen Werte erlangte man Vorteile. Selbst die weniger Reichen, die in der Nähe von hellenistischen Städten und Städtchen lebten, empfanden es entweder aus

Bequemlichkeit oder zum Überleben als notwendig, sich die griechische Sprache und die griechische Lebensart anzueignen. Die Wechselwirkung mit dem Heidnischen war so stark, daß innerhalb weniger Jahre kaum noch ein Mensch die aramäische Sprache gebrauchte.

Die jüdischen religiösen Führer waren über diese Entwicklung sehr besorgt. Wie konnten sie sich angemessen gegen die Verunreinigung durch die Heiden und deren Lebensstil wehren? Viele Juden wendeten sich der neuen Kultur mit ihren attraktiven Häusern, Gütern und ihrer Kleidung zu. Herodes und seine Söhne förderten die Kultur der Römer tatkräftig, und viele andere akzeptierten ihren angenehmen Lebensstil, obwohl dieser eigentlich überhaupt nicht mit der jüdischen Kultur und Religion zu vereinen war.

Zugleich gab es jedoch bei den meisten Juden in Jerusalem und ganz Palästina einen erheblichen Widerstand gegen diesen direkten Einfluß. Das Unglück dieser Widerstrebenden bestand darin, daß sie die Wirkung der griechisch-römischen Kultur auf ihr Leben ignorierten und die enorme Macht des römischen Reiches unterschätzten.

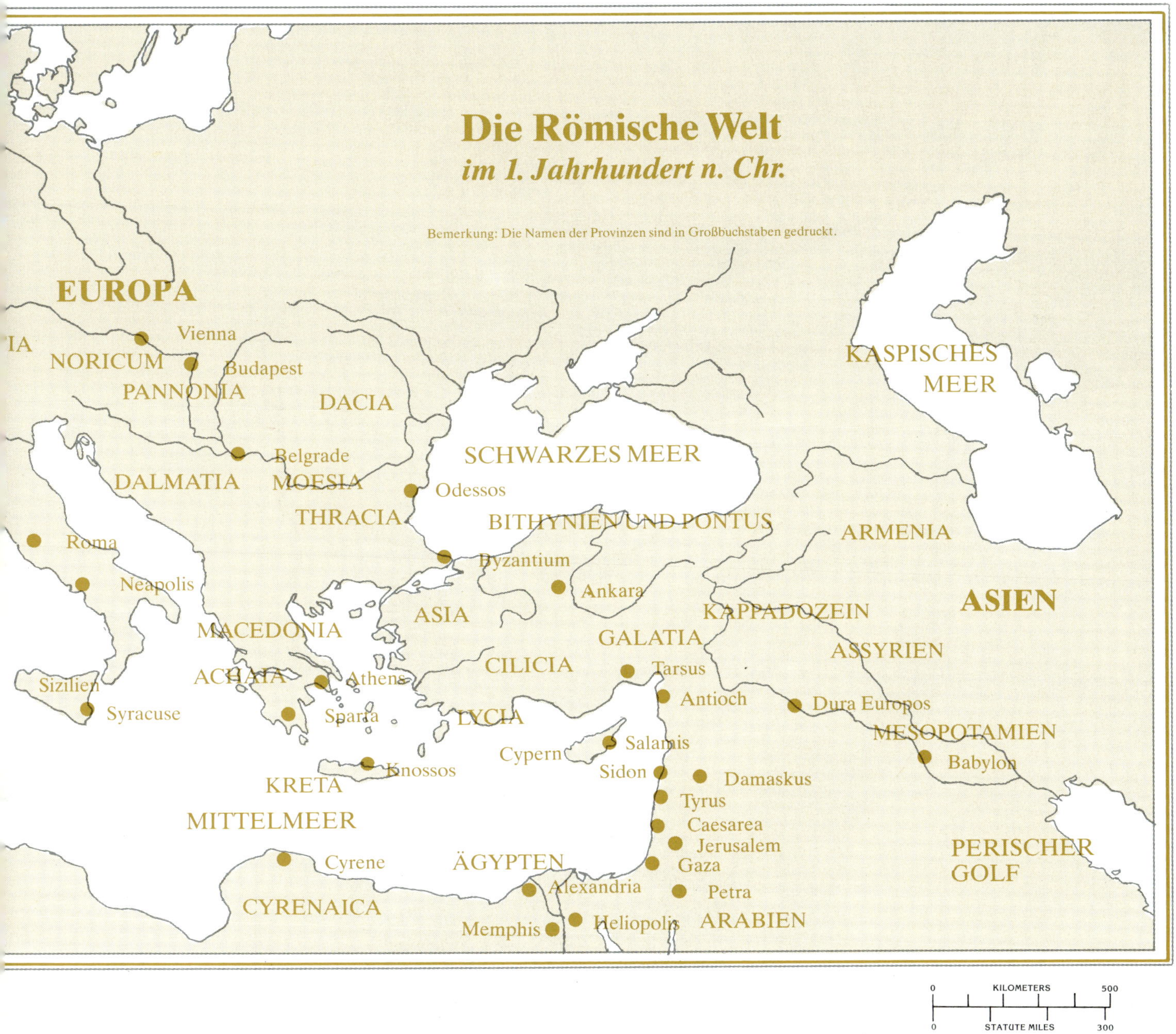

***Der Prokurator** war der römische Statthalter von Judäa. Der erste Statthalter wurde im Jahre 6 n. Chr. ernannt, nachdem die Gebiete des Archelaus, Herodes' Sohn, der direkten Kontrolle Roms unterstellt worden waren. Der Statthalter verfügte im Blick auf die inneren Angelegenheiten Judäas über jegliche Macht. Sein Interesse galt vornehmlich dem Rechts- und Finanzwesen: Er hielt den Frieden aufrecht und sammelte die Steuern ein. Der bekannteste Prokurator war Pontius Pilatus (26-36 n. Chr.), der die Juden bei vielen Gelegenheiten vor den Kopf stieß und auch die Hinrichtung Jesu sanktionierte. Er wurde schließlich einige Jahre nach diesem Ereignis abgesetzt. Man beschuldigte ihn, „unzählige und unerträgliche Verbrechen" begangen zu haben.*

***Die geistliche Autorität** legte Rom in die Hände eines Rates von Hohenpriestern. Seit Herodes dem Großen bis zur Zerstörung Jerusalems übten achtundzwanzig verschiedene Hohepriester die absolute geistliche Macht über das jüdische Volk aus.*

***Die Religion und Nationalität** der Juden in Palästina wurden von Rom anerkannt. Obwohl die Provinz besetzt war, war es die übliche Politik Roms, ihren Untertanen zu erlauben, sich selber zu verwalten, wenn auch oft durch von Rom kontrollierte Beamte.*

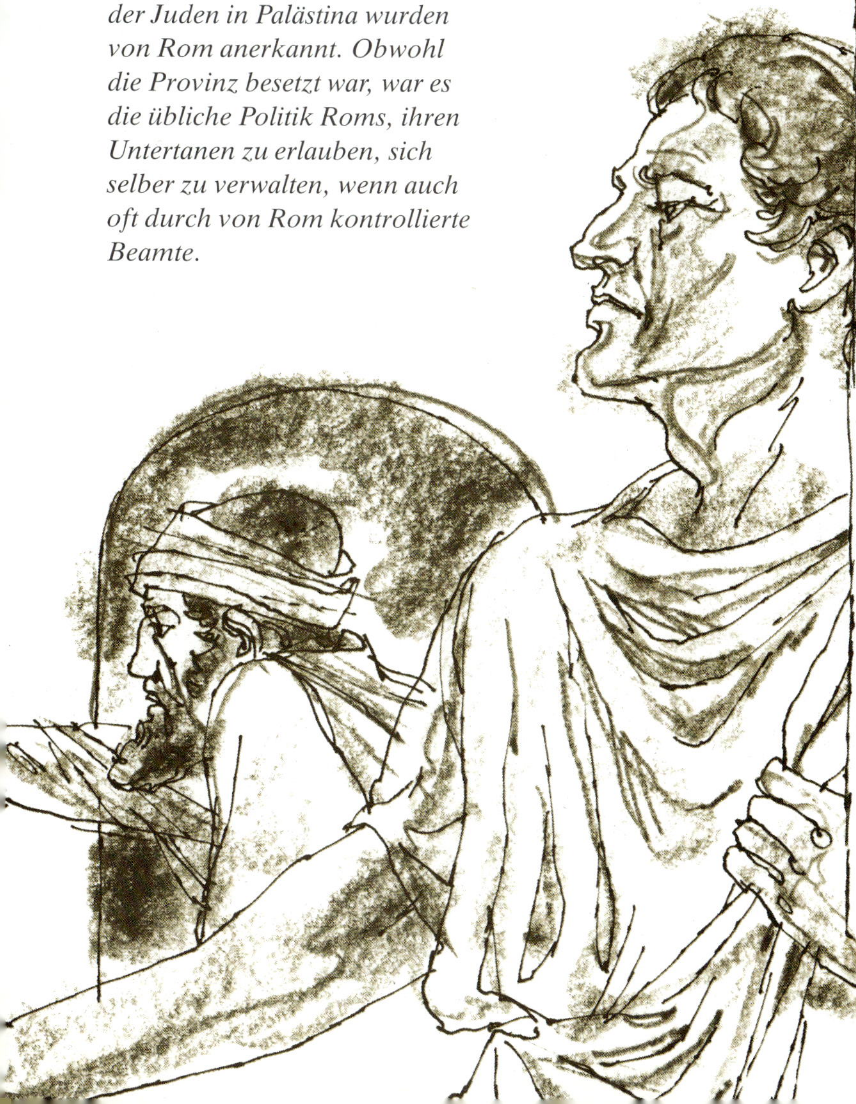

Der Sanhedrin und die jüdische Rechtssprechung

Die Handhabung der zivilen und religiösen Gesetze in Palästina lag in den Händen von jüdischen Gerichten, die ihre Entscheidungen gemäß dem jüdischen Gesetz trafen. Obwohl der Sanhedrin von den Römern nur mit beschränkter Macht ausgestattet worden war, besaß er das Recht, anzuklagen, zu überführen und die Urteile auszuführen, mit einer Ausnahme – die Todesstrafe bedurfte der Bestätigung durch den römischen Statthalter.

Der Sanhedrin war ein Ratskollegium von siebzig Ältesten. Der Hohepriester hatte den Vorsitz über diese priesterlichen Aristokraten und leitete die Verhandlungen. Der Rat sprach Recht mit bemerkenswerter Unparteilichkeit und Güte.

Jede Stadt verfügte unabhängig von ihrer Größe über ein Tribunal, das sich mit den örtlichen Angelegenheiten von Gesetz und Religion befaßte.

Da Judäa kaiserliche Provinz war, kamen die Steuern *von dort in den Schatz des Kaisers, was bedeutete, daß die Steuern direkt an den Kaiser gezahlt wurden.*

Die Steuern wurden immer von römischen Beamten erhoben, die von der römischen Macht gestützt wurden. Zölle oder indirekte Steuern wurden Zöllnern übergeben, die für einen festgelegten Betrag Bezirke von den Römern mieteten. Da der Steuereintreiber große Freiheit besaß, was die Auslegung der Steuersätze anbetraf, konnte er seine Stellung zu seinem Vorteil nutzen und Aufschläge verlangen. Alles, was er über die vorgeschriebene Rate hinaus einnahm, war sein Gewinn. Durch diese Ausbeutung wurden die Zöllner zu einer von der Bevölkerung gehaßten Klasse. Andererseits gab es bei der Bevölkerung viele Menschen, die sehr einfallsreich beim Betrügen der Zöllner waren.

Die römische Besteuerung bestand aus einer Landsteuer und einer Kopfsteuer für jeden Sohn über vierzehn Jahren und für jedes Mädchen über zwanzig Jahren. Nur die Alten wurden ausgenommen. Weitere Steuern oder Zölle gab es auf Importe und Exporte. Örtliche Zölle, Abgaben und Marktgebühren kamen zu der Steuerlast hinzu.

***Der Schleuderer** gehörte zu einer Hilfstruppeneinheit, die einer regulären Armeelegion angeschlossen war. Ein ausgebildeter Schleuderer konnte mit seiner Lederschleuder sein Stein-, Ton- oder Bleigeschoß mehr als einhundert Meter weit schleudern.*

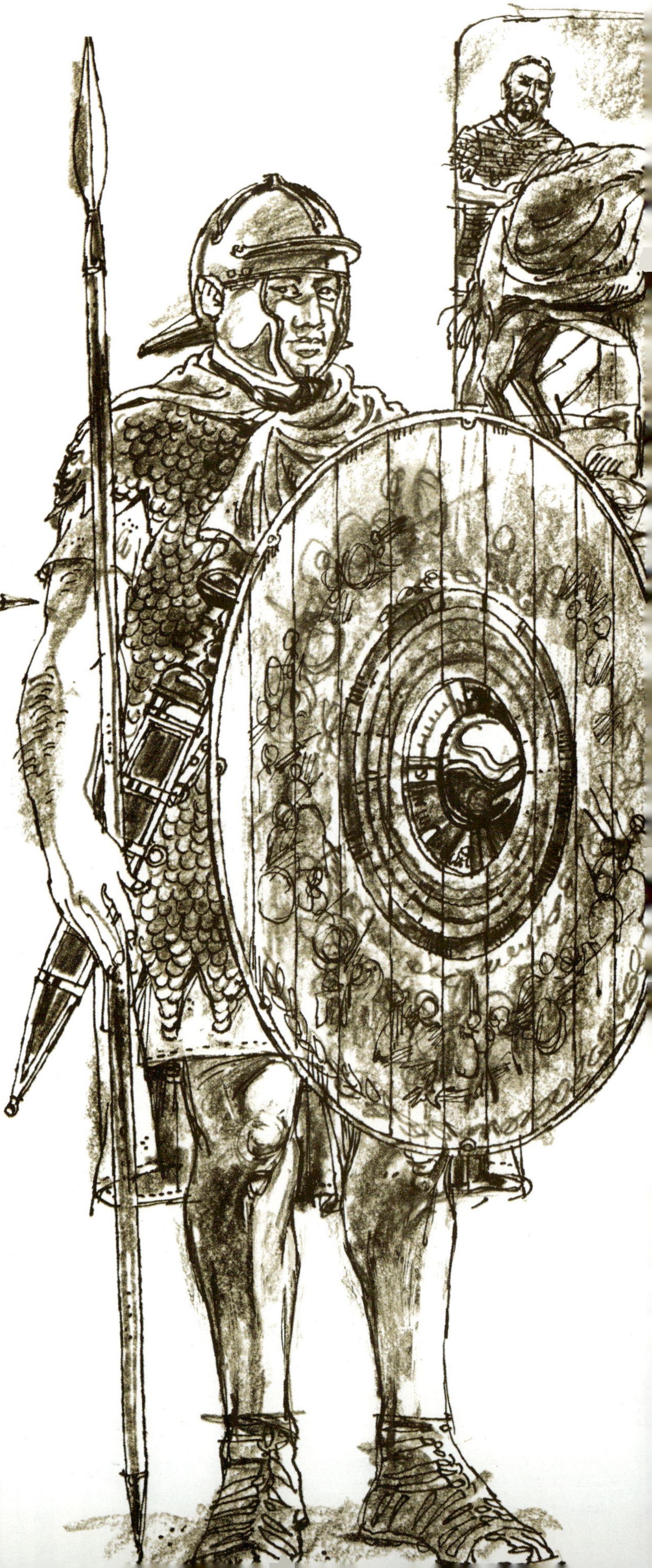

***Der Bogenschütze** der Hilfstruppe benutzte seine Pfeile für einen Fernangriff. Sein kurzes Schwert war für den Nahkampf bestimmt. Er trug viele Pfeile, von denen manche brennbar waren und zum Entzünden von Feuer über große Entfernungen dienten. Sein Bogen bestand aus Holz und hatte Spitzen aus Knochen oder Horn. Die Sehne bestand aus einer Tiersehne.*

Die Hilfstruppe und ihr Gerät

Die Ausstattung der Hilfstruppe einer Legion unterschied sich in zweierlei Hinsicht von der der Legionäre. Zunächst waren die Waffen und das Schutzgerät der Hilfstruppe leichter. Zweitens war die Ausstattung der Hilfstruppe minderwertiger als die der regulären Armee. Jeweils eine Gruppe von acht Hilfstruppensoldaten erhielt eine Lagerausstattung, wozu ein Zelt, Kochgerät, sowie ein Esel für den Transport gehörten.

Die Garnison, *aus Infanterie und Kavallerie in Judäa war aus den alten Truppen von Herodes dem Großen gebildet worden und diente dem Prokurator in Friedenszeiten als Polizei- und Wachtruppe. Diese Truppen unterstanden dem direkten Befehl des Prokurators und umfaßten ungefähr dreitausend Mann. Die meisten davon waren in Cäsarea stationiert, mit Ausnahme einer Kohorte in Jerusalem und kleinen Abteilungen in Festungen über ganz Judäa.*

Die Hauptmacht bestand aus einheimischen Söldnern aus Cäsarea und Sebaste. Die „Sebastiner“, wie sie genannt wurden, waren aufgeteilt in fünf Infanteriekohorten von je fünfhundert Mann. Sie wurden von Zenturionen regulärer Legionen befehligt.

Die Kavallerie aus fünfhundert Soldaten und Pferden wurde gebraucht, um Aufstände niederzuschlagen, Verfolgungen aufzunehmen oder Überraschungsangriffe auszuführen. Die Schnelligkeit und Behendigkeit der Pferde erlaubte eine schnelle Reaktion auf jede gegebene Situation, oftmals bevor der Feind reagieren konnte.

Der Legionär *war im Prinzip der Fußsoldat der römischen Armee. Er war der am besten ausgebildete und disziplinierteste Soldat der Welt. Er war gut ausgestattet für seine Aufgabe, sei es in einem kleinen Scharmützel oder in einem Großangriff.*

Das Leben der Soldaten war rauh und hart, selbst für ungelernte Bauernjungen. Ihre Tage waren ausgefüllt mit Exerzieren, handwerklicher Arbeit, Zwangsmärschen und Wachehalten, ganz abgesehen von den schrecklichen Schlachten, an denen sie sich beteiligen mußten. Ihre Träume galten der Entlassung. Dann erhielten sie ein Stück Land, gewöhnlich in dem Grenzgebiet, in dem sie gedient hatten, und konnten heiraten und wieder das Land bestellen.

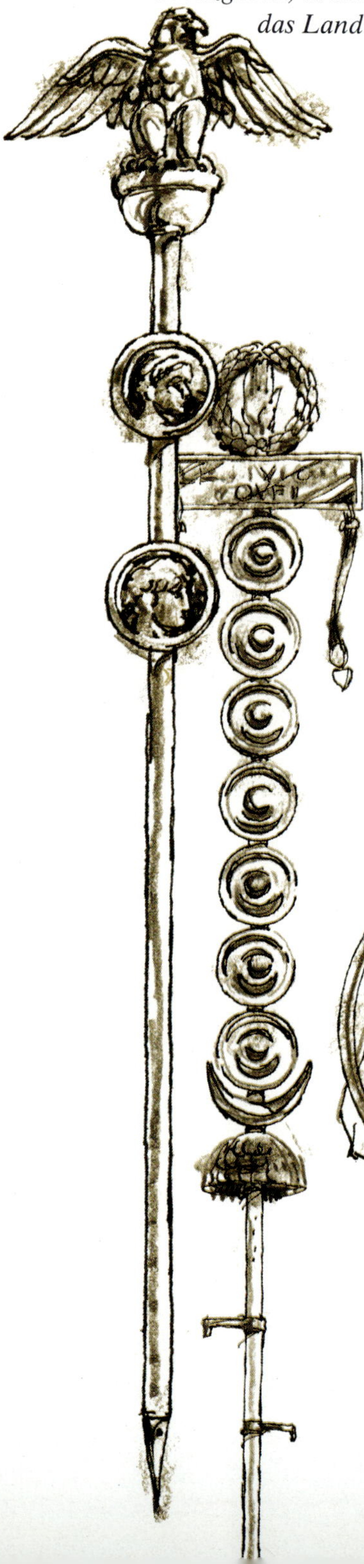

Die Standarte *verkörperte den Geist des Reiches und enthielt oft die Abbilder seiner Götter und des Kaisers. Aus diesem Grund wurde die Standarte verehrt. Eine Standarte in der Schlacht zu verlieren galt als die größte Schande.*

Durch die Hornbläser *erhielten die Soldaten sowohl im Lager wie in der Schlacht ihre Befehle. Keine Handlung wurde ausgeführt, wenn man nicht zuerst ein Signal von dem Hornbläser erhalten hatte.*

Der Tribun *war ein halbprofessioneller Offizier, der seinen militärischen Posten gewöhnlich als Einstieg in eine politische Karriere betrachtete. Man erkannte ihn an dem purpurnen Streifen auf seiner Tunika. Ein Tribun kam aus einer Ober- oder Mittelschichtfamilie und wurde als Stabsoffizier im Hauptquartier beschäftigt. In Krisenzeiten oder bei einem Feldzug befand er sich häufig in vorderster Front zur Befehligung einer Truppeneinheit oder Kohorte.*

Der Zenturio *war das Rückgrat der regulären Armee, wie auch das römische Bindeglied zu den Hilfstruppen. Er befehligte einhundert Kämpfer, die bereit waren, auf seinen Befehl hin zu sterben. Er war der aktive Alltagsoffizier, der die einfachen Soldaten unter seinem Kommando drillte, beaufsichtigte und anführte.*

Er mußte ein zäher Berufssoldat sein, der, wenn notwendig, brutal sein konnte und trotzdem einen anständigen Charakter besaß. Ein guter Zenturio konnte das alles sein, aber er war sich nicht zu gut, Bestechungsgelder von denen zu nehmen, die eine unangenehme Aufgabe nicht ausführen wollten. In den fünfundzwanzig Jahren seiner Dienstzeit bei der Armee hoffte er aufzusteigen und der Ranghöchste seiner Kohorte, das heißt der Beste von fünf Zenturionen, zu werden.

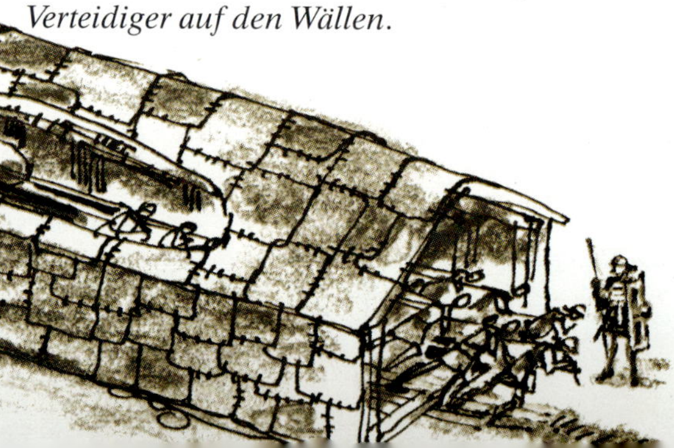

Das Belagerungsgerät *wurde dazu verwendet, eine befestigte Stellung unschädlich zu machen. Vor einem Angriff wurden Katapulte unterschiedlicher Größe dazu verwendet, Zerstörungen anzurichten und die Verteidiger aus ihren Positionen zu vertreiben.*

Ein kleiner, tragbarer Kreuzbogen, der „Skorpion", wurde dazu verwendet, den Herzen der Verteidiger Furcht einzuflößen. Er beförderte leise große Pfeile mit Eisenspitzen über große Entfernungen. Das größere, steinewerfende Katapult schleuderte Felsbrocken durch die Mauern von Gebäuden, die viele Meter entfernt waren.

Unter dem Schutz des Katapultsperrfeuers wurden Plattformen und Türme bei der Mauer in Stellung gebracht. Ein Turm enthielt sowohl einen Sturmbock wie eine Plattform für die angreifenden Truppen. Während der Sturmbock die Mauer rammte, bombardierten Schleuderer und Bogenschützen die ungeschützten Verteidiger auf den Wällen.

Die Ausstattung der Legionäre

Die Verteidigungs- und Angriffsausrüstung des römischen Soldaten war sorgfältig entworfen und hergestellt. Zur Verteidigung trug jeder Legionär ein großes, gewölbtes Schild (A). Durch die Wölbung war der Körper geschützt. Dieses Schild bestand aus aneinandergeleimten, dünnen Holzstreifen, die mit Leder überzogen und rundherum mit Bronzebeschlag eingefaßt waren. An einem Knauf in der Mitte konnte man es festhalten. Ein bronzener oder lederner Helm (B) schützte den Kopf und Nacken. Im Jahre 14 n.Chr. wurde eine neue Art von Körperpanzer eingeführt – ein Gliederplattenpanzer (c). Er bedeckte die Brust, die Schultern und den Rücken, während am Dolchgürtel (D) Lederstreifen mit Metallscheiben (E) zum Schutz der Hüften hingen.

Zum Angriff trug der Legionär zwei Arten von Waffen, das kurze, zweischneidige Schwert (F) und den Speer (Wurfspieß) (G). Jeder Mann hatte zwei Speere, die beim ersten Angriff geworfen wurden, während er sich noch in einiger Entfernung vom Feind befand. Mit dem Speer konnte der Schild des Feindes durchbohrt und beiseite gerückt werden. Von einem über zwei Meter langen Speer behindert, war es dem Feind unmöglich, sich mit seinem Schild zu verteidigen. Viele begingen den Fehler, den Schild ganz fallenzulassen, wodurch sie dem römischen Soldaten ungeschützt gegenüberstanden.

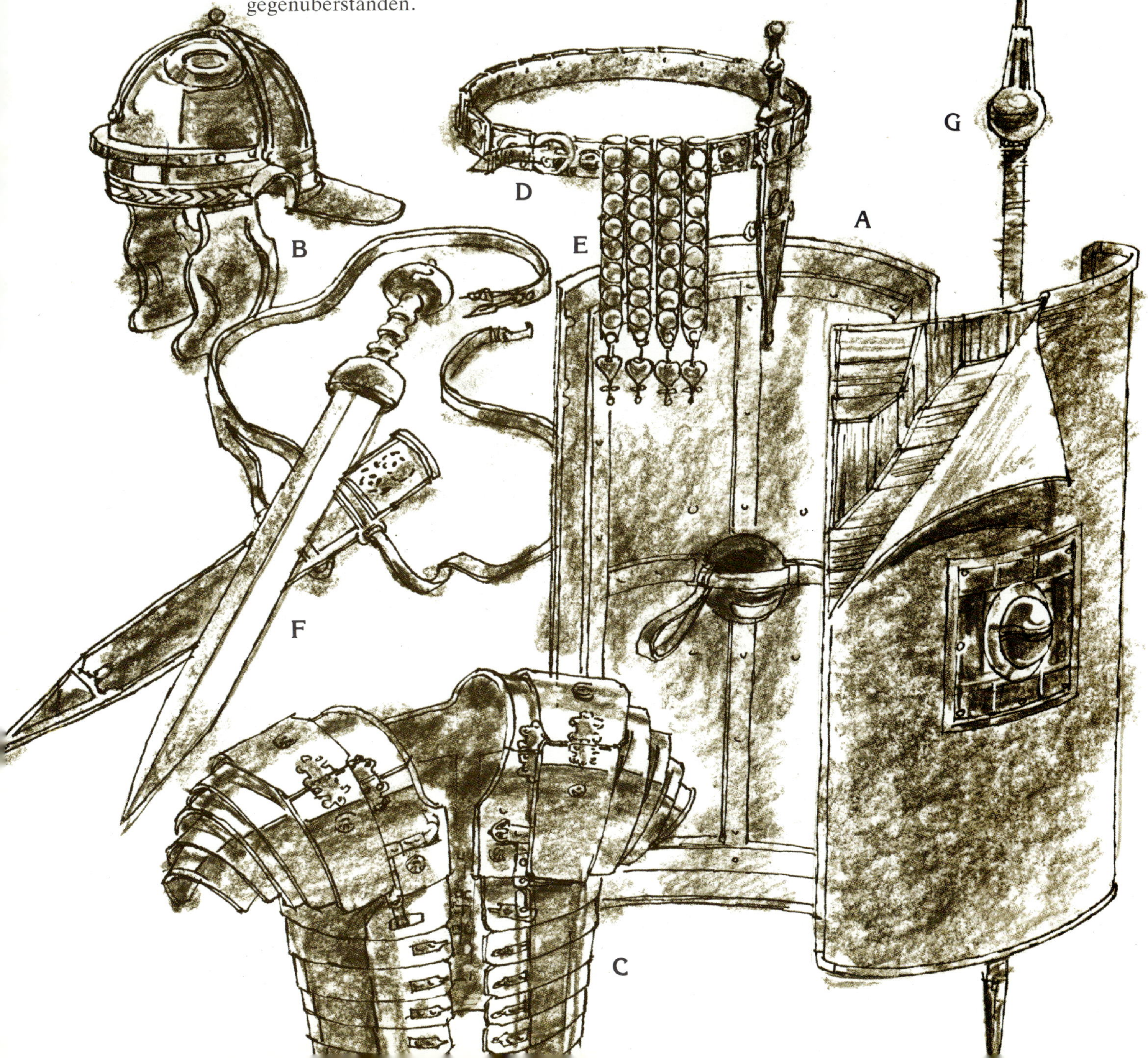

Um das Leiden des Opfers zu verlängern, *wurde es mit Seilen angebunden, oder es erhielt ein sedile (Sitz), um den Druck auf seine Arme und die Brusthöhle zu verringern. Um den Schmerz erträglich zu machen, wurde häufig betäubender Wein gereicht, wenn das Opfer bat, aus seinem Elend erlöst zu werden.*

Der Tod trat langsam ein. *Der Durst, die Krämpfe, die Schmerzen und das äußerst schwierige Atemholen verursachten die entsetzlichsten Qualen, die man sich vorstellen kann. Der Verurteilte konnte überhaupt nur dadurch atmen, daß er den Körper mit den Beinen hochstemmte und so den Druck auf seine Arme und Brusthöhle verringerte. Wurden die Beine gebrochen, war auch das Atmen unmöglich. Dem Wundstarrkrampf der Atmungsorgane folgte dann der Tod durch Ersticken. Alle Menschen, die gekreuzigt wurden, starben den Erstickungstod. Nach Eintreten des Todes trat sofort die Todesstarre ein.*

Die Kreuzigung *war eine barbarische Strafe, die von denen, die einmal Zeuge ihrer Schrecken waren, als „die schrecklichste aller Todesarten“ beschrieben wurde. Sie wurde von den Römern für diejenigen angewendet, die sich an Gewaltverbrechen, Aufruhr oder Raub beteiligt hatten. Sie galt als die größte öffentliche Demütigung und Qual.*

Man kannte viele Arten der Kreuzigung. Es gab den einfachen Pfosten oder Pfahl, das traditionelle Kreuz, dessen Pfosten in der Form eines X gekreuzt waren, oder, wie abgebildet, einen Pfosten mit einem Kreuzesbalken oben an der Spitze, der ein T bildete. Manche Opfer wurden mit dem Kopf nach unten oder an den Geschlechtsteilen befestigt. Manche hingen mit ausgestreckten Armen, andere mit erhobenen Händen. Manche saßen auf einem Sitz oder Block; andere wurden hängengelassen. Für den Verurteilten spielte die Form des Kreuzes oder seine Stellung keine Rolle; in jedem Fall mußte er einen schleichenden, qualvollen Tod erleiden.

***Der fremdländische Lebensstil** der hellenistischen Welt umgab die Juden Palästinas und infizierte langsam ihre Umwelt. Obwohl diese heidnische Kultur im allgemeinen mit Verachtung betrachtet wurde, da sie im Gegensatz zum mosaischen Gesetz stand, übte sie auf viele Juden eine verlockende Wirkung aus.*

Manche reiche Juden übernahmen den griechischen Lebensstil sehr bereitwillig. Da sie eine natürliche Vorliebe für das verwöhnte Leben auf luxuriösen Landsitzen hatten, war die Extravaganz dieser Juden im ganzen Reich sehr bekannt. Die Kaufleute, Bankiers und Landbesitzer von Jerusalem bestimmten die soziale Szene in der Provinz Syrien.

Die Jugend wurde von dem Konzept der „Vervollkommnung von Geist und Körper" angezogen und ergötzte sich in Trainingsräumen, Sportschulen und bei athletischen Nacktkämpfen. Viele ältere Juden liebten die großen öffentlichen Bäder und Gebäudekomplexe. In den Theatern besaßen die beliebten Pantomimen, Schwänke und lebhaften Komödien eine starke Anziehungskraft, obwohl sie oftmals derb und obszön waren.

Diese starken Einflüsse führten bald zur völligen Akzeptierung der griechisch-römischen Kultur durch viele Juden und Nicht-Juden im Palästina des ersten Jahrhunderts.

Bibliographie

Blaikock, Edward, M., Bildführer Israel, 127 S., Christliches Verlagshaus, Stuttgart (1980)

Bildführer zur Bibel, 288 S., Brunnen Verlag, Gießen (2. Auflage 1982)

Boyd, Robert T., Hügel, Gräber, Schätze, 324 S., Verlag der St.-Johannis-Druckerei, Lahr-Dinglingen (1980)

Bruce, F. F., Jesus — von Bethlehem bis Jerusalem, 64 S., Brunnen Verlag, Gießen (1981)

Bruce, F. F., Paulus — von Tarsus bis Rom, 64 S., Brunnen Verlag, Gießen (1981)

Foerster, W., Neutestamentliche Zeitgeschichte, 374 S., Luther Verlag, Bielefeld (1968)

Handbuch zur Bibel, 680 S., Brockhaus Verlag, Wuppertal (6., überarbeitete Auflage 1986)

Kenyon, K. M., Archäologie im Heiligen Land, 322 S., Neukirchener Verlag, Neukirchen-Vluyn (1976)

Lexikon zur Bibel, 1655 S., Brockhaus Verlag, Wuppertal (17. Gesamtauflage 1986)

Lohse, E., Umwelt des Neuen Testaments, 225 S., Vandenhoeck & Ruprecht, Göttingen (6., überarbeitete Auflage 1983)

Millard, A., Schätze aus biblischer Zeit, 190 S., Brunnen Verlag, Gießen (1986)

Umwelt des Christentums, Bd. 1, 536 S. (4. Auflage 1975); Bd. 2, 426 S. (3. Auflage 1972); Bd. 3, 64 S. (3. Auflage 1973), Luther Verlag, Bielefeld

Wegener, Günther S., 6000 Jahre und ein Buch, 242 S., Oncken Verlag, Wuppertal und Kassel (10., überarbeitete Auflage 1985)

Verzeichnis der Bibelstellen

Matthäus
1,25 47, 198
2,1 10-11, 148-151, 160, 162-163
2,1.5 17
2,1.7.16 222
2,4 168, 197
2,11 206
2,18 197
2,19.22 11-12, 238
2,23 20
3,1 10-11, 16
3,4 14, 55, 76
3,6 18
3,7 14, 168, 170-171, 197
3,11 63, 140
3,12 10, 49, 77, 79-80
3,13 11-12, 18, 20
4,1 16
4,4 55
4,5 151-152
4,12 11-12, 20
4,13 20-21
4,15 12, 22
4,18-22 20, 108-109, 118-125
4,23 20-21
4,24 12, 193
4,25 10-12, 22
5,13 55
5,20 168, 171, 197
5,22 239
5,31 196-197
5,35 151
5,46.47 143, 239, 245
6,2 183, 186-187
6,11 39, 52, 55, 124
6,27 237
6,28 14, 30, 44
7,9 39, 52
7,10 55
7,16 14
7,29 171
8,4 173
8,5 21, 249
8,6 145, 219, 235
8,8.13 193, 219, 249
8,19 168
8,20 14
8,28 22
8,33 96
9,10.11 143, 168, 170, 197, 245
9,12 140, 222
9,17 40, 55, 71
9,20 60, 64, 68
9,36 94, 96-99, 101
9,37.38 70, 77, 137
10,5 191-192
10,6.16 14, 101
10,8 193
10,9 63
10,10 58-59, 63-64, 68, 100
10,18 238, 242
10,24.25 219, 235
10,42 45
11,16 24, 31-32, 34, 50, 148, 151, 161, 165
11,19 143, 245
11,21 57, 59, 210
11,23 21
11,29.30 113
12,1.2.10 168-170, 185, 197, 239
12,3.4 178
12,5 168
12,6 151
12,9 169, 183, 186-187
12,15 193
12,18 145
12,20 14, 71
12,38 171
13,3.23 11, 70, 74-75, 218
13,24 24, 72
13,25.30 11, 70, 235
13,31 14, 55, 70
13,42 147
13,44 220
13,45 138
13,54 169, 182
13,55 109-110, 125
14,1 151, 162-163, 238
14,3.4 239
14,14 193
14,17-19 39, 52-53, 199
14,20 44
14,34 21
15,1 168, 170-171, 197
15,2 183
15,14 218
15,24 96
15,26.27 32, 47
15,29 20
15,34-36 39, 52-53
15,37 44
15,39 20
16,1 168, 171
16,5 39
16,9.10.12 44, 52
16,21 151
17,6 197
17,10 171
17,20 14, 55
17,22 11-12
17,24-27 20-21, 25, 118, 120, 239
18,12.13 101
18,17 143
18,26-32 39, 145, 235
19,1 10-11, 20, 22
19,2 193
19,3 170, 239
19,7 196
19,14 31
19,16-18 168
19,24 14, 36, 44, 229
20,1.2 70, 135, 137
20,2-8 24, 83
29,2.9.10.13 125, 236
20,3 24, 32, 34, 50, 106, 151, 160, 165, 218, 220
20,17 151
20,19 253
20,22 45, 239
20,27 235
20,30 218
21,1 17
21,2.5.7 14, 24, 48, 225
21,8 207
21,10 151
21,11 11-12
21,12 148, 175, 180, 219, 239
21,14 192-193
21,17 16
21,19-21 14, 71, 87
21,31.32 143, 209, 245
21,33 70, 83, 84-85
21,42 129
22,2 196
22,3-13 39, 46, 70, 202, 235, 240
22,9.10 218, 230
22,15 168, 197
22,17 239
22,19 236, 239
22,21 239
22,23 168, 171
22,36 168
22,41 170
23,2 168, 197
23,5 60, 64, 68, 194
23,6 183, 186-187
23,7 24, 32, 34, 50, 143, 151, 161, 165, 204
23,11 235
23,13 170-171
23,23 55, 211
23,24 14, 229
23,26 44-45
23,34 253
24,1.2 151
24,3 17
24,28 14
24,32 87
24,40 72
24,41 39, 44, 49, 52, 90
24,43 218
25,1-8 39, 44-45, 48, 115
25,16 218, 221, 237
25,21 145
25,21-30 39, 235
25,32 14, 94, 97-99
25,32.33 14, 101
26,2 169, 185, 195
26,3 168, 171, 183, 243
26,6 17
26,17 195
26,20 53
26,21 196
26,23 44-45, 53
26,26 53, 199
26,27 45
26,29 11, 55, 82
26,30 17, 53, 194
26,31 94, 97-99
26,32 20
26,34 14
26,36 151, 167
26,39 197
26,50.57 243
26,51 251

26,51-65 . . . 243
26,52 . . . 251
26,53 . . . 239-240
26,57 . . . 173
26,57-68 . . . 160, 243
26,59 . . . 239
26,71 . . . 20
27,2-65 . . . 10-11, 136, 236, 238, 242, 252-253
27,7.10 . . . 72, 109, 114, 116
27,11.15.24-26 . . . 11, 238, 242
27,12 . . . 183
27,22-44 . . . 213, 239, 253
27,27 . . . 247-248
27,33 . . . 151
27,34 . . . 55, 252
27,37.54 . . . 239
27,40.42 . . . 253
27,46 . . . 222, 253
27,48 . . . 55
27,50 . . . 253
27,51 . . . 151
27,54 . . . 249
27,59 . . . 217
27,60 . . . 136, 217
28,1 . . . 217
28,5 . . . 239
28,7 . . . 11-12, 20
28,12 . . . 247-248
28,19 . . . 191

Markus
1,3.4.12.13 . . . 11, 16
1,5 . . . 10-11, 18
1,6 . . . 55, 76
1,7 . . . 63, 140
1,9 . . . 11-12, 18, 20
1,14 . . . 20
1,16 . . . 12, 20, 108-109, 118, 124
1,18 . . . 118
1,21 . . . 21, 169, 182-183, 185, 186-187
1,22 . . . 171
1,28 . . . 20
1,32.34 . . . 193, 208
1,44 . . . 173
2,1 . . . 21
2,4 . . . 42-44
2,11 . . . 218
2,15.16 . . . 143, 168, 170-171, 197, 245
2,17 . . . 140, 222
2,22 . . . 44, 55, 71
2,23 . . . 169, 185
2,24.26 . . . 239
2,25 . . . 209
2,26 . . . 178, 243
3,1 . . . 169
3,2 . . . 169, 185
3,7 . . . 10-12, 22
3,8 . . . 12, 22-23
3,10 . . . 193
3,20 . . . 39
4,3-20 . . . 74, 208
4,29 . . . 70, 77
4,31 . . . 14, 55
5,1 . . . 22
5,20 . . . 12, 22
5,22 . . . 169, 183, 186-187
5,23 . . . 193
5,26 . . . 140, 222
5,38 . . . 147
6,2 . . . 169, 182-183, 186-187
6,3 . . . 47, 109, 124
6,5 . . . 193
6,8.9 . . . 63, 100
6,13 . . . 193
6,14 . . . 149
6,21 . . . 151, 155, 160, 162-163
6,22 . . . 149
6,34 . . . 94, 97-99, 101
6,36.37 . . . 39, 220
6,38-40 . . . 39, 52-53
6,41 . . . 52-53, 199
6,43 . . . 44
6,45 . . . 20
6,53 . . . 21
6,56 . . . 60, 64, 68
7,1 . . . 168, 170, 197
7,2.3 . . . 39, 183, 213
7,4 . . . 24, 32, 34, 50, 106, 148, 151, 161, 165, 227
7,27.28 . . . 32, 47
7,31 . . . 12, 20, 22
8,5.6 . . . 52
8,7 . . . 39
8,8 . . . 44
8,10 . . . 20
8,11 . . . 170
8,19 . . . 44, 52
8,20 . . . 44
8,22 . . . 20
8,27 . . . 11, 19, 218
8,31 . . . 183
9,3 . . . 134
9,11 . . . 168, 171, 197
9,30 . . . 20
9,33 . . . 21
9,35 . . . 235
9,41 . . . 45
10,2 . . . 239
10,4 . . . 196
10,25 . . . 36, 44, 229
10,32 . . . 230
10,33 . . . 151
10,38 . . . 45
10,44 . . . 235
10,46 . . . 218, 230
10,47 . . . 20
11,1 . . . 17, 151
11,2 . . . 24
11,8 . . . 207
11,11 . . . 151
11,13 . . . 70-71
11,15 . . . 148, 152 ,175, 180, 219, 239
11,15-17 . . . 44, 222, 224
11,20.21 . . . 71
12,1 . . . 84
12,1-9 . . . 70, 83
12,10 . . . 129, 209
12,13-17 . . . 25, 245
12,15 . . . 236
12,17 . . . 239
12,18.28.32 . . . 168, 171
12,35 . . . 222
12,38 . . . 24, 32, 50, 148, 151, 161, 165, 171, 204, 218
12,39 . . . 183, 186-187
13,1.2 . . . 151
13,9 . . . 239
13,28 . . . 14, 87
13,34 . . . 235
14,1 . . . 168-169, 185, 195, 197
14,3 . . . 16, 62
14,13 . . . 44
14,14 . . . 27
14,15 . . . 25, 43
14,18.20 . . . 44-45, 53, 196
14,22 . . . 53, 199
14,23 . . . 45
14,25 . . . 11, 82
14,26 . . . 17, 53, 194
14,27 . . . 94, 101
14,30 . . . 14
14,32 . . . 151, 167
14,43 . . . 183
14,47-66 . . . 168, 173, 243, 251
14,49 . . . 222
14,53-65 . . . 239, 243
14,58 . . . 151
14,65 . . . 208
14,72 . . . 14
15,1.6.11.15 . . . 239, 243
15,13 . . . 253
15,16 . . . 247-248
15,22 . . . 151
15,24.25 . . . 253
15,26 . . . 239
15,30.32 . . . 253
15,34 . . . 222, 253
15,36 . . . 55, 252
15,37 . . . 253
15,38 . . . 151
15,39.44.45 . . . 249
15,46 . . . 217
16,1 . . . 185, 217
16,2 . . . 208, 217
16,6 . . . 20
16,7 . . . 11-12, 20
16,10 . . . 197, 215
16,15 . . . 191

Lukas
1,5 . . . 10-11, 173, 238
1,26 . . . 11-12, 20
1,29 . . . 204
1,59 . . . 201
1,80 . . . 11
2,1-3 . . . 10-12, 238-239, 245
2,4 . . . 10-12, 17, 20, 154
2,7.12 . . . 47, 69, 198, 225, 227
2,8 . . . 25, 72, 94, 102
2,8-21 . . . 25, 97-99, 201
2,15 . . . 17
2,22 . . . 151, 168
2,24 . . . 14
2,27 . . . 151
2,39 . . . 20
2,40-42 . . . 47
2,41 . . . 185, 195, 224
2,46 . . . 175, 180, 222
3,1 . . . 10-11, 151-163, 238, 242
3,2 . . . 11, 16, 151, 160, 168, 243
3,4 . . . 16
3,12 . . . 143, 245
3,14 . . . 247-248

3,16 . . . 63
3,17 . . . 11, 49, 70, 76, 79, 81
4,1 . . . 18
4,9 . . . 151-152
4,14 . . . 11-12
4,16 . . . 169, 182-183, 185, 186-187, 209
4,23 . . . 21, 140, 222
4,31 . . . 20
4,40 . . . 192, 208
5,1 . . . 21
5,2 . . . 12, 21, 108-109, 118
5,5 . . . 118, 122
5,6 . . . 108-109, 123
5,12 . . . 197
5,14 . . . 173
5,15 . . . 192
5,16 . . . 16
5,17 . . . 10-11, 168, 170, 197
5,18 . . . 44
5,19 . . . 51
5,21 . . . 168, 171, 197
5,2-30 . . . 125,143, 245
5,31 . . . 140
5,37 . . . 44, 55, 71
6,1 . . . 169, 185
6,2 . . . 170, 239
6,4 . . . 178
6,6 . . . 169, 183, 186-187
6,15 . . . 168-169, 189
6,17 . . . 18, 192
6,34.35 . . . 221
6,39 . . . 218
6,44 . . . 55, 87
7,1 . . . 21
7,2 . . . 145, 249
7,2-10 . . . 39, 235, 249
7,3 . . . 183
7,7 . . . 192
7,12 . . . 28, 36
7,29 . . . 143, 245
7,32 . . . 24, 31-32, 34, 50, 106, 148, 151, 161, 165, 218, 221
7,34 . . . 143, 245
7,38.44 . . . 66-67, 205
7,46 . . . 212
8,1 . . . 24
8,2 . . . 192
8,5-21 . . . 44, 70, 74
8,22.23.33 . . . 21
8,26 . . . 22
8,29 . . . 17
9,37 . . . 22
8,43 . . . 140, 222
8,44 . . . 60, 64, 68
9,2 . . . 191-193
9,3 . . . 58-59, 64, 68, 100
9,7 . . . 238
9,9 . . . 149
9,10 . . . 20
9,11 . . . 192
9,13 . . . 39, 52-53, 220
9,14.15 . . . 53
9,16 . . . 52-53, 199
9,17 . . . 44, 53
9,51 . . . 151
9,52 . . . 189
9,57 . . . 218
9,58 . . . 14
9,62 . . . 70, 72
10,2 . . . 77, 137
10,4 . . . 63, 100, 204
10,7 . . . 137
10,13 . . . 20, 57, 59, 210
10,15 . . . 21
10,19 . . . 14
10,26 . . . 168
10,30 . . . 218
10,33 . . . 189
10,34 . . . 55, 89, 136, 227
10,36 . . . 218
10,38 . . . 24
10,38-41 . . . 39, 46
11,3 . . . 39, 52, 124
11,7 . . . 44
11,11 . . . 55
11,12 . . . 14, 55
11,22 . . . 251
11,24 . . . 55
11,37 . . . 170
11,38 . . . 213
11,39 . . . 44, 168, 170, 197
11,41 . . . 30
11,42 . . . 55, 211
11,43 . . . 24, 32, 34, 50, 106, 148, 151, 161, 165, 183, 186-187
11,44 . . . 171
12,24 . . . 70-71, 81
12,25 . . . 237
12,27 . . . 14, 46
12,33 . . . 30, 44, 218
12,35 . . . 56, 58, 115
12,37.38 . . . 235
12,39.43.45-47 . . . 218-219
13,6 . . . 70-71, 87
13,7 . . . 70-71
13,10 . . . 169, 185
13,14 . . . 192
13,15 . . . 48
13,19 . . . 14, 55
13,21 . . . 52
13,28 . . . 87
14,1 . . . 170, 185
14,3 . . . 239
14,4 . . . 192
14,5 . . . 225
14,7-10 . . . 53
14,17 . . . 145
14,17-23 . . . 39, 235
14,23 . . . 218, 230
14,28 . . . 84
15,1 . . . 143, 245
15,2 . . . 171
15,4-7 . . . 14, 101
15,8 . . . 39, 44, 49, 236
15,17-26 . . . 39, 235
15,22 . . . 63, 140
15,23.27 . . . 213
15,26 . . . 24,194
16,13 . . . 145
16,20 . . . 28, 30
16,21 . . . 32, 47
16,22 . . . 30
17,6 . . . 14, 55
17,11 . . . 11, 151
17,15 . . . 192
17,16 . . . 189, 197
17,34 . . . 44
17,35 . . . 39, 44
18,9-14 . . . 143, 170, 245
18,12 . . . 143, 211
18,13 . . . 143, 239
18,25 . . . 36, 229
19,1-9 . . . 125, 245
19,2 . . . 143, 245
19,13-26 . . . 236
19,15 . . . 218, 221, 231
19,17.22 . . . 39, 219
19,29 . . . 17
19,30 . . . 24
19,37 . . . 17
19,45.46 . . . 151, 224
20,1 . . . 168, 171, 183, 197, 222
20,9-16 . . . 70, 83, 235
20,17 . . . 129
20,20 . . . 10
20,22 . . . 25, 239
20,24 . . . 236
20,25 . . . 239
20,27 . . . 168, 171
20,46 . . . 24, 32, 34, 50, 148, 151, 161, 165, 183, 186-187
21,2 . . . 236
21,6 . . . 151
21,20 . . . 240
21,29 . . . 71
21,37 . . . 17, 222
22,1 . . . 169, 185, 195
22,2 . . . 171
22,10 . . . 44
22,11 . . . 27, 196
22,12 . . . 25, 43
22,14 . . . 53
22,17 . . . 45
22,18 . . . 11,82
22,19 . . . 39, 53
22,27 . . . 53
22,31 . . . 49, 81
22,34 . . . 14
22,34-36 . . . 63, 100, 220
22,39 . . . 17
22,50 . . . 145, 173
22,50-54 . . . 168, 183, 243
22,54 . . . 243
22,60 . . . 14
22,64 . . . 208
22,66 . . . 239
23,1-52 . . . 25, 242
23,4.7.14.16-21.25 . . . 243
23,5 . . . 11-12
23,7 . . . 149, 151, 160, 162-163
23,23 . . . 253
23,24.25 . . . 239
23,26.35 . . . 253
23,36 . . . 55, 247-248
23,38 . . . 222, 239-240
23,44.46 . . . 253
23,45 . . . 151
23,47 . . . 249
23,53 . . . 136, 217
23,56 . . . 217
24,1 . . . 217
24,2 . . . 217
24,7.20 . . . 253

24,12 . . . 217
24,19 . . . 20
24,30 . . . 39, 199
24,48 . . . 191
24,50 . . . 17

Johannes
1,3-5 . . . 115
1,23 . . . 11, 16
1,27 . . . 63
1,28 . . . 22
1,38 . . . 204
1,43 . . . 11-12
1,44.45 . . . 20
1,46 . . . 12, 20
1,48 . . . 14, 71, 87
1,49 . . . 204
1,50 . . . 71
2,1 . . . 11-12, 20, 196, 202
2,3.9.10 . . . 55, 71
2,7 . . . 55
2,8.9 . . . 55, 238
2,12 . . . 21
2,13 . . . 151, 169, 185, 195
2,14.15 . . . 148, 152, 175, 180
2,16 . . . 239
3,1 . . . 170
3,2 . . . 204
3,22 . . . 10-11
3,26 . . . 22, 204
4,3 . . . 10-12
4,4 . . . 11, 189
4,5 . . . 18
4,6 . . . 18, 29, 50
4,7 . . . 125
4,8 . . . 220
4,9 . . . 11, 189
4,11.12 . . . 29, 50
4,35 . . . 70, 77
4,37 . . . 74-77
4,39 . . . 189
4,45 . . . 20
4,46 . . . 21, 71
4,54 . . . 20
5,1 . . . 151
5,2 . . . 106
5,2-7 . . . 151, 167
5,8-12 . . . 44
5,9 . . . 169, 185
5,10 . . . 239
6,1 . . . 20
6,4 . . . 169, 185, 195
6,5 . . . 39, 220
6,9 . . . 39, 52
6,9-12 . . . 53
6,11 . . . 52
6,13 . . . 44, 52
6,17 . . . 21
6,23 . . . 20
6,24 . . . 21
6,25 . . . 204
6,26 . . . 52
6,59 . . . 21, 169, 183, 186-187
7,1 . . . 11-12
7,2 . . . 169, 184, 195
7,3 . . . 10-11
7,14 . . . 151
7,19 . . . 168
7,22 . . . 169, 185
7,32 . . . 168, 170, 197, 249
7,37 . . . 224
7,42 . . . 17
7,45.46 . . . 249
8,1 . . . 17
8,3 . . . 168, 170-171, 197
8,48 . . . 189
9,7 . . . 149, 151, 159, 171
9,11 . . . 149, 151, 159
9,13 . . . 168, 170, 197
9,22 . . . 183, 186-187
10,1 . . . 95, 103
10,2 . . . 102, 218
10,2-27 . . . 14, 94-95, 97-99, 101
10,8.10 . . . 218
10,11-13 . . . 14, 94-95
10,40 . . . 22
11,1 . . . 17
11,2 . . . 66
11,16 . . . 201
11,18 . . . 17, 151
11,38 . . . 217
11,44 . . . 217
11,46 . . . 168, 170, 197
11,47 . . . 243
11,49-51 . . . 151, 160, 168, 173, 243
11,55 . . . 169, 185, 195
12,1 . . . 17, 169
12,2 . . . 46
12,6 . . . 44
12,12 . . . 151
12,13 . . . 207
12,14 . . . 225
12,21 . . . 20
12,24 . . . 11, 169
12,26 . . . 235
13,4 . . . 44, 58, 64, 68
13,5 . . . 205
13,16 . . . 235
13,23 . . . 53, 196
13,25 . . . 53
13,26 . . . 53, 205
13,28 . . . 53
13,29 . . . 44, 220
13,38 . . . 14
15,1.4.5 . . . 11, 82
15,20 . . . 235
18,1 . . . 134
18,3 . . . 249
18,5 . . . 20
18,10 . . . 145
18,10-26 . . . 151, 160, 168, 173, 243
18,12.19-23.29.31.38-40 . . . 208, 243, 249, 251
18,18.26.36 . . . 134, 235, 249
18,20 . . . 169, 182-183, 186-187
18,28 . . . 168, 185, 195-196
18,29-38 . . . 239, 242
18,40 . . . 218
19,1-38 . . . 239, 242, 247-248
19,6 . . . 249
19,6-41 . . . 239, 243, 253
19,17 . . . 151, 253
19,19 . . . 20, 253
19,20 . . . 222, 240
19,23 . . . 57
19,25 . . . 253
19,28.30 . . . 253
19,29 . . . 44, 55, 227, 252
19,30 . . . 55
19,31 . . . 169, 185, 253
19,39 . . . 217
19,40 . . . 217
19,41 . . . 134, 217
20,1.5.7 . . . 217
20,15 . . . 134
20,16 . . . 205
20,24 . . . 201
21,1 . . . 20
21,2 . . . 201
21,3 . . . 12, 108-109
21,6.8.11 . . . 118, 122-123
21,9.10 . . . 55, 122
21,11 . . . 123
21,13 . . . 55
21,16.17 . . . 101
21,18 . . . 58

Apostelgeschichte
1,4 . . . 151
1,8 . . . 10-11, 191
1,11 . . . 11-12
1,12 . . . 151
1,13 . . . 25, 43, 168-169
1,18 . . . 72, 220
2,1 . . . 169, 185, 195
2,9 . . . 10-11
2,13 . . . 55
2,22 . . . 20
2,23 . . . 253
2,29 . . . 217
2,36 . . . 253
2,46 . . . 55, 151, 192
3,1 . . . 151
3,2.3 . . . 30
3,6 . . . 20
3,10 . . . 30
3,13 . . . 242
4,1 . . . 168, 171
4,1-22 . . . 243
4,5 . . . 183
4,6 . . . 151, 160, 168, 173, 243
4,10 . . . 253
4,27 . . . 242
4,34 . . . 220
5,15 . . . 44
5,17 . . . 168, 171, 173, 243
5,20 . . . 151, 222
5,21 . . . 238, 243
5,22.26 . . . 249
5,24.27 . . . 243
5,34 . . . 170
5,37 . . . 239
6,9 . . . 169
6,12 . . . 183
6,12-8,1 . . . 243
7,1 . . . 168, 243
7,10 . . . 238
7,33 . . . 63, 140
8,1 . . . 11
8,5.14.19 . . . 18
8,25 . . . 151
8,26 . . . 218, 230
8,30 . . . 209
8,32 . . . 95, 101, 105

8,40 . . . . 11, 19, 232
9,1 . . . . 168, 243
9,3 230
9,15 44
9,17.27 218
9,25 37
9,30 . . . . 11, 19, 232
9,31 11
9,33.34 44
9,36-43 . . . . 43, 125, 142
10,1 . . . . 11, 19, 249
10,2.4 30
10,5.8.23.32 . . . . 142, 232
10,6 . . . . 125, 142
10,7 235
10,11.16 44
10,22 249
10,31 30
10,37 10-12
10,38 20
11,2 151
11,5.13 . . . . 44, 232
11,19 12,23
11,26 169
12,1 . . . . 149, 151, 160, 162-163
12,2 251
12,4.6 . . . . 137, 247-248
12,8 . . . . 56, 63, 100
12,18 247-248
12,19 . . . . 10-11, 151, 162-163
12,21 155
13,4 219
13,13 151
13,14 . . . . 169, 183, 185-187
13,25 . . . . 63, 140
13,27 209
13,28 242
13,31 20
14,23 192
14,26 219
15,2 151
15,3 . . . . 11-12, 23
15,5 201
15,21 . . . . 183, 185, 186-187, 209
15,23 12
15,39 219
16,14 . . . . 133, 220
16,19 . . . . 32, 34, 50, 106, 218
16,21 239
16,23.27 . . . . 124, 127, 137, 251
16,36 . . . . 121, 137
17,1 . . . . 183, 186-187
17,17 . . . . 32, 34, 50, 106, 221
17,18.23 12
18,3 124
18,4 . . . . 169, 183, 185, 186-187
18,18.21 . . . . 12, 210, 212
19,8 169
19,19 222
19,24.27.35 . . . . . . 12, 24-25, 125, 159
19,29.31 240
19,38 . . . . 24-25, 125, 159
19,39 239
20,3.6.13.15.16 . . . . 192, 219
20,7 39
20,8 43
20,13.38 . . . . 219, 232
20,16 . . . . 169, 185, 195
21,2-6 . . . . 12, 23, 151, 219, 232
21,8 . . . . 11, 19
21,10 10-11
21,23 212
21,26 151
21,28 222
21,30 . . . . 151, 153
21,32.35 247-249
21,37 . . . . 222, 240
21,40 222
22,5 . . . . 168, 230, 243
22,8 20
22,25-29 . . . . 243, 249
22,30-23,22 243
23,2.4.5 . . . . 168, 173, 243
23,6-9 . . . . 168, 170-171, 197
23,10 247-248
23,17.18.23 249
23,23.24 . . 11, 19, 238, 240, 242, 247-248
24,1.10 . . . . 168, 242-243
24,5 169
24,17 30
24,23 249
25,1 . . . . 11, 19, 232
25,2 243
25,6 19
25,9 151
25,13 204
25,24.27 243
26,5 170
26,28 169
26,30 242
27,1-4 . . . . 219, 232, 249
27,3 243
27,5 18
27,12 . . . . 12, 23
27,29.30.38.40.43 . . . . 18, 118
27,31.32.42 . . . . 118, 247-248
28,3 14
28,11 . . . . 219, 232
28,16 249
28,19 243
28,21 10-11

Römer
6,16-22 235
8,23 211
8,36 101
9,21 . . . . 30, 44, 114, 116
11,17.24 . . . . 11, 14, 55, 70-71
13,6 25
13,7 239
13,12 251
15,25 151
16,5 . . . . 192, 211
16,5-22 204
16,23 192

1. Korinther
1,2 192
3,2 51
3,9 137
4,17 192
5,6-8 52
5,7 . . . . 185, 195
7,21 145
7,38 202
9,7 . . . . 51, 70
9,9 14
9,10 72
10,16 45
11,3-7 66
11,4 . . . . 62, 69
11,15 66
11,25 45
15,20 211
16,2 81
16,8 . . . . 169, 185, 195
16,9.21 . . . . 192, 204

2. Korinther
1,16 230
3,15 209
6,7 251
9,6.10 . . . . 70, 74
11,32 . . . . 36, 238, 240, 247
11,33 37
13,13 204

Galater
1,10 235
1,21 12
1,22 10-11
2,3 201
2,20 253
4,4 230
5,9 52
5,24 253
6,7.8 74
6,14 253

Epheser
1,13 222
4,26 208
4,30 222
5,18 55
5,21-6,4 . . . . 47, 199
6,5.6 235
6,11.13 251
6,14 . . . . 58-59, 64, 68
6,16.17 251

Philipper
2,7 . . . . 145, 219
2,8 253
3,2 . . . . 32, 47
3,55 . . . . 170, 201

Kolosser
1,15 198
2,14 253
4,14 140

1. Thessalonicher
1,1 192
5,8 251

2. Thessalonicher
3,17 222

1. Timotheus
2,9 67
3,2 199
3,8 55
5,10 205
5,18 . . . . 15, 137

5,23 55
6,13 242

2. Timotheus
2,21 44
4,13 222
4,14 132

Titus
1,7 55
2,3 55

Philemon
16 145
23 204

1.Petrus
1,7 116
1,13 56
2,2 51
2,7 129
2,18 235
2,25 . . . . . . 14, 94, 101
3,7 44
4,3 240
4,16 169
5,4 . . . . . . 94, 97-99
5,13 192

2. Petrus
2,16 14
2,22 . . . . . . 32, 47

2. Johannes
12 222

3. Johannes
13 222

Hebräer
3,1 173
4,12 251
4,14.15 243
5,1.5.10 243
5,12.13 51
6,6 . . . . . . 239, 253
7,1 173
7,2.6-28 243
7,5 211
7,27 195
8,1 173
8,1.3 243
9,2 178
9,7.11.25 243
9,13 14
9,19 44
10,5.8 195
10,21 243
11,4 195
11,28 . . . . . . 185, 195
11,34.37 . . . . . . 240, 251
12,2 253
13,4 202
13,11 243
13,20 . . . . . . 94, 97-99
13,24 204

Jakobus
3,12 . . . . . . 14, 71, 87
5,4 137
5,14 208

Offenbarung
1,7 147
1,11 22
1,13 . . . . . . 60, 64, 68
1,14 . . . . . . 44, 105
1,16 251
2,12 251
2,27 . . . . . . 114, 116-117
3,7 22
4,5 48
4,7 14
6,1-8 222
6,12 57
6,13 70-71
6,14 222
8,10 115
9,8 . . . . . . 14, 66
10,9 55
11,3 59
11,4 70-71
11,8 253
13,1.2 14
13,17 220
14,15 70
14,18.19 . . . . . . 82, 85
15,6 57
18,2 57
18,3 138
18,3.11.15.23 . . . . . . 218, 224, 231
18,12 56
18,13 . . . . . . 55, 89
18,15 147
18,17 . . . . . . 218, 221
18,22 . . . . . . 111, 159
19,7 202